Los geht's

Endlich Familienzeit

BAYERN
44 FAMILIENFREUNDLICHE FREIZEITERLEBNISSE

BAYERN

44 FAMILIENFREUNDLICHE FREIZEITERLEBNISSE

Endlich Familie

Inhalt

Tourenübersicht

44 Tourenziele
Alle Touren in der Übersicht mit Dauer, Distanz, Schwierigkeit........ 08–11

Übersichtskarte

Karte im Maßstab 1:1.700.000
Für die Planung der Anreise und die perfekte Übersicht der Region... 12–13

Endlich... geht es los!

Vorwort und Einführung
Wo die Reise hingeht und was ihr erwarten könnt 14–15

Packliste

Endlich alle 7 Sachen zusammen
Alles was ihr auf eurer Tour braucht 16–17

Verhaltenskodex

Endlich gern gesehen
So verhaltet ihr euch richtig 18–19

Grundwissen

Touren-1x1 & Lexikon
Das solltet ihr bei euren Outdooraktivitäten wissen 20–23

Touren 1–44

Karte und Tourenbeschreibung
Der Wegweiser zu den schönsten Touren 26–203

Unsere Hacks

Tipps, Tipps und Tipps
So erleichtert ihr euch das Wandern 206–207

Endlich was Neues ausprobieren

Was gibt es noch?
Das alles könnt ihr in der Region noch erleben 208–209

Von Vorteil für Mensch & Natur

Nachhaltigkeit
5 Tipps für nachhaltige Outdooraktivitäten 210–211

Impressum

Kleingedrucktes
Text & Bildnachweis 214–215

Endlich Familienzeit

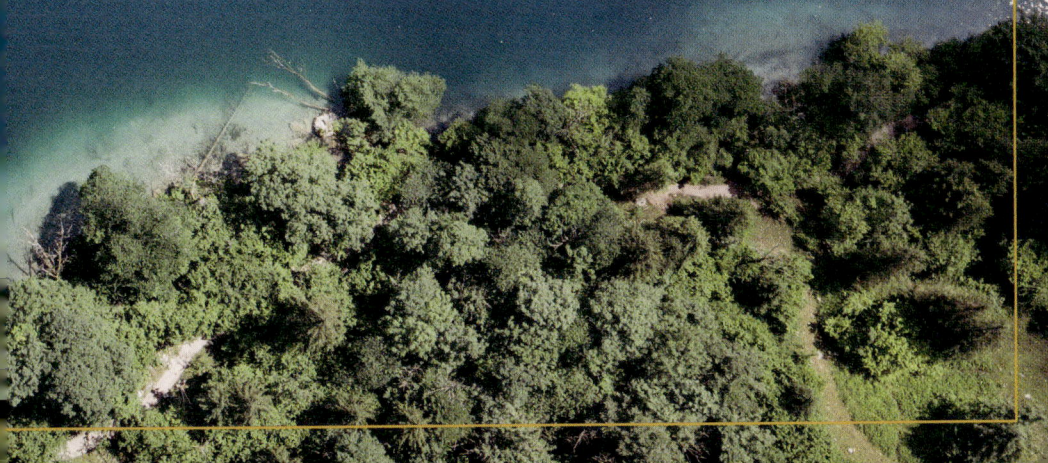

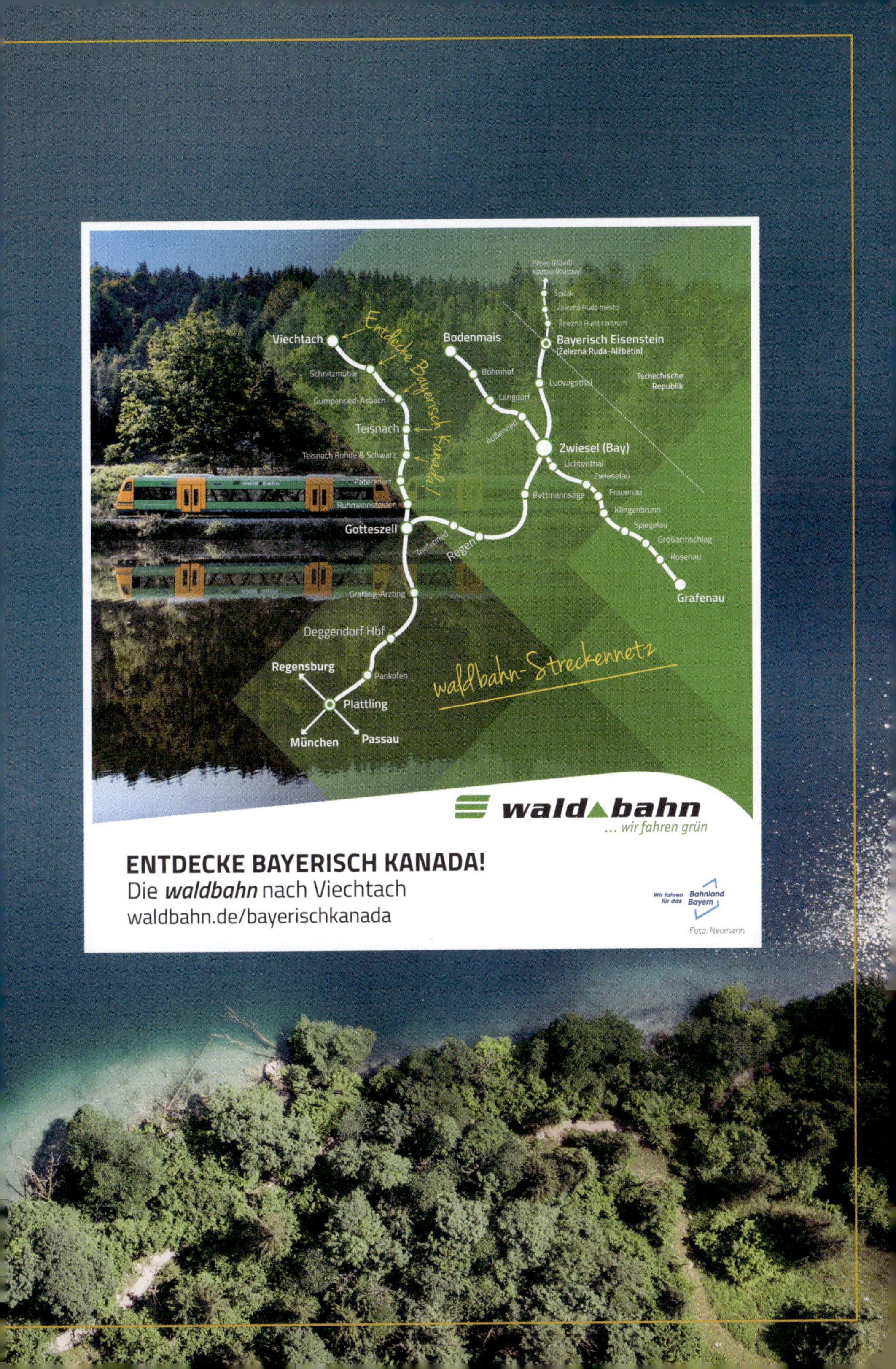
Entdecke Bayerisch Kanada!
Viechtach
Schnitzmühle
Gumpenried-Asbach
Teisnach
Teisnach Rohde & Schwarz
Patersdorf
Ruhmannsfelden
Gotteszell
Grafling-Arzting
Deggendorf Hbf
Pankofen
Plattling
Regensburg
München
Passau
Bodenmais
Böhmhof
Langdorf
Außenried
Regen
Triefenried
Bettmannsäge
Zwiesel (Bay)
Lichtenthal
Zwieselau
Frauenau
Klingenbrunn
Spiegelau
Großarmschlag
Rosenau
Grafenau
Ludwigsthal
Bayerisch Eisenstein
(Železná Ruda-Alžbětín)
Železná Ruda centrum
Železná Ruda město
Špičák
Pilsen (Plzeň)
Klattau (Klatovy)
Tschechische Republik
waldbahn-Streckennetz
waldbahn
... wir fahren grün
ENTDECKE BAYERISCH KANADA!
Die waldbahn nach Viechtach
waldbahn.de/bayerischkanada
Wir fahren für das Bahnland Bayern
Foto: Neumann

Tourenübersicht

TOUREN 1–11

01 **Rund um Lichtenstein:** 3h, 150 hm, 10 km, **LEICHT**
Besuch bei einer der stattlichsten Burgen der Haßberge **27**

02 **Kajak in Bad Staffelstein:** 3h, 9,9 km, **LEICHT**
Genussfahrt auf dem Main **31**

03 **Radeltour in die Domstadt:** 4h, 470 hm, 41 km, **MITTEL**
Von Bad Staffelstein nach Bamberg **35**

04 **In der Steinachklamm:** 4h 30min, 385 hm, 18,75 km, **MITTEL**
Zur Ruine Nordeck und dem Forstmeistersprung **39**

05 **Gleißinger Fels:** 2h, 190 hm, 8 km, **LEICHT**
Über alte Bergwerkswege durch den Bocksgraben **43**

06 **Durchs Paradiestal:** 2h 30min, 150 hm, 10,8 km, **LEICHT**
Auf stillen Pfaden durch ein sagenumwobenes Paradies **47**

07 **Rund um Schollbrunn:** 4h, 415 hm, 16 km, **LEICHT**
Archäologischer Kulturweg südlich des Äpfeläquators **51**

08 **Wasser, Wein, Wiesen:** 2h 15min, 100 hm, 26,8 km, **LEICHT**
Ausflug von der Keesburg an den Main **55**

09 **Spritziges Vergnügen:** 4h, 27,4 km, **MITTEL**
Wasserweitwandern auf der Wiesent **59**

10 **Auf dem Norissteig:** 2h, 200 hm, 5,6 km, **MITTEL**
Klettersteigrunde über dem Hirschbachtal **63**

11 **Durchs Trubachtal:** 2h 15min, 200 hm, 8,8 km, **LEICHT**
Von Egloffstein nach Obertrubach **67**

TOUREN 12–22

12 **Burgbernheimrunde:** 2h, 60 hm, 6,9 km, **LEICHT**
Auf dem Naturlehrpfad die Burgbernheimer Wälder entdecken **71**

13 **Rund um Birkach:** 1h 15min, 35 hm, 5 km, **LEICHT**
An Pferdehöfen vorbei zum Rothsee.. **75**

14 **Von Spalt zum Brombachsee:** 4h 30min, 205 hm, 13,6 km, **MITTEL**
Durchs Spalter Hopfenland **79**

15 **Zur Burgruine Sengersberg:** 3h, 640 hm, 32 km, **MITTEL**
Radvergnügen im Regental... **83**

16 **Donaustauf - Wiesent:** 3h, 250 hm, 32,5 km, **MITTEL**
Bayerische Akropolis und ein Schloss... **87**

17 **Tegernheimer Schlucht:** 2h 45min, 335 hm, 9,75 km, **LEICHT**
Eine geologische Entdeckungswanderung **91**

18 **Pilgramsberg:** 1h, 70 hm, 4 km, **LEICHT**
Pilgerberg mit Panoramablick **95**

19 **Großer Pfahl:** 2h, 100 hm, 7 km, **LEICHT**
Bayerns Geotop Nr. 1 .... **99**

20 **Bayerisch Eisenstein:** 2h 30min, 350 hm, 10 km, **LEICHT**
Auf historischen Pfaden und Urwald-Erlebniswegen **103**

21 **Kajakvergnügen:** 5h, 19 km, **MITTEL**
Durch's Bärenloch von Regen nach Teisnach.................................. **107**

22 **Nationalparkzentrum:** 2h, 120 hm, 7 km, **LEICHT**
Auge in Auge mit Wolf und Braunbär in Lusen................................ **111**

Tourenübersicht

TOUREN 23–33

Unser Highlight

23 **Rund um Hauzenberg:** 2h 30min, 480 hm, 10 km, **MITTEL**
Auf dem Naturerlebnispfad über den Freudensee auf den Staffelberg **117**

24 **Rottenburg - Eichbühl:** 2h, 90 hm, 22,5 km, **LEICHT**
Storchentour im Labertal **121**

25 **Baumwipfelpfad:** 1h 30min, 42 hm, 1 km, **LEICHT**
Baumkronenrunde in luftiger Höhe **125**

26 **Welden - Altenmünster:** 3h, 215 hm, 29,8 km, **MITTEL**
Erlebnisradeln im Zusamtal **129**

27 **Kronthaler Weiher:** 2h, 15 hm, 7 km, **LEICHT**
Naturwanderweg und Wasserspaß **133**

28 **Am Karlsfelder See:** 2h 30min, 5 hm, 9,7 km, **LEICHT**
Familienausflug zum Erholungsgebiet Karlsfelder See **137**

29 **Auf der Iller:** 4h, 19,9 km, **MITTEL**
Kajaken am Illerdurchbruch zwischen Altusried und Kardorf **141**

30 **Herrsching - Warataweil:** 3h, 150 hm, 11,6 km, **LEICHT**
An den Ufern des Ammersee **145**

31 **Deininger Weiher:** 4h 15min, 70 hm, 12,6 km, **LEICHT**
Wanderung am Gleißenthalweiher **149**

32 **Ratzinger Höhe:** 2h 45min, 220 hm, 6,7 km, **LEICHT**
Spiel und Spaß auf aussichtsreichen Wegen **153**

33 **Staub- & Fischbachfall:** 4h 30min, 300 hm, 16,5 km, **MITTEL**
Schattige Talwanderung mit Wasserfinale **157**

TOUREN 34–44

34 **Am Grünstein:** 2h, 710 hm, 8,2 km, **LEICHT**
Auf den Kleinen Bruder des Watzmanns..**161**

35 **Rund um den Schliersee:** 2h, 10 hm, 7,3 km, **LEICHT**
Gemütliche Familienwanderung auf dem Uferweg.....................**165**

36 **Kleine Wolfsschlucht:** 2h, 200 hm, 8 km, **LEICHT**
Abenteuerlicher Spaziergang am Fuß der Blauberge.....................**169**

37 **Um die Osterseen:** 3h, 40 hm, 11,1 km, **LEICHT**
Runde im Eiszerfallsgebiet...**173**

38 **Am Staffelsee:** 2h, 200 hm, 21,5 km, **LEICHT**
Staffelseerunde mit Panoramablick..**177**

39 **Pfaffenwinkler Milchweg:** 1h, 85 hm, 4,2 km, **LEICHT**
Milchlehrpfad um die Schönegger Käsealm.......................................**181**

40 **Am Steckenberg:** 1h 45min, 500 hm, 7,1 km, **LEICHT**
Waldwanderung über dem Kolbensattel...**185**

41 **Auf den Eckbauer:** 2h 30min, 550 hm, 9,7 km, **LEICHT**
Durch die Partnachklamm zu einem kleinen Gipfel **189**

42 **Eibseeumrundung:** 3h 15min, 200 hm, 12,4 km, **LEICHT**
Panoramarunde am Fuße der Zugspitze...**193**

43 **Walderlebniszentrum:** 1h, 80 hm, 3,2 km, **LEICHT**
Auf Auwald- und Bergpfaden..**197**

44 **Laufbacher Eck:** 1h 30min, 310 hm, 6 km, **LEICHT**
Höhenweg der Extraklasse..**201**

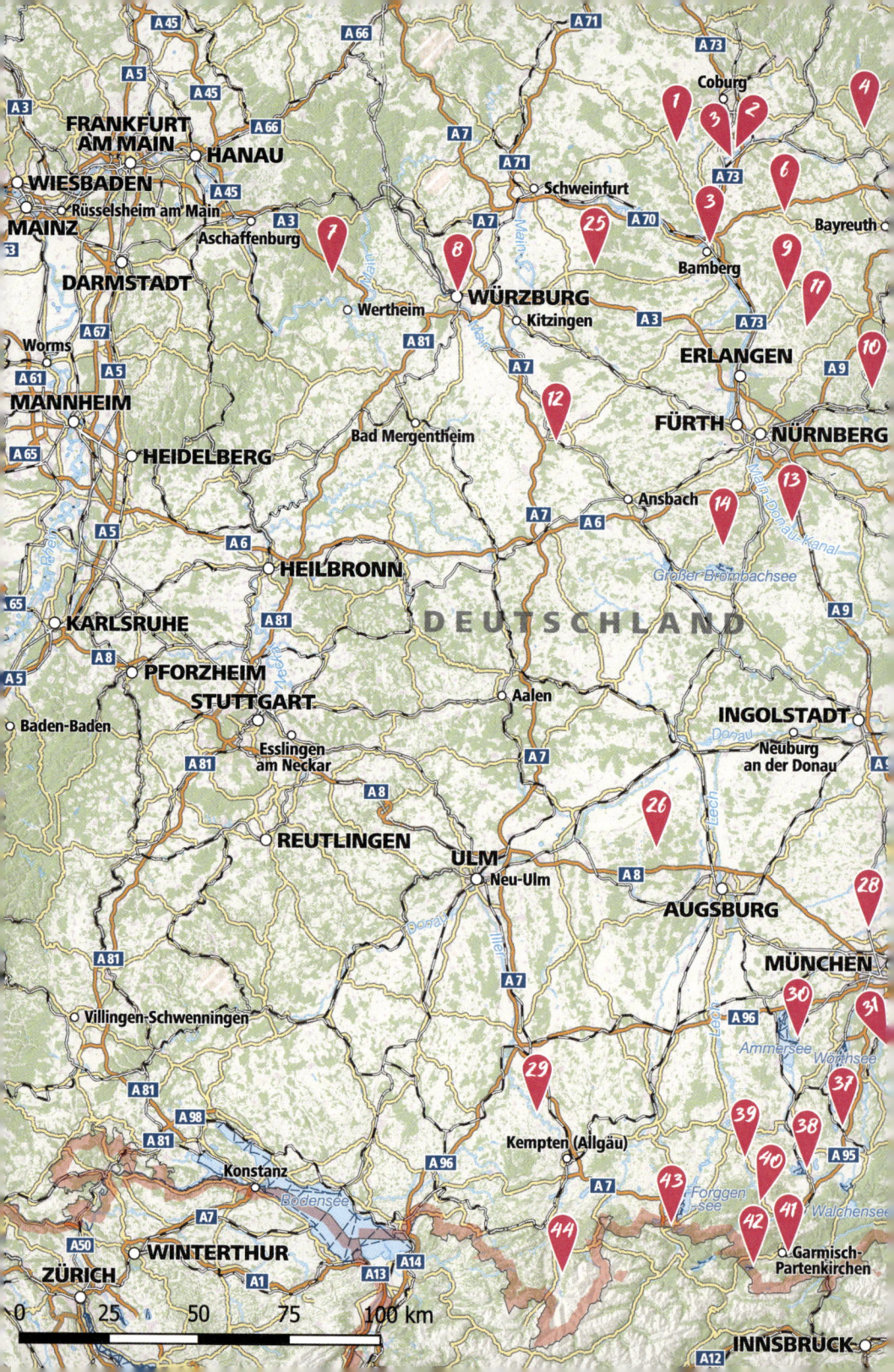

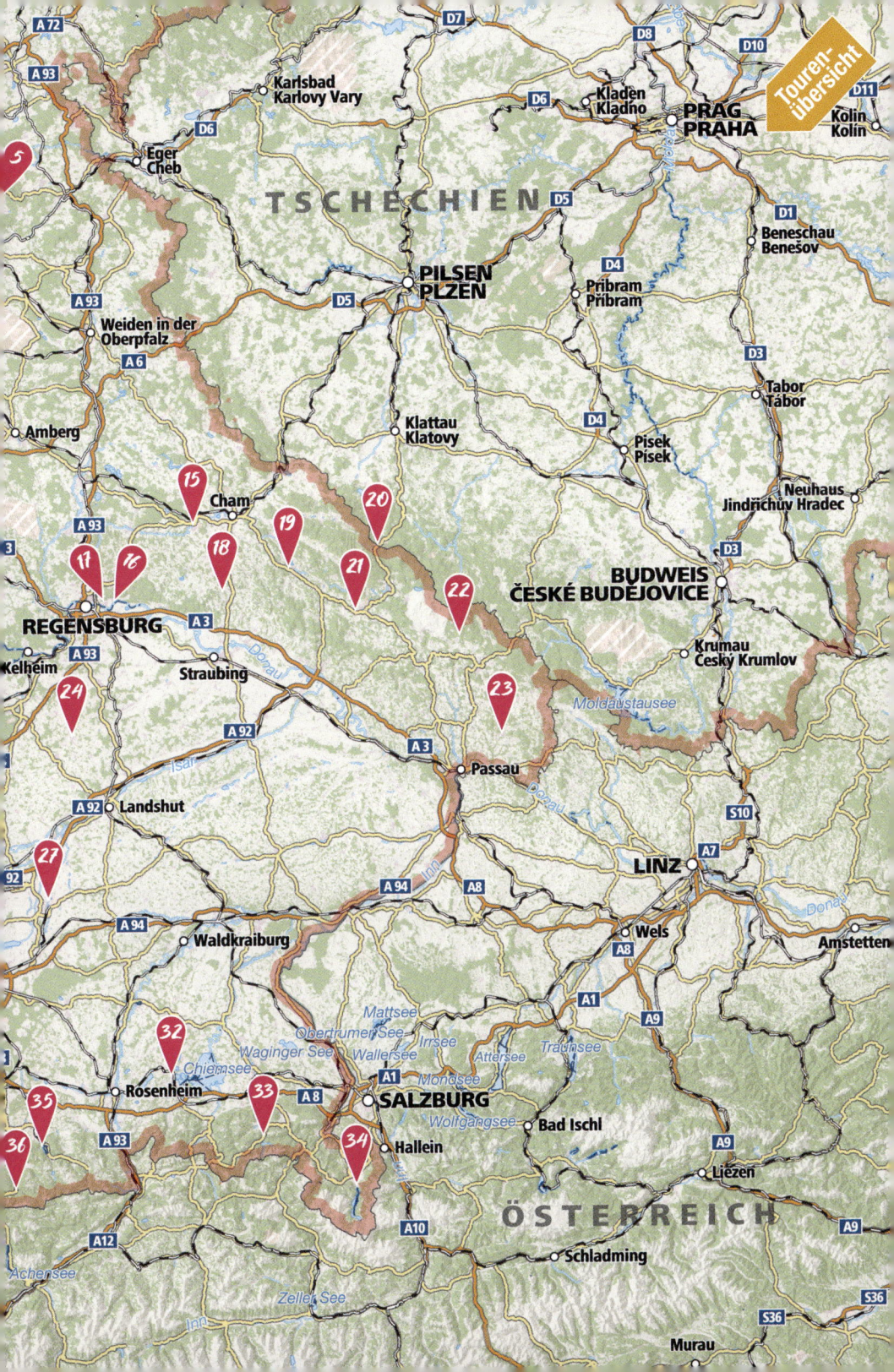

Endlich ...

geht es los!

44 OUTDOORERLEBNISSE FÜR DEINE FAMILIE UND DICH

Bayern ist ein herrliches Urlaubsland. Abwechslungsreich und vielfältig präsentiert sich die Landschaft im Süden Deutschlands mit wunderschönen Gegenden wie dem Allgäu, dem Bodensee, dem bayerischen Fünf-Seen-Land, dem Bayerischen Wald und dem Berchtesgadener Land. Zahlreiche Freizeitmöglichkeiten und Sehenswürdigkeiten locken die Tagesausflügler zu jeder Jahreszeit. In diesem Buch entdecken wir die unterschiedlichen Regionen mit unterschiedlichsten Mitteln: Wandern, Radeln, Kajaken oder Bootfahren und sogar auf dem Klettersteig sind wir unterwegs.

Im Norden erkunden wir Franken. In Ebrach entführt der Baumwipfelpfad in die grüne Welt der Baumkronen. Rund um Nürnberg gibt's jede Menge toller Bademöglichkeiten. Hier warten nicht nur sieben Seen, auch weitläufige Wiesen, reiche Nadel- und Mischwaldbestände an den Hängen rund um den Igelsbach- und Brombachsee und ausgedehnte Kiefernwälder. Der Bayerische Wald fasziniert mit einer ganz anderen Besonderheit: In der größten Waldlandschaft Mitteleuropas warten nicht nur der erste und älteste Nationalpark und einzige Urwald Deutschlands auf uns, sondern auch zwei Naturparks, ein vielfältiges Kulturangebot und jede Menge Sehenswürdigkeiten. Im Süden Bayerns entdecken wir dann natürlich die erhabene Bergwelt des Bayerischen Vorgebirges. Es geht durch tief eingeschnittene Klammen und zu sagenhaft schönen Wasserfällen. Die Bergseen wie der Spitzingsee oder Eibsee hingegen sind eine kühle Wohltat an heißen Sommertagen. In den Allgäuer Bergen erweitern wir spielerisch unser Wissen auf verschiedenen Themenwegen.

Endlich Familienzeit Bayern nimmt dich und deine Liebsten mit nach draußen, auf Entdeckungsreise zu den schönsten Wanderungen und Spots, ob zu Lande oder auf dem Wasser.

Endlich alle 7 Sachen zusammen

Packtipps

Eure Packliste

MATERIALCHECK

Bei den vorgestellten Touren ist alles dabei: von kurz über ein bisschen länger, viele und weniger Höhenmeter. Für Radler, Wanderer und Flussfahrer bleibt kein Wunsch offen. Daher benötigen wir doch ein paar Dinge, die im Rucksack oder der Rad- bzw. Bootstasche nicht fehlen dürfen. Die wichtigsten Utensilien haben wir euch hier aber nochmal zusammengestellt:

- ○ Festes Schuhwerk mit griffiger Sohle
- ○ Wetterfeste & atmungsaktive Bekleidung
- ○ Getränke (mind. 1,5 Liter!)
- ○ Erste-Hilfe-Set
- ○ Handy (für den Notruf)
- ○ Rettungsweste für die Kajaktouren

- ○ Proviant
- ○ Gut sitzender Rucksack
- ○ Portmonnaie
- ○ Sonnenschutz (Brille, Hut, Sonnencreme)
- ○ Kälteschutz (Handschuhe, Mütze, Halstuch)
- ○ Flickzeug fürs Rad

Endlich gern gesehen

Verhaltenskodex

BEI OUTDOORAKTIVITÄTEN MIT KINDERN

Wandern, Radfahren oder Kanufahren als sanfte Natursportarten zu begreifen ist wichtig, sich dabei auch dementsprechend zu verhalten und dies auch den Kindern weiterzugeben, sollte selbstverständlich sein. Denn nur dann kann er uns durch einen gestärkten Naturbezug ein tolles Naturerlebnis bieten und uns auch als Vorbild für einen nachhaltigeren Lebensstil dienen. Bewusst durch die Natur ist die Devise, doch bewusst erleben kann man die Natur auch auf ausgewiesenen Wanderwegen und Flussrouten. Auch muss die nächste Wanderung keine stundenlange Anfahrt haben: jede Region hat ihre ganz eigenen Stärken und Besonderheiten. So kann das Wandern in der näheren Umgebung auch mit minimalem Verkehrsaufwand realisiert werden. Auf unseren Touren in „Endlich Familienzeit Bayern" erreichen wir die meisten Ausgangsorte mit Bus oder Bahn.

Und das könnt ihr machen ...

Dos & Don'ts

01 „**Bitte auf den Wegen bleiben**": Nicht umsonst finden sich oft am Wegesrand diese Hinweisschilder, die auch eingehalten werden sollten.

02 **Keine Pflanzen ausrupfen**: Nicht nur die Blumen sind ein Tabu, auch alle anderen Pflanzen sollten weder gepflückt noch für den heimischen Garten ausgegraben werden.

03 **Müll und Essensreste wieder mitnehmen**: Weder Verpackungsmüll noch vermeintlicher „natürlicher" Abfall sollte einfach liegengelassen werden. Schalen exotischer Früchte verrotten nur langsam und stellen auch keine Nahrung für unsere heimischen Wildtiere dar.

04 **Hunde an die Leine**: Unsere vierbeinigen Freunde freuen sich auch über ein wenig Auslauf. Sie sollten jedoch an der Leine geführt werden, damit sie kein Wild aufschrecken oder es sogar jagen.

05 „**Ruhezonen respektieren**": Mancherorts wird mit einem Schild darauf hingewiesen. Hier sollte man unnötiges Herumschreien vermeiden und versuchen, eine Unterhaltung in leisem Tonfall fortzusetzen.

06 **Absperrungen einhalten**: Manche Teilgebiete sind aus verschiedenen Gründen gesperrt. Das sollte man dann respektieren. Am besten vorher informieren, ob die gewünschten Wege auch begangen werden können. Oft kann man einen Weg unkompliziert umplanen.

07 **Respektvoller Umgang untereinander**: Auch untereinander ist es wichtig, sich respektvoll zu begegnen: seien es andere Wanderer, Forst- und Almpersonal sowie Jäger oder Landwirte.

Grundwissen

Outdoor

SICHERHEIT UND BASICS

Raus in die Natur – das ist ein ideales Mittel, um einfach mal auszuspannen und den Alltag hinter sich zu lassen. Auf den vorgestellten Touren können sich die Kids so richtig austoben. Ob Badespaß am Fluss oder einem der wunderschönen bayerischen Seen, Radvergnügen durchs Flache oder im hügeligeren Voralpenland, spannende Klamm- und Wasserfalltouren. Damit wir alles auch in vollen Zügen genießen können, hier ein paar Tipps, besonders für Rauszeit Neulinge.

Der richtige Einstieg: Ist die Motivation auch anfangs noch so groß, wer noch nicht viel Erfahrung hat, sollte erstmal klein beginnen. Lieber mal die kürzere Radtour testen und auf einem „einfacheren" Fluss fahren, bevor man sich an tagesfüllenden Touren macht. Und lieber einmal mehr pausieren. Auf unseren Touren sind jede Menge toller Rastplätze beschrieben.

Wettercheck: Raus bei Regen? Bei stabilem Wetter macht's sicherlich mehr Spaß. Sich bereits zwei-drei Tage vorher zu informieren und am Abend vor der Tour oder bei Unsicherheit sogar morgens nochmal das Wetter abzuklären, kann oft böse Überraschungen vermeiden. Am besten informiert man sich beim Deutschen Wetterdienst oder über das Bergwetter des Deutschen Alpenvereins. Bei unsicheren Verhältnissen lieber die Tour absagen und auf einen anderen Tag verschieben.

Notruf bei Unfällen: Im Falle eines Unfalls haben Ruhe bewahren und überlegtes Handeln oberste Priorität. Erst einen Überblick über die Situation verschaffen, dann wird der Notruf abgesetzt. Ohne Netz kann die europaweit gültige Notrufnummer 112 gewählt werden. Funklöcher oder kein Handy erfordern das alpine Notsignal mittels Rufen, Pfiffen oder Licht: alle zehn Sekunden eine Minute lang ein Signal, dann eine Minute Pause, dann wieder alle zehn Sekunden eine Minute lang ein Signal geben u.s.w.

Grundwissen

Touren-1x1 & Lexikon

Die Klassifizierung der Touren ist als Richtwert zu verstehen. Schätze dein Können und das deiner Kinder richtig ein und richte deine Tourenauswahl danach aus.

LEICHT: Meist gut markierte, breite Wege ohne Gefahrenstellen, die stellenweise auch etwas steilere, wurzelige und felsige Passagen aufweisen können. Sind für Kinder besonders geeignet und oftmals auch Sightseeingrunden.

MITTEL: Anspruchsvollere Wege und Pfade mit teils unwegsamem Untergrund, die meist gut markiert sind. Die Touren sind überwiegend länger und setzen etwas Erfahrung und Grundkondition voraus. Oftmals für etwas ältere Kinder geeignet.

SCHWER: Herausfordernde Touren, meist auf schmalen und steilen Steigen in alpinem Gelände. Stellenweise können kurze (durch Drahtseile versicherte) Kletter- und Kraxelpassagen vorkommen, bei denen die Hände zu Hilfe genommen werden müssen. (Kommen in diesem Buch nicht vor.)

Tourenzeiten: Die angeführten Zeitangaben verstehen sich als Richtwerte für die reine Bewegungszeit ohne Pausen. Ist man mit Kindern unterwegs, können diese erheblich variieren. Plant genug Zeit für Zwischenstopps mit ein.

Outdoorsaison: Grundsätzlich kannst du in den flacheren Teilregionen Bayerns das ganze Jahr über draußen sein, beim Wandern an exponierten Stellen und nordseitig solltest du aber mit Schnee rechnen, dieser hält sich in Waldgebieten länger. Im Groben dauert die Wandersaison von April bis Oktober, doch angesichts von Klimawandel und Schneemangel gibt es seit ein paar Jahren auch im Winter geeignete Wandertage. Freilich musst du die Tageslänge und Öffnungszeiten der Einkehrstationen beachten, die meisten Almen (bis auf die mit Rodelbetrieb) sind im Winter zu. Manchmal gibt es auch im Sommer noch Schneereste, vor allem in nordseitigen Senken an Bergflanken, bei unklarer Lage rufst du vorher in der Region an (Touristinfos, Alpenvereinssektionen, Hütten und Berggasthöfe) und informierst dich über die Situation. Eine tolle Wanderzeit ist der Herbst, dann hast du oft eine sehr gute Fernsicht.

Bist du mit Kindern unterwegs, plane reichlich Stopps ein und packe deinen Proviant dementsprechend. Plane auch Zeit ein, die die Kinder zum Erkunden ihrer Umgebung brauchen und vermeide fade lange Tagestouren ohne Highlights. Kinder wollen Entdecken und brauchen Platz zum Rumtoben.

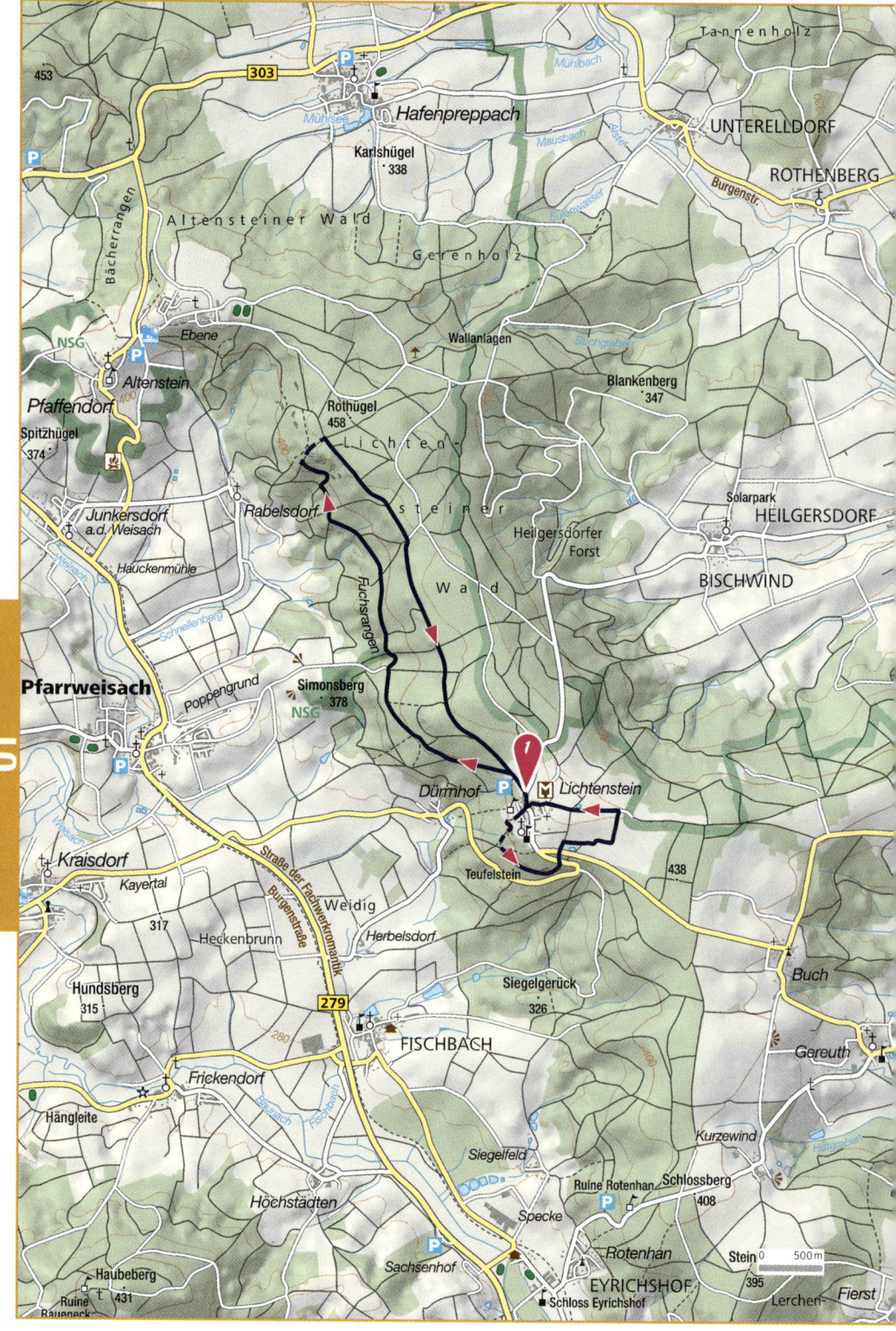

Rund um Lichtenstein

Besuch bei einer der stattlichsten Burgen der Haßberge

DAUER	3h
LÄNGE	10 km
HÖHENMETER	150 hm
SCHWIERIGKEIT	LEICHT
MIT ÖPNV ERREICHBAR	nein

Tour 01

Das erwartet euch ...

Ein erster kurzer Abschnitt führt uns über schmale Pfade, die oft von Wurzelwerk geschmückt sind. Der größere Teil des Rundweges bewegt sich jedoch auf schönen, breiten Waldwegen. Der Sagenweg an der Burgmauer entlang hält viele spannende Überraschungen bereit. Ein weiteres Highlight ist sicherlich der Teufelsstein – der Leibhaftige selbst soll hier mit dem damaligen Burgherren Mühle gespielt haben.

Burgentour 01

Start & Ziel & Anreise

In Lichtenstein beginnt unsere Sagenrunde. Mit dem PKW fahren wir von Ebern über die B 279 Richtung Pfarrweisach. Kurz vorher verlassen wir die Bundesstraße Richtung Osten und folgen der Landstraße über Dürnhof nach Lichtenstein. Kurz nach dem Ort biegen wir an der Straße nach Bischwind links zum Parkplatz am Waldrand ab. Der Bus Nr. 956 fährt von Ebern nach Pfarweisach. Von hier aus kann man in einer dreiviertel Stunde die Ruine Lichtenstein zu Fuß erreichen.

Tourenbeschreibung

Die schöne Burg, die wir heute ein wenig genauer in Augenschein nehmen, war einst Stammsitz der Herren von Lichtenstein. Ihre Geschichte ist schon sehr alt – 1232 wurde sie das erste Mal erwähnt, 1325 wurde sie im Status einer Ganerbenburg auf verschiedene Adelsfamilien aufgeteilt. Über die Jahrhunderte und mehrere Kriege wurde die Nordburg aufgegeben. Die Südburg hingegen blieb erhalten, wurde ausgebaut und ist bis heute bewohnt.

Die erste kleine Runde beginnt am Sagenpfad, der zwischen den Gebäuden zur Burgmauer führt. Er zieht sich an der Burgmauer entlang und ist hervorragend mit Schau- und Infotafeln ausgestattet. Sie beziehen sich oft auf Felsformationen zu Füßen der Burgmauer oder Begebenheiten, die sich im damaligen Burgleben zugetragen haben (sollen). Wie die Sage zum Gerichtsstein: Ein kleiner Felsen, der in seiner Form an einen Stuhl erinnert. Am unteren Ende hat er ein Loch. Ein recht beschauliches Plätzchen für den Richter, der hier über das Schicksal eines Angeklagten entschied. An der Öse im Stein wurde der vermeintliche Halunke mit einem Strick festgebunden. Nur wenige Minuten später entdecken wir in der Burgmauer einen Zugang, den heute ein Gitter bewacht. Hier – so munkelt man – soll sich die Schneiderhöhle befunden haben. Die auch als Schneidersloch bekannte Höhle war einst die Behausung eines Schneiders. In Nischen bewahrte er seine Scheren und Nadeln auf, ein Loch im Boden diente ihm als Feuerstätte. Mit einem Felsblock konnte er den Zugang verschließen. So lauerte er einzelnen Rittern auf ihrem Weg zum Burgtor auf, meuchelte und beraubte sie. Viele Jahre vergingen, bis der heimtückische Schneider entdeckt wurde. Seine Strafe war die Marter mit glühenden Scheren und Nadeln bis zum Tode.

Schon freundlicher geht es ein Stück weiter des Weges zu: Am Ende der Burgmauern weist ein Schild in den Wald zu verschiedensten Felsformationen wie dem Walfischfelsen. Für kleine Kletterer ist das Felsenlabyrinth ein wahres Paradies. Doch sogar hier weilen noch Sagen und Legenden, die sich um die Burg ranken. Wie die des Magnetsteins. Zukünftige Knappen wurden hier angebunden und mussten die ganze Nacht ausharren. Schafften sie dies ohne Gezeter und Geschrei, wurden sie zu Knappen ernannt.

Zurück auf dem Sagenpfad erreichen wir schließlich einen Waldweg, der uns nach links zum Teufelsstein bringt. Hier thronte einst eine hochmittelalterliche Felsenburg, die jedoch abgegangen ist. Die Herren von Stein herrschten im 11. und 12. Jahrhundert über die Burg, von deren einstiger Pracht nur noch ein großer Stein übrig ist. Aber was für einer. Der Fels stand wohl einst im Mittelpunkt der Anlage. Über ein paar noch vorhandene Sandsteinstufen kann man das Plateau des Felsens erklimmen. Oben sind die Linien eines Mühlespieles in den Fels geritzt. Hier soll der Burgherr mit dem Teufel das eine oder andere Spielchen gewagt haben.

Wir gehen weiter zur Straße, queren sie schräg nach links und steigen einen Pfad steil empor. Wieder an der Straße queren wir sie geradeaus und folgen der Beschilderung des grünen Turms. Ein Schotterweg bringt uns bald nach rechts gewandt an einem Weiher vorbei. 5 Minuten später folgen wir einem Wiesenweg nach links, bis wir an einem asphaltierten Weg stehen. Hier wandern wir nach Lichtenstein zurück. Am Wanderparkplatz halten wir uns direkt auf einen Waldweg. Er verzweigt sich nach ein paar Metern: Wir folgen dem rechten Weg auf dem grünen Turm nun eine gute dreiviertel Stunde, bis nach links ein Pfad abzweigt. Er führt uns in ein paar Minuten, bald nochmals links abgebogen, zum Diebskeller. Wir folgen dem Pfad am Diebskeller vorbei ca. 200 Meter weiter bis zum Waldweg. Hier halten wir uns links und wandern wieder in einer dreiviertel Stunde zurück zum Wanderparkplatz Lichtenstein.

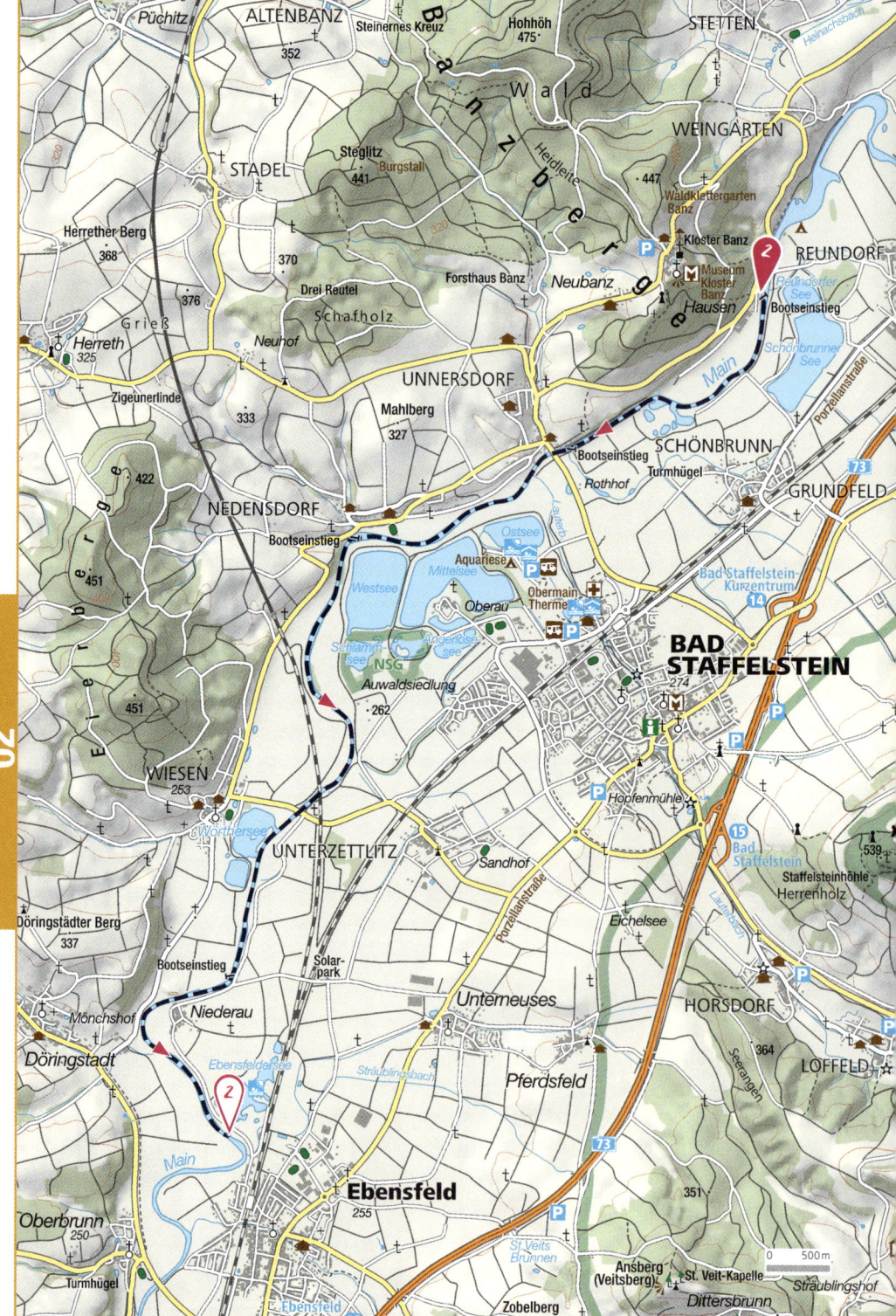

Tour 02

Kajaktour 02

Kajak in Bad Staffelstein
Genussfahrt auf dem Main

DAUER	3h
LÄNGE	9,9 km
STROMSCHNELLEN	nein
SCHWIERIGKEIT	LEICHT
MIT ÖPNV ERREICHBAR	ja

Das erwartet euch ...

Die heutige Kajaktour ist ein Traum für Wasserwanderer. Nicht nur herrliches Panorama zu beiden Seiten des Mains versüßen die Fahrt, sondern auch eine freie Fließstrecke, bei der keine Wehre mehr umtragen werden müssen, machen den Reiz dieses Abschnittes aus. Die Streckenlänge ist überschauber. Hervorragend geeignet also für einen angenehmen Nachmittagsausflug auf dem Main.

Kajaktour 02

Start & Ziel & Anreise

Heute starten wir von Hausen. Mit dem PKW geht's von nördlicher wie südlicher Richtung über die A73 Richtung Bad Staffelstein. An der Ausfahrt 14 – Bad Staffelstein / Kurzentrum fahren wir über die Hausener Straße bis Hausen. Direkt neben Rösler Oberflächentechnik befindet sich der Bootseinstieg am Main. Von München geht's mit dem Zug über Nürnberg nach Bad Staffelstein. Der Rückweg bietet sich ab Ebensfeld mit dem Zug an. Hier gibt es einen Bahnhof.

Tourenbeschreibung

Der Main ist ein ungeahntes Kleinod und überrascht uns auf der heutigen Tour mit herrlicher Natur und wunderschönen Eindrücken zu beiden Seiten seiner Ufer. Am schönsten ist es, den Fluss mit dem Kajak zu erleben. Auf vielen Bereichen wurde dem Fluss wieder Raum gegeben. Dies macht den Main zu einem Teil des europäischen Naturerbes (Natura 2000 Gebiet). An jenen Stellen, wo der Main wieder ein richtiger Fluss sein darf, sind der prächtige Eisvogel, der gut getarnte Flussregenpfeifer und die blau schillernde Prachtlibelle zu Hause. Auch selten gewordene Bewohner wie die Barbe siedeln sich allmählich wieder an. Eine Entwicklung, die einen besonders achtsamen Umgang mit dem Naturerbe Main fordert. Achtsames Paddeln mit Rücksicht auf die Natur machen den Ausflug umso erlebenswerter.

Wir beginnen unserer Kajaktour in Hausen. Gegenüber des Wasserkraftwerkes Obermain lassen wir am Bootseinstieg bei KM 422,2 unser Kajak zu Wasser. Und schon sind wir mittendrin. Sanft gleitet unser Kajak entlang der bewachsenen Ufer des Mains. Immer wieder säumen auch kleine Waldabschnitte und Kiesbänke die Uferlandschaft. Nach einem längeren, bewaldeten Stück geht's am Bootsausstieg Unnersdorf unter einer Brücke hindurch. Danach lassen wir den Blick nach links schweifen; vereinzelt sehen wir ein paar Seen aufblitzen. Sie reihen sich um Schloss Oberau, das jedoch leider unserem Blick verborgen bleibt. Der Main macht eine Linkskurve. Gemächlich schlängelt sich der Main weiter durch die Auenlandschaft und unter der Eisenbahnbrücke bei Wiesen hindurch.

Kurz darauf passieren wir noch einmal ein Brücklein. Beim kleinen Wäldchen öffnet sich rechter Hand der Main und gibt eine Durchfahrt in den Wörthersee frei. Neben einer kleinen Runde über den See kann man hier auch an einem weiteren Bootseinstieg Halt machen. Mit fast freien Blicken und wieder an herrlicher Auenlandschaft vorbei geht's die letzten drei Kilometer bis zum Bootseinstieg Ebensfeld. Hier ist auch eine tolle Badestelle, um zum Abschluss in den Main zu springen. Alternativ ist nur ein paar Meter weiter über dem Schotterweg der Ebensfelder See, der auch zu einem längeren Aufenthalt einlädt.

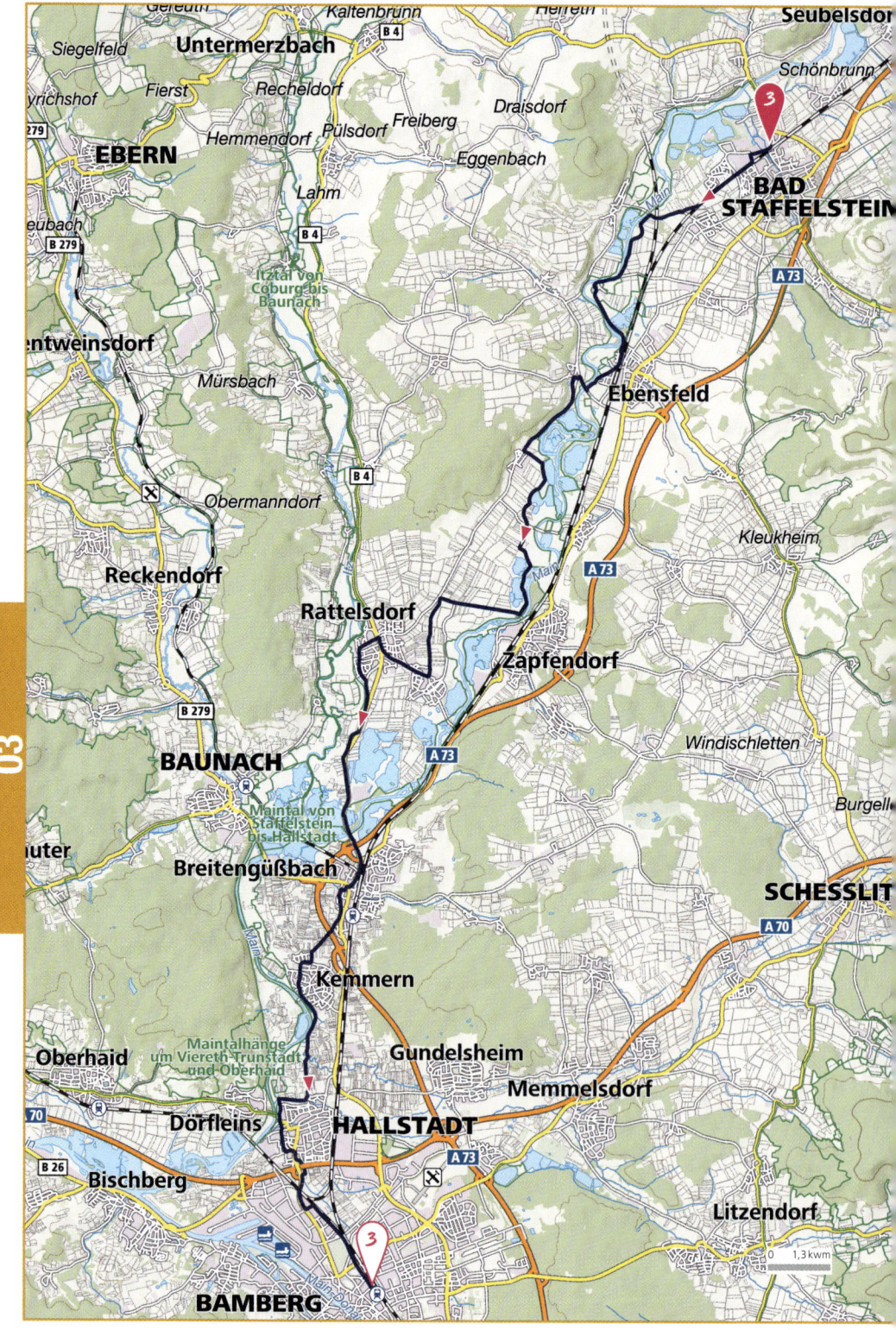

Radeltour in die Domstadt
Von Bad Staffelstein nach Bamberg

DAUER	4h
LÄNGE	41 km
HÖHENMETER	470 hm
SCHWIERIGKEIT	MITTEL
MIT ÖPNV ERREICHBAR	ja

Das erwartet euch ...

Die Streckenradtour bewegt sich entlang des Mainradweges hauptsächlich über asphaltierte Radwege, kleine Nebenstraßen und gekieste Wege. An der Flussschleife des Mains entlang müssen wir nur wenige Höhenmeter überwinden. Dabei begleiten uns eine herrliche Auenlandschaft und viele Seen, die immer wieder zu einer Abkühlung einladen. Die vielen kleinen Städtchen auf dem Weg bieten sich hervorragend für die eine oder andere Rast an.

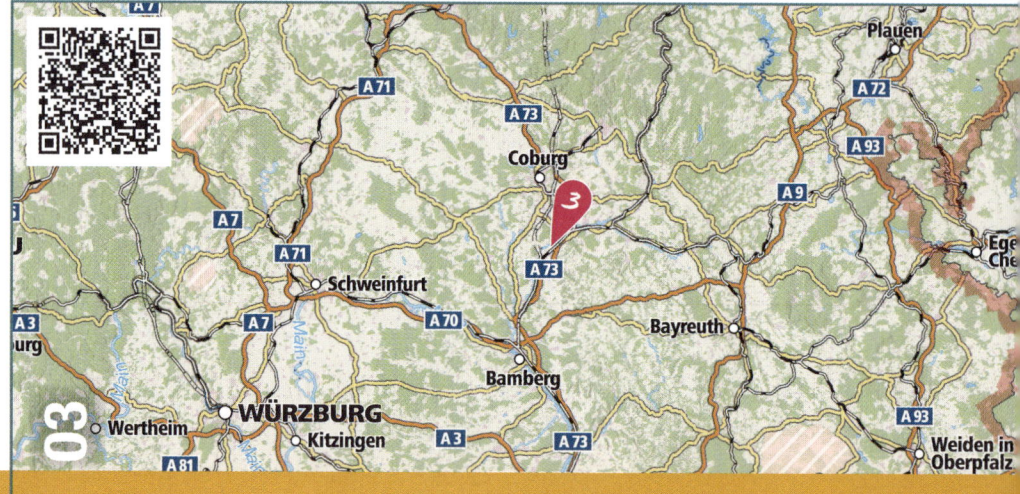

Radtour 03

Start & Ziel & Anreise

Los geht's am Bahnhof in Bad Staffelstein. Mit dem PKW erreichen wir die Kurstadt von Norden wie von Süden am besten über die A 73. P&R Parkplätze gibt es am Bahnhof. Von Würzburg fahren wir mit dem Zug etwas mehr als eine Stunde nach Bad Staffelstein. Von Nürnberg oder Erfurt erreichen wir die Stadt in einer Stunde. Von Bamberg fährt die Regiobahn in zwanzig Minuten zurück zum Ausgangsort.

Tourenbeschreibung

Bamberg liegt am nordöstlichen Ausläufer des Steigerwalds nahe der Mündung der Regnitz in den Main. Zwischen den beiden Flussarmen – der rechte wurde zum Main-Donau-Kanal ausgebaut – liegt die sogenannte Inselstadt. Wie Rom ist auch Bamberg auf sieben Hügeln erbaut. Seit 1993 trägt die Universitätsstadt das Prädikat „UNESCO-Weltkulturerbe". Die Liste der Sehenswürdigkeiten ist aber auch lang: Ein viertürmiger Dom, mehr als zehn Theater, eine Vielzahl an Museen und der größte unversehrt erhaltene historische Stadtkern Deutschlands machen nur einen kleinen Teil dieser Liste aus. Nicht zu vergessen die vielen Brauereien. Erhalten sind heute noch neun völlig eigenständige Brauereigaststätten, in denen vierzig unterschiedliche Biersorten gebraut werden.

Vom Bahnhof Bad Staffelstein radeln wir an der Straße Am Kurpark entlang, bis wir links in die Auwaldstraße schwenken. Mit den Gleisen geht's nach Unterzettlitz und rechts gewandt zum Main. Stets in Flussnähe passieren wir Niederau und den Ebensfelder See, an dessen Ministrand wir den gleichnamigen Ort erreichen. Nach dem Bahnhof radeln wir wieder zurück zum Main. Wir überqueren ihn an der St 2987 und folgen in Oberbrunn den Radschildern Richtung Unterbrunn. Zu Beginn des Ortes bringt uns der Angerweg über den Großen Angersee nahe an Zapfendorf heran. Noch vor dem Ort geht's rechts in die Mainstraße. Vor einem einzeln stehenden Haus halten wir uns links, dann radeln wir geradewegs durch die Felder bis Ebing. Am Friedhof radeln wir an der Hauptstraße entlang. Bei der Bushaltestelle machen wir dann einen Rechts-Links-Schwenk zum Markt- und Kirchplatz von Rattelsdorf. Im Schatten einiger schöner Fachwerkhäuser verlassen wir das Städtchen über die Hauptstraße und die Bamberger Straße.

An Ende des Ortes schwenken wir zweimal rechts und begleiten die B 4 über einen Radweg. An Feldern vorbei erreichen wir nach ca. 3 km den Breitengrüßbacher See. Er ist nur einer von vielen Seen, die im Zuge des Kiesabbaus hier entstanden sind. Eine wunderbare Gelegenheit, noch einmal ins kühle Nass zu springen. Nach dem See queren wir mit der B 4 die A 73 und fahren mit der Lichtenfelser Straße nach Breitengrüßbach. An der Kreuzung geht's rechts in die Baunacher Straße und gleich links auf den Kirchplatz zur Pfarrkirche Sankt Leonhard.

Rechts in die Austraße und links in die Bühlstraße sind wir nun wieder Richtung Süden unterwegs. Nach der Querung der A 73 erreichen wir Kemmern. Über die Frankenstraße fahren wir in den Ort. An der Kreuzung mit der Apotheke biegen wir rechts auf die Breitengrüßer Straße ab und fahren mit ihr in einem Bogen ins Zentrum. Die Gemeinde liegt idyllisch eingebettet zwischen Main und den Ausläufern der Haßberge. Wir passieren die Kirche St. Peter und Paul und radeln geradewegs aus dem Ort hinaus. Kurz begleiten wir den Fluss, dann schwenkt der Radweg nach links. Wir passieren ein paar Felder und gelangen an den Ortsrand von Hallstadt. Hier folgen wir dem Gründleinsbach ein kurzes Stück nach rechts, dann nehmen wir die Brücke in die Mühlhofstraße. Wir umrunden das Städtchen, dann schwenken wir links in die St 2281 Mainstraße und kreuzen rechts mit der Tiergartenstraße die Valentinstraße. Hier haben wir nun zwei Optionen. Eine Möglichkeit ist es, nach Westen auf die Valtentinstraße abzubiegen. Dann folgen wir dem Main ein kurzes Stück länger, unterqueren die Bahngleise und die A 70 und wechseln auf das andere Ufer des Main-Donau-Kanals. Am Ufer entlang und gleich darauf an der Regnitz geht's ins Zentrum. Um den großen Bogen zu schließen, geht es im Anschluss über die Regnitz und den Main-Donau-Kanal hinüber zum Bahnhof. Die andere Möglichkeit ist, dem Mainradweg weiter auf direktem Weg zum Bahnhof von Bamberg zu folgen. Er liegt nordöstlich des Zentrums auf der rechten Seite des Main-Donau-Kanals. In einer der vielen Bars können wir die Tour entspannt ausklingen lassen.

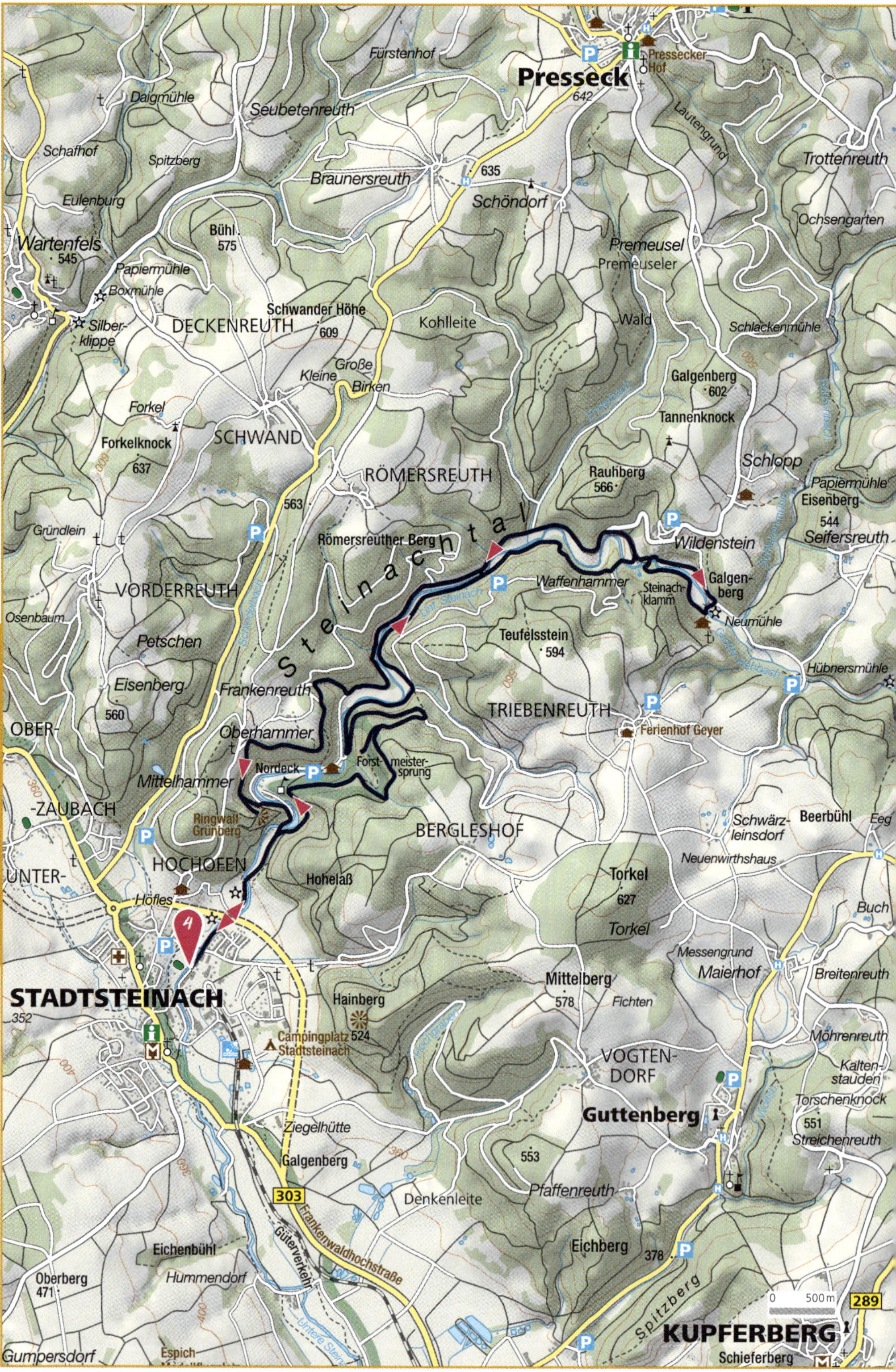
Fürstenhof
Presseck
642
Presseck Hof
Daigmühle
Seubetenreuth
Lautengrund
Schafhof
Spitzberg
Braunersreuth
635
Schöndorf
Trottenreuth
Eulenburg
Ochsengarten
Wartenfels
545
Bühl
575
Premeusel
Premeuseler
Papiermühle
Boxmühle
Silber-
klippe
DECKENREUTH
Schwander Höhe
609
Kohlleite
Wald
Schlackenmühle
Kleine
Große
Birken
Galgenberg
602
Forkel
Forkelknock
637
SCHWAND
Tannenknock
Schlopp
RÖMERSREUTH
Rauhberg
566
Papiermühle
Eisenberg
544
Seifersreuth
563
Gründlein
Römersreuther Berg
Wildenstein
Steinachtal
Waffenhammer
Steinach-
klamm
Galgen-
berg
Neumühle
VORDERREUTH
Osenbaum
Petschen
Teufelsstein
594
Hübnersmühle
Eisenberg
560
Frankenreuth
TRIEBENREUTH
OBER-
Oberhammer
Ferienhof Geyer
Nordeck
Forst-
meister-
sprung
Mittelhammer
-ZAUBACH
Ringwall
Grünberg
BERGLESHOF
Schwärz-
leinsdorf
Beerbühl
Eeg
UNTER-
HOCHOFEN
Neuenwirthshaus
Hohelaß
Torkel
627
Höfles
Buch
Torkel
Messengrund
Maierhof
Breitenreuth
STADTSTEINACH
352
Hainberg
Mittelberg
578
Fichten
524
Möhrenreuth
Campingplatz
Stadtsteinach
VOGTEN-
DORF
Kalten-
stauden
Torschenknock
Guttenberg
551
Streichenreuth
Ziegelhütte
Galgenberg
553
303
Denkenleite
Pfaffenreuth
Frankenwaldhochstraße
Eichenbühl
Güterverkehr
Eichberg
378
Oberberg
471
Hummendorf
Spitzberg
500 m
289
KUPFERBERG
Gumpersdorf
Espich
Schieferberg

Waldtour 04

In der Steinachklamm
Zur Ruine Nordeck und dem Forstmeistersprung

DAUER	4h 30min
LÄNGE	18,75 km
HÖHENMETER	385 hm
SCHWIERIGKEIT	MITTEL
MIT ÖPNV ERREICHBAR	ja

Das erwartet euch ...

Die schöne Runde führt über breite Ufer-, Rad- und Forstwege. Auf ein paar schmalen Waldpfaden benötigen wir ein wenig Trittsicherheit. Für Kinder ist das Frankenwaldsteigla recht abenteuerlich. Vom Forstmeistersprung gibt's dann zur Belohnung eine herrliche Aussicht. Auch die am Weg gelegene Burgruine Nordeck ist ein Eldorado für kleine Entdecker. Aufgrund ihrer Länge ist die Runde erst für Kinder ab zehn Jahren geeignet.

Waldtour 04

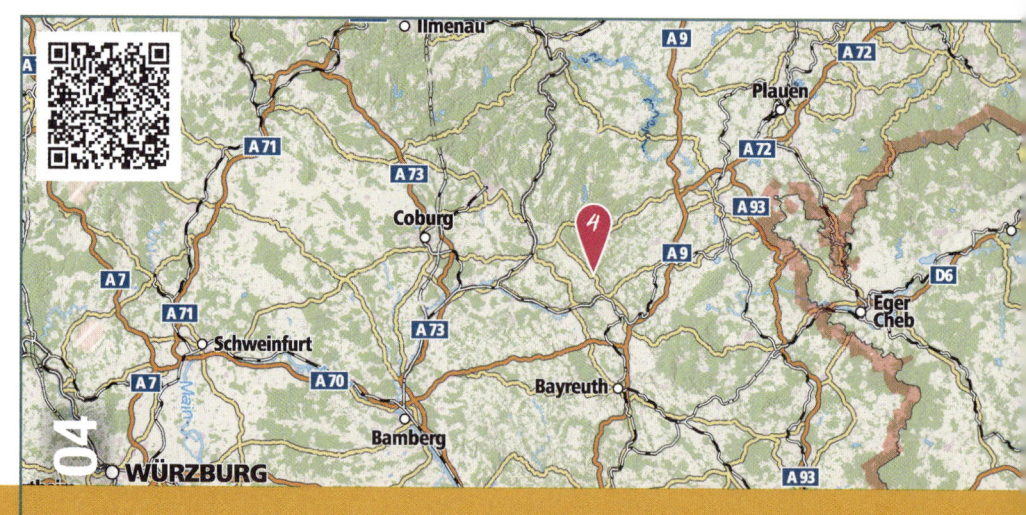

Start & Ziel & Anreise

Stadtsteinach ist heute unser Ausgangspunkt, der Parkplatz liegt direkt am TSV Stadtsteinach. Mit dem PKW erreichen wir den Ort von Kulmbach über die B 303. Hier folgen wir der Ausschilderung zum Sportheim in der Hammergrundstraße. Vom ZOB Kulmbach fährt der Bus der Linie 3582 in regelmäßigen Abständen zum Marktplatz Stadtsteinach.

Tourenbeschreibung

Los geht's am Wanderparkplatz in Stadtsteinach, direkt beim Sportverein. Zuerst folgen wir der Steinach zur Schneidmühle. Nach der Brücke biegen wir direkt hinter dem ersten Haus rechts ab. Wir folgen ein paar steilen Stufen in den Wald, dann folgen wir einem Waldweg bis zu einer Kiesstraße. Sie leitet uns am Waldhang entlang bis zur Ruine Nordeck. Wir richten uns hier nach der Markierung Steinachtal. Sanft wandern wir den breiten Kiesweg bergan, bis wir uns an einer querverlaufenden Forststraße links halten. Wir wandern weiter hinauf bis zur nächsten Abzweigung. Hier folgen wir der Beschilderung des Forstmeistersprungweges nach links. Auf dem schmäleren Waldweg erreichen wir ein paar Minuten später den markierten Abzweig (300 m) links zum Forstmeistersprung. Über einen schmalen Pfad steigen wir hinab zum felsigen Aussichtspunkt.

Zurück an der Abzweigung folgen wir dem Waldweg nach links und treffen nach einem steiler abfallenden Wegstück auf eine breite Forststraße. Links herum wandern wir hinab zu einer Brücke. Bevor wir sie passieren, wenden wir uns nach rechts und folgen dem Schild „Fußweg zur Steinachklamm". Flach und breit führt uns der Kiesweg an der Steinach entlang, zu unserer Rechten passieren wir felsiges Terrain und kleinere Höhlen – ein spannendes Erlebnis für Kinder! Eine Brücke ignorieren wir und wandern immerzu geradeaus, bald leicht ansteigend und in Kehren am Waldrand entlang. Kurz vor einer Kurve zweigen wir links auf einen Weg ab. Er leitet uns am Waldhang entlang und zu einem Steg über die Steinach. Schließlich erreichen wir den Waffenhammer mit dem Til-Eulenspiegel-Museum.

An einer großen Eulenspiegel-Figur treffen wir auf eine Straße. Nach links geht sie bald in einen Kiesweg über. Kurz hinter einer Holzbrücke stehen wir an der eindrucksvollen Steinachklamm. Felswände säumen unseren Weg auf die freien Felder. Dann stoßen wir auf eine Straße und zur Neumühle. Wir schlendern über ihren Hof zur Steinach. Nachdem wir sie überquert haben folgen wir ein paar Meter dem Schild nach Triebenreuth, dann biegen wir rechts Richtung Steinachklamm ab. Ein schmaler Pfad leitet uns durch den Wald und am Waldrand entlang. An der Steinach halten wir uns kurz rechts und überqueren sie über die Brücke. Wir schwenken nach links, passieren die Eulenspiegel-Figur beim Waffenhammer und folgen dem markierten Radweg in Richtung Stadtsteinach.

Bald entfernt sich der breite Weg von der Steinach und beschreibt eine scharfe Rechtskurve. Leicht abfallend biegen wir rechts Richtung „Frankenreuth über Steinachfelsen" und folgen dem ansteigenden Forstweg bergauf. Ein paar Minuten später schwenken wir mit dem Forstmeistersprung nach links. Schließlich stehen wir an der Forststraße zum Steinachfelsen. Die Markierung KU33 bringt uns bis an eine asphaltierte Straße. Wir schwenken nach links auf einen sanft abfallenden Kiesweg. Er leitet uns bald wieder im Aufstieg zum Aussichtspunkt Kanzel. Ein Schild Richtung Parkplatz schickt uns vor der Kanzel nach links, auf einen schmalen Pfad bergab. An der nächsten Verzweigung geht's noch immer mit unserer Markierung scharf rechts herum und an der nächsten Pfadgabelung schließlich nach links. Wir steigen mit einigen steilen Kehren zur Straße hinab. Dann gehen wir nur ein paar Meter nach rechts und überqueren die Steinach.

Kurz darauf stehen wir wieder an dem Haus, bei dem wir auf dem Hinweg über die Treppen in den Wald hochgestiegen sind. Auf bekanntem Weg wandern wir zurück zur Scheidmühle und weiter zum Parkplatz in Stadtsteinach.

05

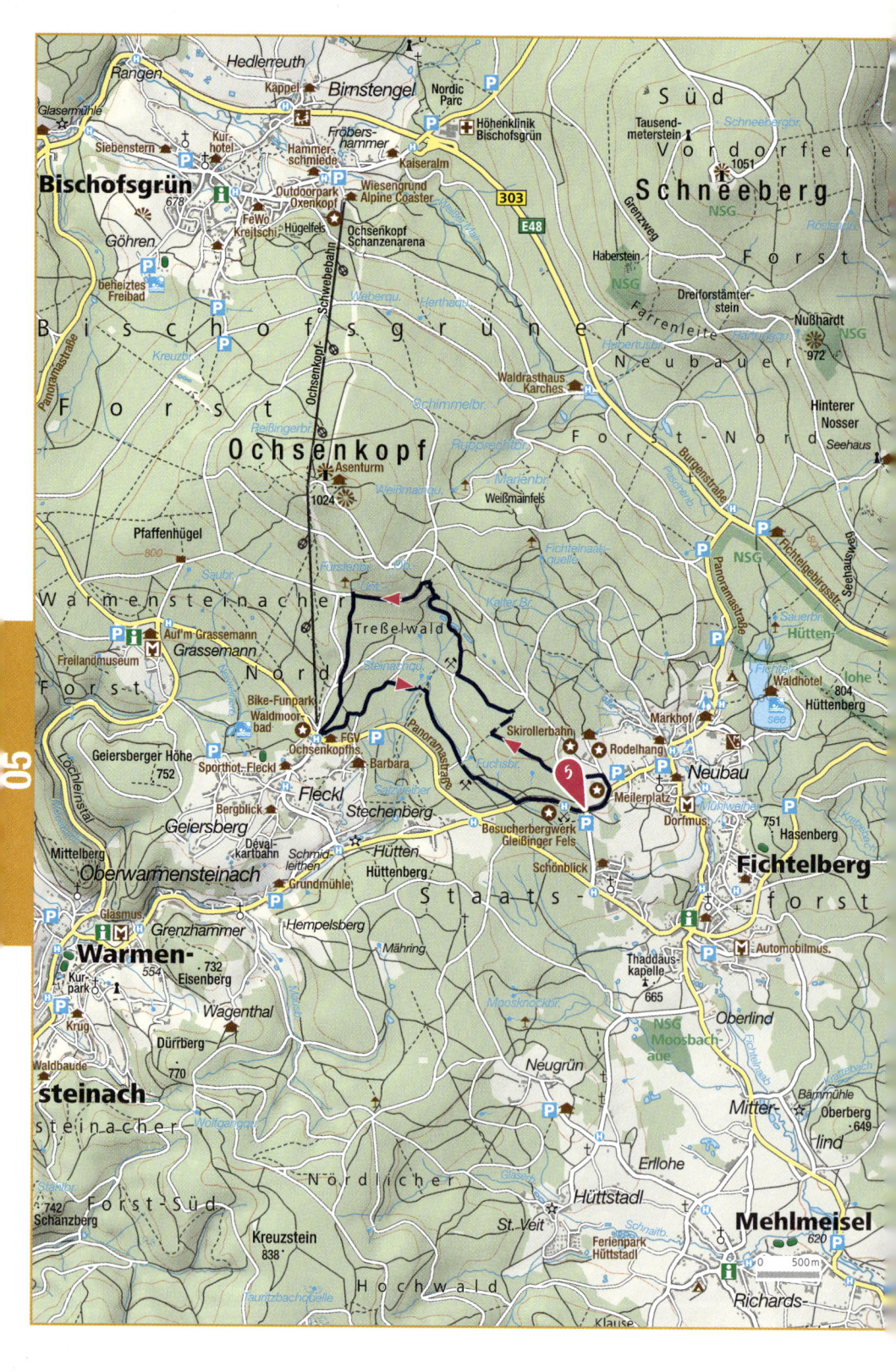

Tour 05

Waldtour 05

Gleißinger Fels
Über alte Bergwerkswege durch den Bocksgraben

DAUER	2h
LÄNGE	8 km
HÖHENMETER	190 hm
SCHWIERIGKEIT	LEICHT
MIT ÖPNV ERREICHBAR	ja

Das erwartet euch ...

Die kurze Runde führt uns über Forst- und Waldwege. Ein paar wurzelige Pfade zwischendurch verlangen etwas Trittsicherheit. Das Besucherbergwerk Gleißinger Fels selbst ist vor oder nach der Tour ein lohnendes Ziel. Im Bergwerk gibt es allerhand zu entdecken. Gerade bei kleineren Besuchern wird hier der Abenteuergeist entfacht. Also Glück auf in den Tiefen der alten Bergwerksstollen.

Waldtour 05

Start & Ziel & Anreise

Los geht's in Fichtelberg. Von Westen erreichen wir den Ort über Bad Berneck über die B 303. Von Osten führt uns die Bundesstraße über Bad Alexandersbad und Tröstau nach Fichtelberg. Parkplätze gibt es am Besucherbergwerk Gleißinger Fels im Grünsteinweg. Von Bad Berneck fährt der Bus der Fichtelgebirgslinie Nr. 329 nach Fichtelberg. Oder von Bayreuth mit der Regionalbahn nach Weidenberg und von hier aus mit weiter mit dem Bus der Fichtelgebirgslinie Nr. 369.

Tourenbeschreibung

Wir starten am Parkplatz des Besucherbergwerkes in Fichtelberg und folgen der Straße nach rechts Richtung Bleaml Alm. Am Bergwachthaus queren wir die Straße nach links und schlendern dann mit dem Heinz-Brunner-Weg hinauf. Am großen Meilerplatz geht's nochmal nach links. Dann schicken uns ein Bergwerkszeichen und ein Buchsymbol über einen Pfad durch ein kurzes Waldstück. Zunächst wandern wir über ein Asphaltsträßchen (hier ist eine Skirollerbahn ausgeschildert), dann führt uns ein Kiessträßchen in den pflanzenreichen Mischwald hinein.

Wir folgen nun dem „Erzgang", einem breiten Forstweg, der an beschilderten Bergbaustellen vorbeileitet. Beim Schild „Abbauversuch" folgen wir dem grasigen Waldweg rechts hoch und gehen bis zur nächsten kreuzenden Kiesstraße. Hier schwenken wir nach links, halten uns bei der folgenden Verzweigung jedoch schon wieder scharf rechts. Nach dem Schild „Wollsackgranite" verlassen wir den breiten Weg in einer Rechtskurve und wandern auf einem weichen, grasigen Waldweg nach links. An einem kleinen See können wir kurz an einer Bank mit schöner Aussicht rasten. Weiter geht's, an der Pos. „Steinbruchgelände" mit einer alten Seilwinde vorbei und auf einen querverlaufenden Pfad nach rechts. Schließlich stehen wir an den Steinbruchteichen.

Wir schlendern an ihnen vorbei zu einer breiten Kiesstraße. Links abgebogen erreichen wir überdachten Unterstand am Fürstenbrunnen. Hier folgen wir einem schmalen Pfad nach links durch den Wald hinab. Bei ein paar eindrucksvollen Felsen stoßen wir auf einen MTB-Trail und halten uns oberhalb des Ochsenkopfhauses links, am Zaun entlang. Ein markierter Pfad bringt uns zu einem Kiesweg. Er leitet uns leicht ansteigend nach links, bis zum Abzweig des Bockgrabensteiges. Hier folgen wir der Markierung mit dem blauen Kreuz nach rechts bis zum Bachlauf. Ihm folgen wir auf dem schmalen, wurzeliger werdenden Pfad, über einen querenden Kiesweg hinüber bis zur Autostraße hinab.

Wir queren die Straße und wenden uns nach links. Ein schmaler Fußpfad leitet uns parallel zur Straße und am Waldrand entlang zum Besucherbergwerk Gleißinger Fels. Es liegt nur wenige Meter links unterhalb des Parkplatzes Fichtelberg. Im Bergwerk gibt es nicht nur das älteste Silbereisen (über 500 Jahre alt!!), sondern auch Höhlenmalereien, die Millionen von Jahren alt sind. Kinderaugen werden aus dem Staunen hier nicht mehr herauskommen, besonders wenn sie vor dem unterirdischen Wasserfall stehen. Ausgestattet mit Grubenhelm wird die funkelnde und glitzernde unterirdische Welt entdeckt. Ein schlichtweg spannendes Erlebnis für Kinder jeden Alters.

Autoren Tipp

Direkt an der Bleaml Alm befindet sich die Biathlonanlage. Ihre asphaltierte Skirollerbahn ist gerade richtig zum Austoben. Sie eignet sich bei jedem Wetter für eine schnelle Runde ums Biathlonstadion. Im Winter verwandelt sich die 2,3 km lange Strecke in eine Nachtloipe mit Flutlichtanlage. Für die ganz Kleinen steht der Hang bei der Bleaml Alm als der beliebteste Schlittenhang in der Region zur Verfügung.

500 m

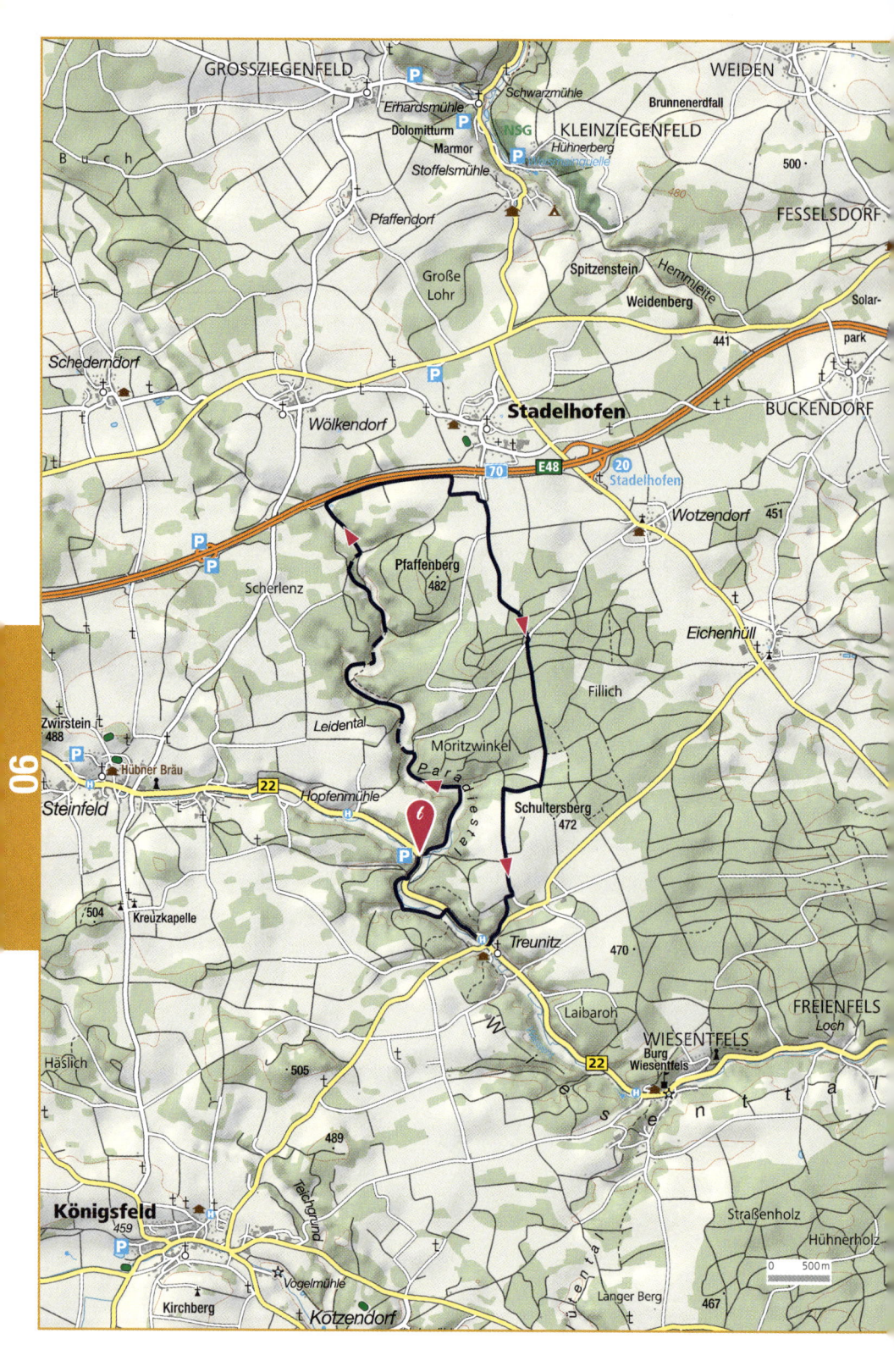

Tour 06

Wald- und Wiesentour 06

Durchs Paradiestal
Auf stillen Pfaden durch ein sagenumwobenes Paradies

DAUER	2h 30min
LÄNGE	10,8 km
HÖHENMETER	150 hm
SCHWIERIGKEIT	LEICHT
MIT ÖPNV ERREICHBAR	ja

Das erwartet euch ...

Die kleine feine Runde führt zunächst über schmale Wiesenpfade durchs Tal. Zurück wandern wir dann über breite Flur-, Wald- und Feldwege. Das Paradiestal selbst wird in jeder Hinsicht seinem Namen gerecht: Im Frühjahr und Sommer stehen die weiten Wiesen an den Waldlichtungen in voller Blüte. Besonders für Kinder spannende Felsformationen wie der Nasenlöcherfelsen, der Wüstenstein oder der Langenstein säumen den Rundweg.

Wald- und Wiesentour 06

Start & Ziel & Anreise

Los geht's am Wanderparkplatz Paradiestal. Mit dem PKW fahren wir aus westlicher oder östlicher Richtung über die A 70. Wir nehmen die Ausfahrt 19 Roßdorf am Berg und folgen der B 22 nach Steinfeld. Der Wanderparkplatz befindet sich knapp drei Kilometer später in der Linkskurve auf der rechten Seite. Von Scheßlitz fährt der Bus Nr. 969 Richtung Hollfeld über Treunitz. Von hier aus kann die Tour ebenfalls gestartet werden.

Tourenbeschreibung

Das Paradiestal ist ein kleines Seitental des Wiesenttales. Es ist ein sogenanntes Trockental, bei dem der Talgrund von Sedimentgestein überlagert wird. Seine große Zahl an markanten Felsformationen haben es weithin bekannt gemacht und erfreuen sich bei Kletterern und Wanderern gleichermaßen großer Beliebtheit. Das Paradiestal ist eine wahre Perle und zählt zu den schönsten Tälern der Fränkischen Schweiz. Idyllische Ruhe ist eines seiner Markenzeichen. Ein anderes sind seine unzähligen Kletterfelsen, von denen die meisten jedoch noch nahezu im Dornröschenschlaf liegen. Unsere Route führt uns jedoch direkt an einem Felsen vorbei, der sich wunderbar für eine kleine Kletterexkursion mit Kindern eignet: der Gelben Wand.

Vom Wanderparkplatz folgen wir der B 22 ein paar Meter. In der Kurve überqueren wir die Straße und richten uns nach dem blauen Kreis, der uns an Wiesen und

Waldrand entlang leitet. Vorbei an mehreren Kletterfelsen wie dem Nasenlöcherfelsen oder wenig später der Gelben Wand (oder auch Silberwand) wandern wir den Weg stetig immer geradeaus Richtung Wölkendorf. Er leitet uns immer am Waldrand entlang in ein idyllisches Tal hinein. Nach circa einer dreiviertel Stunde halten wir uns rechts Richtung Stadelhofen. Die Wegmarkierung führt uns kurz über einen Flurbereinigungsweg, den wir geradeaus weiterlaufen. Gleich darauf schwenken wir wieder rechts über einen Wiesenweg am Waldrand entlang bis zum pittoresk geformten Felsen des Predigtstuhl.

Nach dem Felsen gehen wir direkt auf die Autobahn zu. Dort angekommen wenden wir uns nach rechts und laufen wohl eine gute Viertelstunde den Feldweg an der Autobahn entlang an Solarfeldern vorbei. Bei der zweiten Solaranlage wenden wir uns wieder nach rechts und kehren der Autobahn den Rücken zu. Die Route beschreibt einen Links-Rechts-Knick, dann spazieren wir auf einem Teerweg geradewegs in den Wald hinein. Zwanzig Minuten später führen uns die Schildern nach rechts, wiederum zehn Minuten später lassen sie uns nochmals rechts abbiegen. Gleich darauf steigen wir links im Wald hinab. Nachdem wir den Ortsrand von Treunitz erreicht haben, wandern wir auf der Hauptstraße nach rechts bis zur B 22. Wir folgen ihr nach rechts, bis der Weg uns wieder linker Hand über eine Brücke führt und auf einem Waldweg an Kletterfelsen vorbei zurück zum Wanderparkplatz leitet.

Autoren Tipp

Direkt zu Beginn der Runde erwartet uns die Gelbe Wand. Zum Klettern ist sie für Familien mit Kindern aufgrund des ebenen Wandfußes perfekt. Hier finden wir ein gutes Dutzend Kletterwege, vorwiegend im Genussbereich vom 4. bis zum 7. Grad. Der Wandbelag ist sandig und feucht, das stört aber nicht. Die meisten Routen sind nach erfolgter Sanierung mit ordentlichen Haken in nicht übertriebenen Abständen abgesichert.

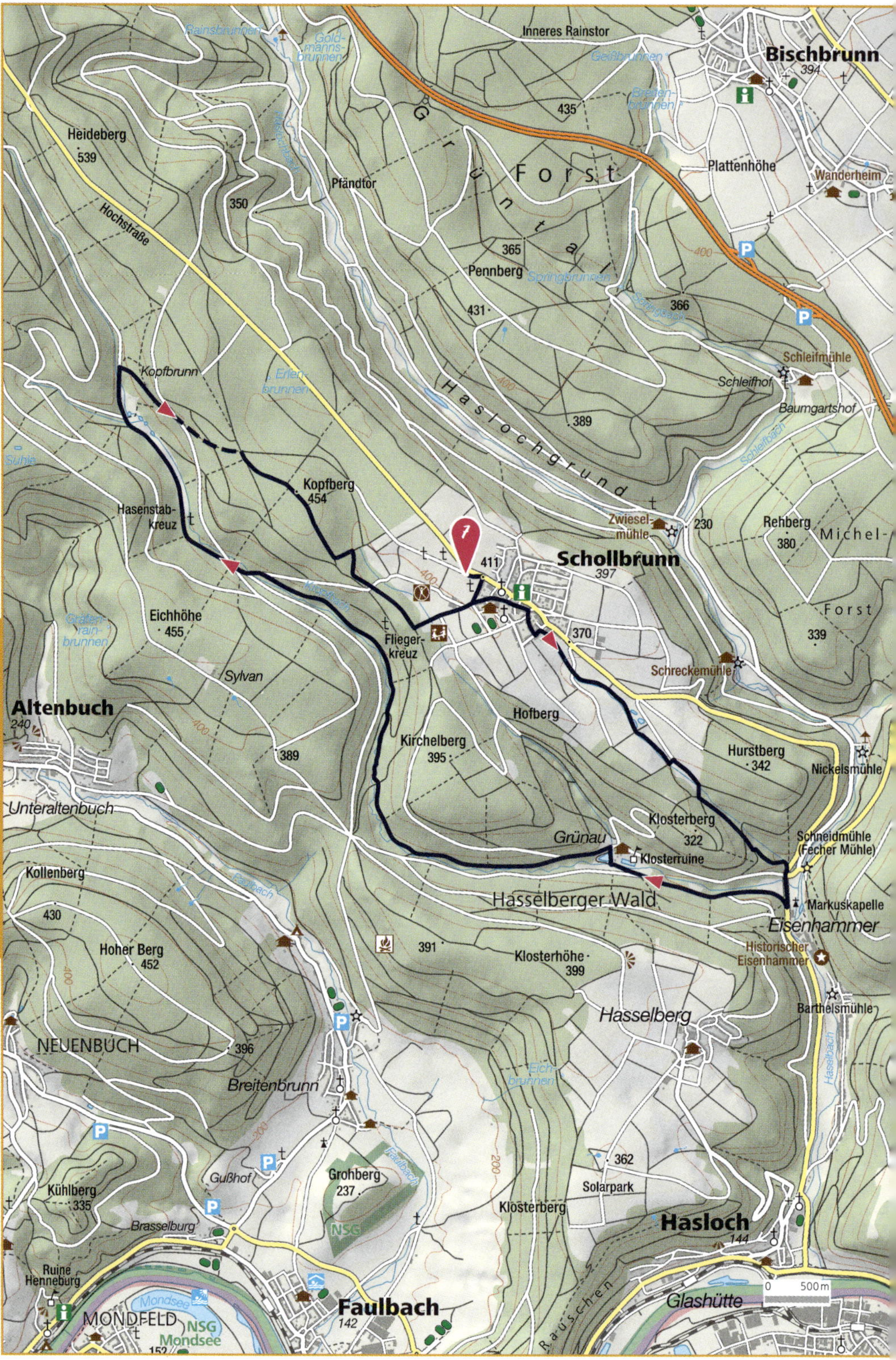
Rainsbrunnen
Gold-
manns-
brunnen
Inneres Rainstor
Geißbrunnen
Bischbrunn
394
Breiten-
brunnen
435
Heideberg
539
Pfändtor
Forst
Grüntal
Plattenhöhe
Wanderheim
350
Hochstraße
365
Pennberg
Springbrunnen
400
431
366
Schleifmühle
Kopfbrunn
Erlen-
brunnen
Schleifhof
Baumgartshof
389
Haslochgrund
Suhle
Kopfberg
454
Hasenstab-
kreuz
Zwiesel-
mühle
230
Rehberg
380
Michel-
411
Schollbrunn
397
Forst
Eichhöhe
455
Grätten-
rain-
brunnen
Flieger-
kreuz
370
339
Sylvan
Schreckemühle
Altenbuch
240
Hofberg
Hurstberg
342
389
Kirchelberg
395
Nickelsmühle
Unteraltenbuch
Klosterberg
322
Grünau
Schneidmühle
(Fecher Mühle)
Klosterruine
Kollenberg
Hasselberger Wald
Markuskapelle
Eisenhammer
430
Historischer
Eisenhammer
Hoher Berg
452
391
Klosterhöhe
399
Barthelsmühle
Hasselberg
NEUENBUCH
396
Breitenbrunn
Eich-
brunnen
Haslbach
Gußhof
Grohberg
237
362
Solarpark
Kühlberg
335
NSG
Klosterberg
Hasloch
144
Brasselburg
Ruine
Henneburg
Mondsee
Glashütte
0
500m
MONDFELD
NSG
Mondsee
Faulbach
142
Rauschen
152

Waldtour 07

Rund um Schollbrunn

Archäologischer Kulturweg südlich des Äpfeläquators

DAUER	4h
LÄNGE	16 km
HÖHENMETER	415 hm
SCHWIERIGKEIT	LEICHT
MIT ÖPNV ERREICHBAR	ja

Tour 07

Das erwartet euch ...

Die Wanderung führt zum größten Teil über Pfade durch die Wälder und Täler des Spessart. Da die Runde recht lang ist, sollte unbedingt genügend Proviant mitgeführt werden und vorher die Ausdauer der mitwandernden Kinder gut eingeschätzt werden. Für noch jüngere Wanderer ist sicherlich auch nur ein Spaziergang zum Wildgehege interessant. Auch rundherum gibt es Spannendes zu entdecken: Wurfspiele, Infotafeln über Flora und Fauna des Waldes und einen tollen Spielplatz.

Waldtour 07

Start & Ziel & Anreise

Los geht's am Wanderparkplatz Schollbrunn. Mit dem PKW fahren wir über die A3 bis zur Ausfahrt Markt Heidenfeld und weiter über die Landstraße bis nach Schollbrunn. Der Parkplatz befindet sich am Ortsende auf der linken Seite. Von Markt Heidenfeld ZOB fährt der Bus Nr. 661 über Kreuzwertheim nach Schollbrunn. Haltestelle Gasthaus Grüner Baum oder Gasthaus Sonne.

Tourenbeschreibung

Los geht's am Ortsaus- bzw. Ortseingang nördlich von Schollbrunn am Wanderparkplatz. Wir halten nach der Markierung Richtung Markuskapelle Ausschau. Vorbei am gräflichen Jagdhaus wandern wir durch den Ort. Er beeindruckt durch ein schönes Ortsbild mit alten Sandsteingebäuden, Brunnen und ungewöhnlich vielen Einkehrmöglichkeiten.

Am Ortsausgang schlendern wir über einen Wiesenweg bis zu einem befestigten Weg. Zu unserer Linken begleitet uns der Klingelbach. Wir gehen zum Waldrand, wobei der Weg zweimal seine Richtung ändert und schließlich auf der anderen Bachseite hinunterführt. Der Forstweg bringt uns zu einem schmalen Pfad, dem wir nach links zur Markuskapelle folgen. Eine Infotafel erzählt uns die spannende Geschichte der Kapelle. Wir begleiten die Straße ein kurzes Stück, dann biegen wir an der Hammerschmiede rechts in ein Tal ein. Unmittelbar darauf befinden wir uns wieder mitten in der Natur. Nun begleitet uns zur Rechten der Klosterbach. Wir folgen ihm gut zwanzig Minuten, dann zweigt nach rechts ein Pfad in Richtung Kartause Grünau ab. Die Kartause liegt idyllisch an einem Teich und ist ein beliebtes Ausflugsziel.

Wir wandern am Teich entlang wieder zurück in den Wald. Allmählich wird es ruhiger um uns herum, der Weg ist von Bäumen überdacht und führt uns malerisch über Wurzelwerk und am Wasser entlang. Erst wird er breiter, dann verengt er sich wieder. Wir erreichen einen Forstweg und gehen in Richtung Hasenstabkreuz. Zum Ende hin weitet sich das verwunschene Tal, dann stehen wir am Kreuz am Rande einer Wiese. Neben altem Baumbestand wandern wir weiter bis ans Ende der Wiese. Hier macht der Weg eine Spitzkehre und führt hangaufwärts auf einer Allee aus großen Kastanien unterhalb vom alten Forsthaus Kropfbrunn. Nach zehn Minuten erreichen wir eine Kreuzung. Ein schmaler Pfad führt uns hier auf die Höhe und mal durch dichten, mal durch lichteren Wald. Auf dem Kropfberg angelangt treffen wir auf einen breiten Forstweg, dem wir ein kleines Stück nach rechts folgen. Schon nach wenigen Metern zweigt wieder ein Pfad links ab. Hier säumen ein paar Grenzsteine aus dem Jahre 1748 unseren Weg.

Wir erreichen ein Wildgehege, an dem wir uns nach links wenden. Dann treffen wir auf einen Rastplatz, an dem sich manchmal ein paar Rehe und Wildschweine tummeln. Von hier führt uns der Weg wieder zurück zum Ausgangspunkt der Tour, dem Wanderparkplatz in Schollbrunn.

Autoren Tipp

In den 60er-Jahren wurde der Wildpark bei Schollbrunn angelegt. Seitdem ist er für seinen reichen Rotwildbestand bekannt. Ebenso lassen sich in den Gehegen Wildschweine aus nächster Nähe beobachten. Besonders für die kleinen Besucher wird es zum Erlebnis, denn hier kann man für 1€ eine Tüte Mais kaufen und die Tiere damit füttern. Der Wildpark ist ganzjährig frei und kostenlos zugängig. Neben dem Park befindet sich ein Waldspielplatz mit Seilbahn, Karussell und Schaukel.

FRAUEN-
LAND
SANDER-
AU
19
8
Hubland
Gartenstadt
279
Alandsberg
Keesburg
Gerbrunn
249
306
Ameisen-
holz
Alter Berg
Galgenberg
321
Gieshügel
Gieshügler Höhe
345
274
Neuberg
296
Hoher Bug
Lämmerberg
Inselbad
Kasperhaus
Teufelskeller
Randersacker
175
177
NSG
323
309
HEIDINGS-
FELD
Raststätte
Würzburg-Nord
Steinhauermuseum
Marsberg
Neuer Berg
Altenberg
Theilheim
231
Katzenberg-
tunnel
303
181
Floßbach
197
Raststätte
Würzburg-Süd
Hohenrotberg
Sonnenstuhl-
turm
292
Sonnen-
stuhl
Tann
HEUCHEL-
HOF
Main
Molkenbrunnen
Würzburg/
71 Randersacker
Speierfeld-
wald
Breitholz
E43
3
Lützelquelle
Hist.
Steinbruch
Heidelsbach
13
Neubruch
292
257
Heuchel
EIBELSTADT
179
Kesselboden
Main-
mühle
Heimatmuseum
Teufelskeller
Lindflurhöhe
19
314
178
ROTTENBAUER
Chaussee-Wirthshaus
Lindflur
Hartenberg
302
Winter-
hausen
188
Fuchsstädter B.
Fuchsstädter Berg
Fuchs-
stadt
309
Ludwigshöhe
204
Sommer-
hausen
180
Bürzelhöhe
304
0
500 m
Lerchenberg

Tour 08

Wasser, Wein, Wiesen
Ausflug von der Keesburg an den Main

Radtour 08

DAUER	2h 15min
LÄNGE	26,8 km
HÖHENMETER	100 hm
SCHWIERIGKEIT	LEICHT
MIT ÖPNV ERREICHBAR	ja

Das erwartet euch ...

Die kleine, aber feine Radtour führt uns durch das Maintal, das durch seine Weinberge und Wälder besticht. Reizvolle fränkische Ortschaften mit ganz eigenem Charme säumen die Runde. Die Route führt zu beiden Seiten des Mainufers auf asphaltierten Wegen. Dabei müssen wir nur wenige Höhenmeter überwinden. So eignet sich die Runde auch gut für jüngere Kinder.

Radtour 08

Start & Ziel & Anreise

Los geht's am Parkplatz beim TGW Sportzentrum am Milli-Marbe-Fries-Weg. Von der A 3 nehmen wir die Ausfahrt 70 Richtung Heidingsfeld. Von der B 19 geht's direkt nach der Konrad-Adenauer-Brücke ab, rechts unter den Gleisen durch und zum Parkplatz des TGW Sportzentrum Feggrube. Mit dem Zug erreichen wir Würzburg hervorragend aus allen Himmelsrichtungen. Vom Bahnhof über den Röntgenring zum Main, von hier aus südwärts zum Sportzentrum.

Tourenbeschreibung

Vom TGW Feggrube fahren wir zunächst über den Milly-Marbe-Fries-Weg zum Main. Wir folgen dem schönen, ruhigen, asphaltierten Sträßchen bald an ein paar Weinreben vorbei. Zu unserer Rechten passieren wir die Naturheilinsel. Seit 1899 ist die Insel das Domizil des Würzburger Naturheilvereins.

Nach ein paar Minuten gesellt sich der Radweg zur Staatsstraße und folgt ihr weiter am Mainufer entlang. Hier passieren wir den Fischlehrpfad Randesacker. Hier lohnt sich ein kurzer Stopp, um einen Blick auf die informativen Schautafeln zu werfen. Nach ein paar Minuten erblicken wir schon die Schleuse Randersacker.

Wir bleiben auf unserem Radweg und erreichen und genießen die schöne Landschaft. Wir kommen zu einer hübschen kleinen Liegewiese. Bei schönem Wetter ist hier durchaus ein kleines Päuschen angemessen. Im weiteren Verlauf wechseln sich linker Hand Felder, Wiesen und Weinberge ab. Schließlich rauschen wir unter der A 3 hindurch. Wir radeln am Hochseilgarten Frankenturm vorbei und über den Campingplatz. Nachdem sich der Radweg der BA 13 genähert hat, erreichen wir die Mainlände Eibelstadt.

Wir radeln weiter an kleineren Wäldchen, verstreuten Baumgruppen und herrlichen Wiesen entlang. Dann begleitet uns wieder die B 13 ein gutes Stück. Bei Sommerhausen geht's unter der Brücke durch und noch am Gasthof Anker vorbei. Gleich darauf schwenken wir nach links unter der B 13 hindurch, am Rumorknechtsturm vorbei und am Ochsenfurter Tor links. Nach dem Weingut Schloss Sommerhausen radeln wir durch die hübsche kleine Altstadt des Ortes. Nach dem Torturmtheater verlassen wir den Kreisel nach links, überqueren den Main und schwenken dann nach rechts in die Heidingsfelder Straße ein.

Wir befinden uns auf dem Rückweg unserer kleinen Runde. Die Route nähert sich schnell wieder dem Mainufer. Nach einer Weile flutschen wir zusammen mit den Gleisen unter der Mainbrücke Randersacker hindurch. Nur einen Kilometer später schwenken wir nach links, queren die Gleise und drehen sofort wieder nach rechts Richtung Norden. Schließlich folgen wir nach ein paar Minuten dem Unteren Kirchbergweg nach links. Er leitet uns um eine Rechtskurve, dann geht's wieder an den Gleisen entlang. An der Stuttgarter Straße kreuzen wir nach rechts die Gleise, dann fahren wir auf dem Rad- und Fußweg rechts in die Julius-Echter-Straße. An der folgenden Kreuzung biegen wir rechts ab und folgen der Straße bis zur B 19. Unter den Gleisen hindurch und dann über die Konrad-Adenauer-Brücke geht's in wenigen Minuten zurück zum Sportgelände des TGW Feggrube.

Autoren Tipp

An der Mainlände Eibelstadt bietet es sich an, eine kleine Pause einzulegen – gerade wenn man Kinder dabei hat. Hier gibt es einen tollen Naturspielplatz auf dem die Kids toben und klettern können. Der Foodtruck „Heißer Franke" sorgt für die leiblichen Genüsse und in der durch Schwimmbojen abgetrennten Badebucht können sich Schwimmer erfrischen und die Kinder am seichten Ufer plantschen.

Unterleinleiter
EBERMANNSTADT
Wiesenttal
Streitberg
Pretzfeld
Drügendorf
Weigelshofen
Kauernhofen
ESCHLIPP
GASSELDORF
BREITENBACH
RÜSSENBACH
NIEDERMIRSBERG
KANNDORF
WOHLMUTHSHÜLL
MOGGAST
BUCKENREUTH
WOLKENSTEIN
Dürrbrunn
Tiefenstürmig
Kalteneggolsfeld
Veilbronn
Gößmannsberg
Oberfellendorf
Trainmeusel
Birkenreuth
Drosendorf
Rettern
Lange Meile
470
0 1,0 km

Spritziges Vergnügen
Wasserweitwandern auf der Wiesent

Kajaktour 09 — **Tour 09**

DAUER	4h
LÄNGE	27,4 km
STROMSCHNELLEN	ja
SCHWIERIGKEIT	MITTEL
MIT ÖPNV ERREICHBAR	nein

Das erwartet euch ...

Die Wiesent hinunter zu paddeln, ist vor allem in der Strecke von Waischenfeld bis Ebermannstadt ein besonderes Naturerlebnis. Mit herrlichen Eindrücken geht's durchs Wiesenttal, die Ufer sind gesäumt von Steilhängen, Felsen und Burgen. Mit ihren über 27 km Gesamtstrecke ist die Tour ein tagesfüllendes Unternehmen. Zudem gibt es unterwegs einige Stromschnellen zu meistern, ein gewisses Maß an Erfahrung sollte man also schon mitbringen.

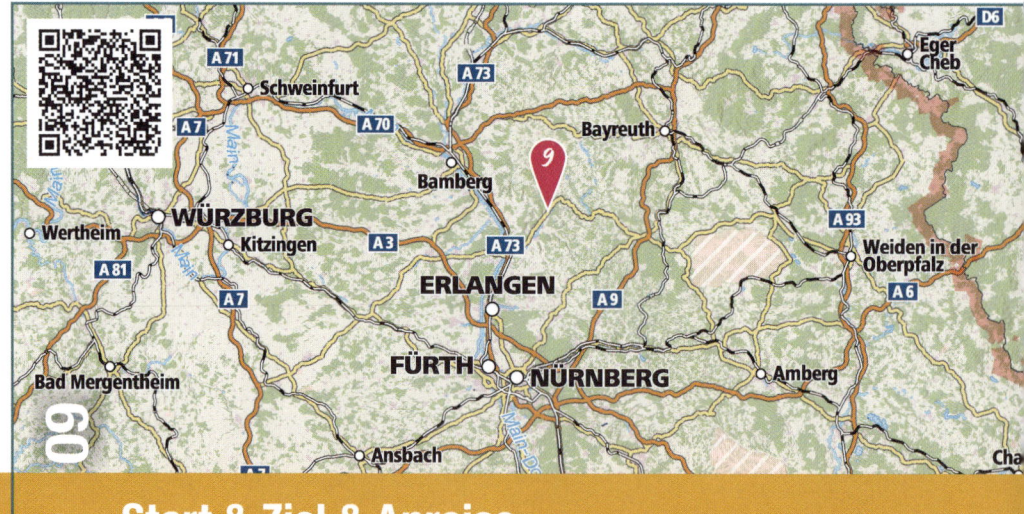

Kajaktour 09

Start & Ziel & Anreise

Die Pulvermühle bei Waischenfeld ist unser Startpunkt. Auf der A9 geht's aus nördlicher und südlicher Richtung bis Pegnitz. Hier wechseln wir auf die B 470 über Pottenstein nach Behringersmühle bei Pottenstein. Die St 2191 bringt uns durchs Wiesenttal nach Pulvermühle. Parkmöglichkeiten gibt es direkt an der Pulvermühle oder am Parkplatz an der B 470, ca. 30 Meter östlich der Zufahrt zur Pulvermühle. Am besten parken wir ein Auto am Start und ein zweites am Ziel unserer heutigen Tour.

Tourenbeschreibung

Die Wiesent ist einer der schönsten Flüsse der Fränkischen Schweiz. In einem bis zu 100 Meter eingeschnittenen Kalksteinfelsental fließt sie oft recht zügig mit zahlreichen Schwellen und Gefällestufen dahin. An den Wehren und Mühlen gibt es leichte Umfahrungsstellen, die alle gut gekennzeichnet sind. Einzig die Umtragungsstelle in Doos ist mit ca. 300 m ein wenig anstrengend.

Seit August 2020 gibt es neue Regeln und teils auch Befahrungsverbote. Der gewerbliche Kajak- und Kanuverkehr hat solche Ausmaße erreicht, dass bei den niedrigen Wasserständen im Sommer die Ufervegetation und Laichzonen der Fische in Mitleidenschaft gezogen wurden.

Wir starten kurz hinter Waischenfeld, an der Einstiegsstelle bei der Pulvermühle. Auf dem schlanken Flüsschen geht's Richtung Südwesten, durch herrliche Aulandschaft, auf der sich zu beiden Seiten des Ufers bewaldete Hänge emporziehen. Immer wieder erkennen wir zu unserer Linken deutlich den Wanderweg, der sich an der Wiesent entlang schlängelt. Bereits nach zwanzig Minuten schippern wir unter den strengen Augen der Burg Rabeneck vorbei. Vorher müssen wir allerdings die erste Umtragestelle bewältigen. Gemütlich geht die nächste viertel Stunde weiter, bis wir am Wasserkraftwerk Köttweinsdorf wieder kurz aussteigen müssen. Nur wenige Minuten später erreichen wir Doos.

In Doos müssen wir leider mal gute 300 Meter unser Kajak tragen. Gleich nach der Fußgängerbrücke befindet sich der nächste Einstieg. Das Wehr an der Schottersmühle ist nicht befahrbar. Hier gibt es vier Schwellen mit Rücklauf. Daher müssen wir auch hier links umtragen. Wir paddeln weiter und erreichen eine Rechtskurve. Achtung, hier gibt es eine Verblockung. Die Holzbrücke danach darf nicht befahren werden. Bitte auch nicht direkt an die Brücke heranfahren, durch den Sog besteht ebenfalls Kentergefahr. Auch bei der Behringersmühle müssen wir umtragen, da der Mühlenkanal Privatgrund ist. An den Sommerwochenenden dampft sich ab hier zu unserer Linken auch die Museumsbahn durchs Wiesenttal. Nach einer langen Rechtskurve erreichen wir die Fußgängerbrücke bei Stempfersmühle. Hier können wir links durchfahren.

Wir paddeln am Gasthof Stempfermühle vorbei und erreichen eine halbe Stunde später das Wehr Sachsenmühle, das wir umtragen müssen. Die Wiesen windet sich nach links, dann nach rechts und bringt uns zum Naturwehr Baumfurt. 2013 ist es umgebaut und entschärft worden und verläuft nun mit geradliniger Gefällstrecke ohne Steinhindernisse im Untergrund. Anfänger sollten es aber dennoch umtragen. In Muggendorf, dem nächsten Ort, müssen wir das Wehr in jedem Fall umtragen. Da können wir auch gleich eine Pause einlegen: Das Brückla direkt an der Wiesent hat einen schönen Biergarten und gutes Essen!

Wir setzen den Weg fort, vorbei an der Burgruine Neideck – dem Wahrzeichen der Fränkischen Schweiz. Jetzt ist es nur noch ein kurzes Stück bis Streitberg – auf der rechten Seite thront erhaben die Streitburg. Auf der folgenden Strecke gibt es noch ein paar Stromschnellen, die aber nicht sehr schwierig sind. Ohne Umtragen haben wir nun eine schöne Strecke bis Rothenbühl vor uns. Nach dem Ebser Mare schlängelt sich die Wiesent zuerst in kleinen Schleifen und dann schnurgerade die letzten eineinhalb Kilometer bis nach Ebermannstadt.

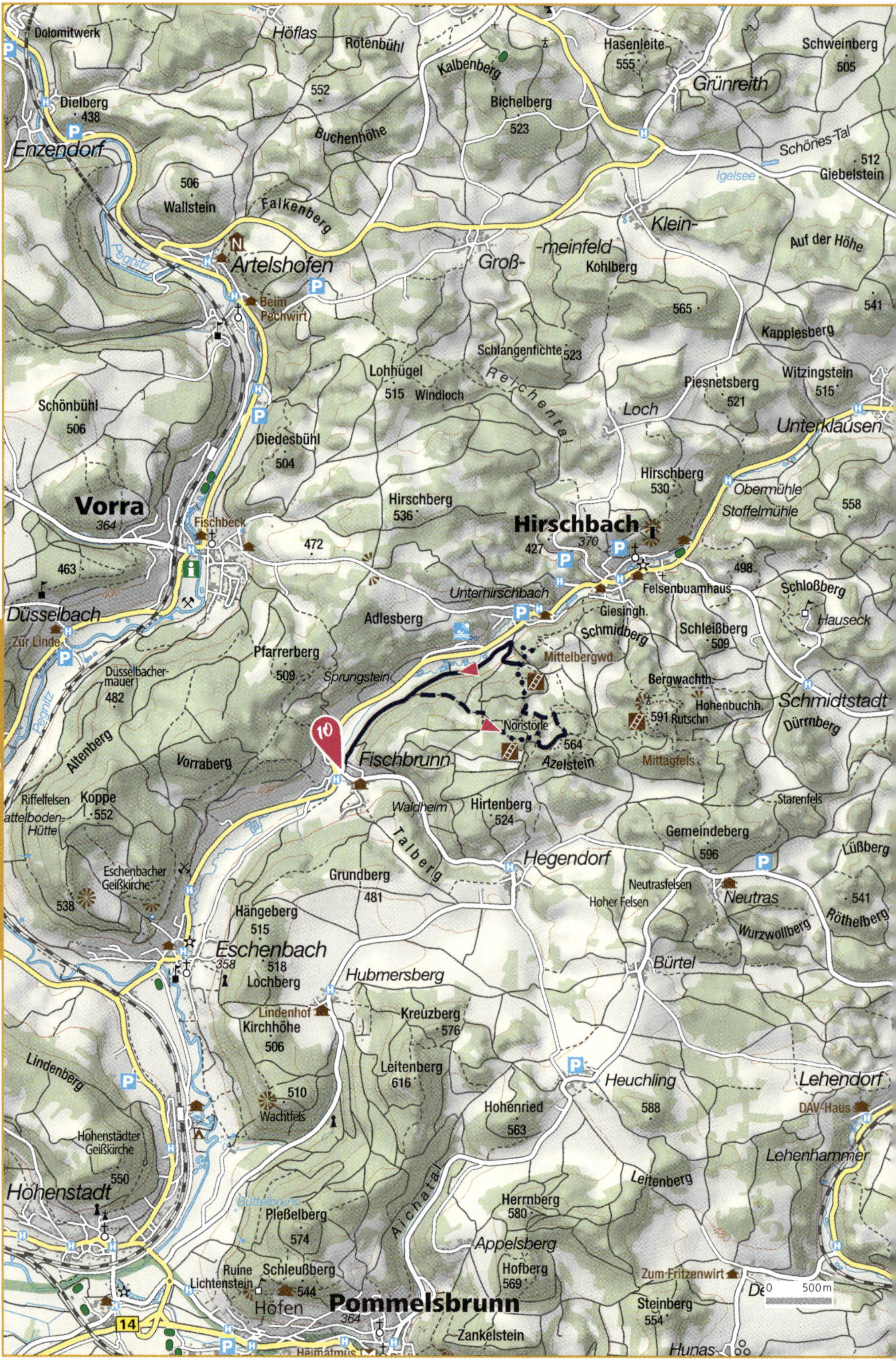

Dolomitwerk
Höflas
Rotenbühl
Kalbenberg
Hasenleite
555
Schweinberg
505
Grünreith
Dielberg
438
552
Bichelberg
523
Enzendorf
Buchenhöhe
Schönes-Tal
512
Giebelstein
Igelsee
506
Wallstein
Falkenberg
Klein-
-meinfeld
Groß-
Auf der Höhe
Artelshofen
Kohlberg
Pegnitz
Beim Pechwirt
565
541
Kapplesberg
Schlangenfichte
523
Lohhügel
515
Windloch
Reichental
Witzingstein
515
Piesnetsberg
521
Schönbühl
506
Loch
Unterklausen
Diedesbühl
504
Hirschberg
530
Obermühle
Stoffelmühle
558
Vorra
364
Fischbeck
Hirschberg
536
Hirschbach
370
427
472
498
463
Unterhirschbach
Felsenbuamhaus
Schloßberg
Hauseck
Düsselbach
Zur Linde
Adlesberg
Giesingh.
Schmidberg
Schleißberg
509
Pfarrerberg
509
Mittelbergwd.
Düsselbacher-mauer
482
Sprungstein
Bergwachth.
Schmidtstadt
Hohenbuchh.
591
Rutschn
Dürrnberg
Noristörle
10
564
Altenberg
Fischbrunn
Azelstein
Mittagfels
Vorraberg
Riffelfelsen
Koppe
552
attelboden-Hütte
Waldheim
Hirtenberg
524
Starenfels
Talberg
Gemeindeberg
596
Lüßberg
Eschenbacher Geißkirche
Hegendorf
Grundberg
481
Neutrasfelsen
Hoher Felsen
Neutras
541
538
Röthelberg
Wurzwollberg
Hängeberg
515
Eschenbach
358
518
Lochberg
Bürtel
Hubmersberg
Lindenhof
Kreuzberg
576
Kirchhöhe
506
Lindenberg
Leitenberg
616
Heuchling
Lehendorf
510
Hohenried
563
588
DAV-Haus
Wachtfels
Hohenstädter Geißkirche
Lehenhammer
550
Leitenberg
Hohenstadt
Aichatal
Herrnberg
580
Pleßelberg
574
Appelsberg
Hofberg
569
Schleußberg
Ruine Lichtenstein
544
Zum Fritzenwirt
0
500 m
Höfen
Pommelsbrunn
364
Steinberg
554
14
Zankelstein
Heimatmus.
Hunas

Tour 10

Klettersteig 10

Auf dem Norissteig
Klettersteigrunde über dem Hirschbachtal

DAUER	2h
LÄNGE	5,6 km
HÖHENMETER	200 hm
SCHWIERIGKEIT	MITTEL
MIT ÖPNV ERREICHBAR	ja

Das erwartet euch ...

Eine Wald- und Klettersteigrunde mit luftigen Passagen. Kinder hingegen werden dennoch ihre helle Freude haben, sollten aber auf jeden Fall im Steig gesichert werden. Klettersteiggurt und Seilbremse sind obligatorisch. Die kniffligsten Passagen sollten mit den Jüngsten lieber umgangen werden. Zwischen den Kletterpassagen führen herrliche Waldwege, die die abenteuerliche Runde vervollständigen. Bei Nässe wird eine Begehung abgeraten.

Klettersteig 10

Start & Ziel & Anreise

In Fischbrunn gehts los. Mit dem PKW fahren wir über die A9 von Norden wie auch von Süden Richtung Pegnitz, hier nehmen wir die Ausfahrt 49 Richtung Lauf / Hersbruck. Über die B14 geht's weiter bis kurz vor Pommelsbrunn. Die Staatsstraße 2162 bringt uns bis nach Fischbrunn. Parkmöglichkeiten gibt es in der Ortsmitte, gegenüber der Freiwilligen Feuerwehr. Der Bus Nr. 447 fährt von Weigendorf nach Fischbach.

Tourenbeschreibung

Los geht's im Zentrum von Fischbrunn. Direkt neben dem Gebäude der Löschgruppe führt ein Weg nordwärts aus dem Ort hinaus. Kurz nach dem letzten Haus betreten wir den Wald und halten uns an der Gabelung links auf den Zubringer zum Norissteig. Ein Steig bringt uns sanft durch den Wald hinauf. Nach ungefähr zehn Minuten erreichen wir ein Infoschild der Sektion Noris des DAV. Es beschreibt uns genau die Gegebenheiten des vor uns liegenden Steiges. Wenige Meter später gabelt sich der Weg. Wir halten uns rechts und folgen einem herrlichen, gut mit einem roten Punkt ausgeschilderten Waldsteig. Wir wandern einige Minuten dahin, dann erreichen wir die Amtsknechtshöhle, an der der Klettersteig beginnt. Wurzelig und steil geht's ein paar Meter zu den ersten Felsen hinauf. Jetzt heißt es Gurt nochmal zurechtziehen und volle Konzentration auf den Steig. Nach der ersten, anspruchsvolleren Kletterei führen uns stellenweise wieder sanfte und wunderschöne Wege und Pfade durch herrlichen Wald. Wir gelangen nach einer viertel Stunde an einen Rastplatz für Wanderer. Hier befindet sich auch das Noristörle. Es ist ein gut 10 Meter hoher Felsen mit einem 2,5 Meter breiten und 4 Meter hohen Durchgang. Der Fels kann bestiegen werden und bietet eine gute Aussicht.

Der rote Punkt führt uns weiter zu den beiden nächsten Klettersteigpassagen: Sie führen uns auf das Kastell und zum Brettl. Das Brettl ist eine 30 Meter hohe Felswand, in der auf halber Höhe ein schmales Band waagrecht im Fels entlangführt. An einigen Stellen ist das Band sehr schmal, teils sogar gar nicht mehr vorhanden. Hier wurde es durch im Fels eingelassene Eisenstifte ersetzt. An manchen Stellen beträgt der Abstand von Stift zu Stift gut einen Meter. Ein Stahlseil entlang der Stifte dient als Geländer. Das Kastell ist eine Felsformation oberhalb des Brettls und erinnert ein wenig an eine Burg.

Weiter geht die Runde am Sprungstein vorbei zum Francke Kamin. Der zwanzig Meter tiefe Kamin ist seit einigen Jahren mit Drahtseilen gesichert. Stahlstufen erleichtern den Ab- bzw. Aufstieg. Nach einer weiteren kurzen Waldpassage erreichen wir die Mittelbergwand. An der 50 Meter hohen Wand sollten wir auf jeden Fall schwindelfrei sei. Auch sie ist mit einem Drahtseil gesichert, die schwierigen Stellen wurden mit Eisenstiften überbrückt. Die Belohnung ist ein atemberaubender Blick vom Gipfelkreuz. Nach der abenteuerlichen Kraxelei bringt uns ein bequemer Wanderweg wieder hinab, nah an die Landstraße und den Ortsrand von Unterhirschbach. Wenige Meter, bevor wir die Landstraße erreichen, biegen wir links ab und folgen einem schmalen Pfad aus dem Wald hinaus. Am Ende des Waldes führt uns ein breiter Feldweg über die Wiesen und parallel zum Hirschbach bald an einigen Weihern vorbei. Das letzte Stück wandern wir durch den schönen Wald mit dem gelben Strich zurück nach Fischbrunn.

Autoren Tipp

Die herrliche Runde liegt zwar nicht im Hochgebirge, dennoch weist der Norissteig ein paar luftige Stellen auf. Der Steig ist extrem beliebt, so sind an einigen Stellen die Felsen schon rechts speckig und somit sehr rutschig, auch ohne Nässe. Falls sich der Steig unterwegs doch schwieriger als erwartet herausstellt, kann er für den weiteren Wegverlauf an allen Stellen auf einem Normalweg umgangen werden.

11

Tour 11

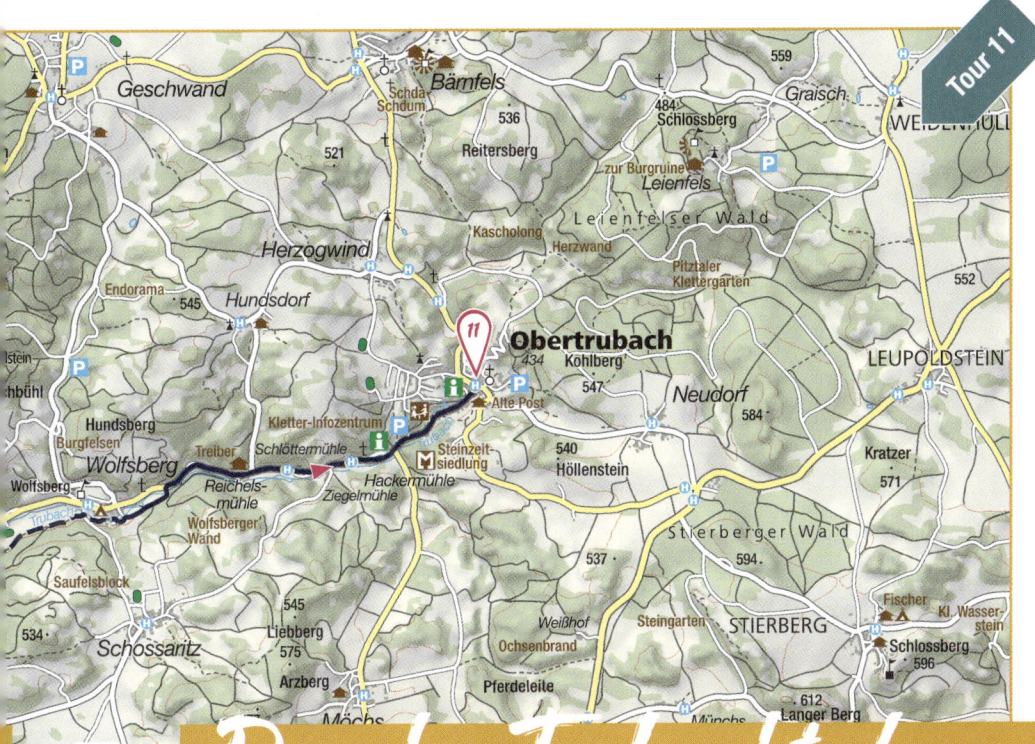

Durchs Trubachtal
Von Egloffstein nach Obertrubach

Bachtour

DAUER	2h 15min
LÄNGE	8,8 km
HÖHENMETER	200 hm
SCHWIERIGKEIT	LEICHT
MIT ÖPNV ERREICHBAR	ja

Das erwartet euch ...

Die Streckenwanderung ist sehr einfach und führt auf schönen Pfaden teils direkt an der Trubach entlang. Neben der spannenden Strecke durch die Uferlandschaften des schönen Trubachtales ist sicherlich das Freibad in Egloffstein ein Highlight für Kids, direkt unter den strengen Blicken der Burg Egloffstein. Unterwegs gibt es immer wieder Stellen, an denen Kids mit den Füßen im Bach plantschen können.

Bachtour 11

Start & Ziel & Anreise

Wir starten in Egloffstein. Mit dem PKW erreichen wir den Ort von Norden über Pretzfeld über die St 2260. Von Süden her fahren wir über Gräfenberg auf die St 2191. Parkmöglichkeiten gibt es am Freibad Egloffstein in der Badstraße. Von Pretzfeld, das Bahnanschluss an Forchheim hat, fährt der Bus der Freizeitlinien Fränkische Schweiz Nr. 235. Zurück zum Ausgangspunkt kommen wir ab Obertrubach per Bus mit der Linie 222.

Tourenbeschreibung

Heute erkunden wir eine Teilstrecke des Trubachtalweges. Wir haben uns die Rosinen herausgepickt und gehen den besonders schönen Teil der Strecke von Egloffstein nach Obertrubach. Dabei wandern wir im enger werdenden Tal durch eine abwechslungsreiche Landschaft, die von vielgestaltigen Felsformationen an den umgebenden Talabhängen und Hochflächen geprägt ist. Ein weiteres Highlight sind sicherlich die Mühlen, die sich wie eine Kette an der Trubach entlangreihen. Insgesamt waren es einmal 26 Mühlen, die an der Trubach und ihren Seitenarmen betrieben wurden.

Wir beginnen die Wanderung am Parkplatz beim Freibad in Egloffstein. Gleich zu Beginn folgen wir der Markierung mit dem blauen Querbalken. Sie wird uns für die gesamte Strecke führen. Auf schmalem, weichem Pfad wandern wir am rechten Trubachufer entlang. Dabei werden wir immer wieder eng an den Bachlauf herangeführt. Bald schickt uns die Markierung nach links Richtung Hammermühle. Hier queren wir die Straße. Dann geht's links oberhalb der Trubachtalstraße auf asphaltiertem Weg in einer guten viertel Stunde zu den Haselstauden.

Wir queren noch einmal die Straße und wandern weiter bis nach Untertrubach. Der Weg leitet uns schon bald wieder in den Wald hinein und schließlich auf einem angenehmen Pfad direkt am Bach entlang nach Wolfsberg. Gegenüber thront die Ruine Wolfsberg. Wer möchte, kann über die Straße einen kurzen Abstecher zu ihren Mauerresten machen. Der Anstieg ist zwar kurz, aber ein wenig steil. Kinder werden dennoch in den alten Ruinenresten ihren Spaß haben. Darüber hinaus ist die Aussicht fantastisch!

Zurück auf dem Trubachtalweg passieren wir am Ortsende einen Spielpatz. Falls sich die Sprösslinge unterwegs nicht schon ausgetobt haben, ist hier eine gute Gelegenheit dazu. Dann geht es geradeaus weiter in den Wald hinauf. Wurzelige Pfade führen uns zu einer Brücke, auf der wir die Trubach überqueren. Wir kreuzen nochmals die Straße und wandern auf der anderen Seite auf schmalem Pfad weiter. Nach dem Richard-Wagner-Felsen passieren wir innerhalb der nächsten viertel Stunde gleich vier Mühlen: Die Reichelsmühle und die Ziegelmühle sowie die Hacker- und die Schlöttermühle. Gut zehn Minuten später haben wir Obertrubach erreicht und wandern gemächlich zur Bushaltestelle.

12

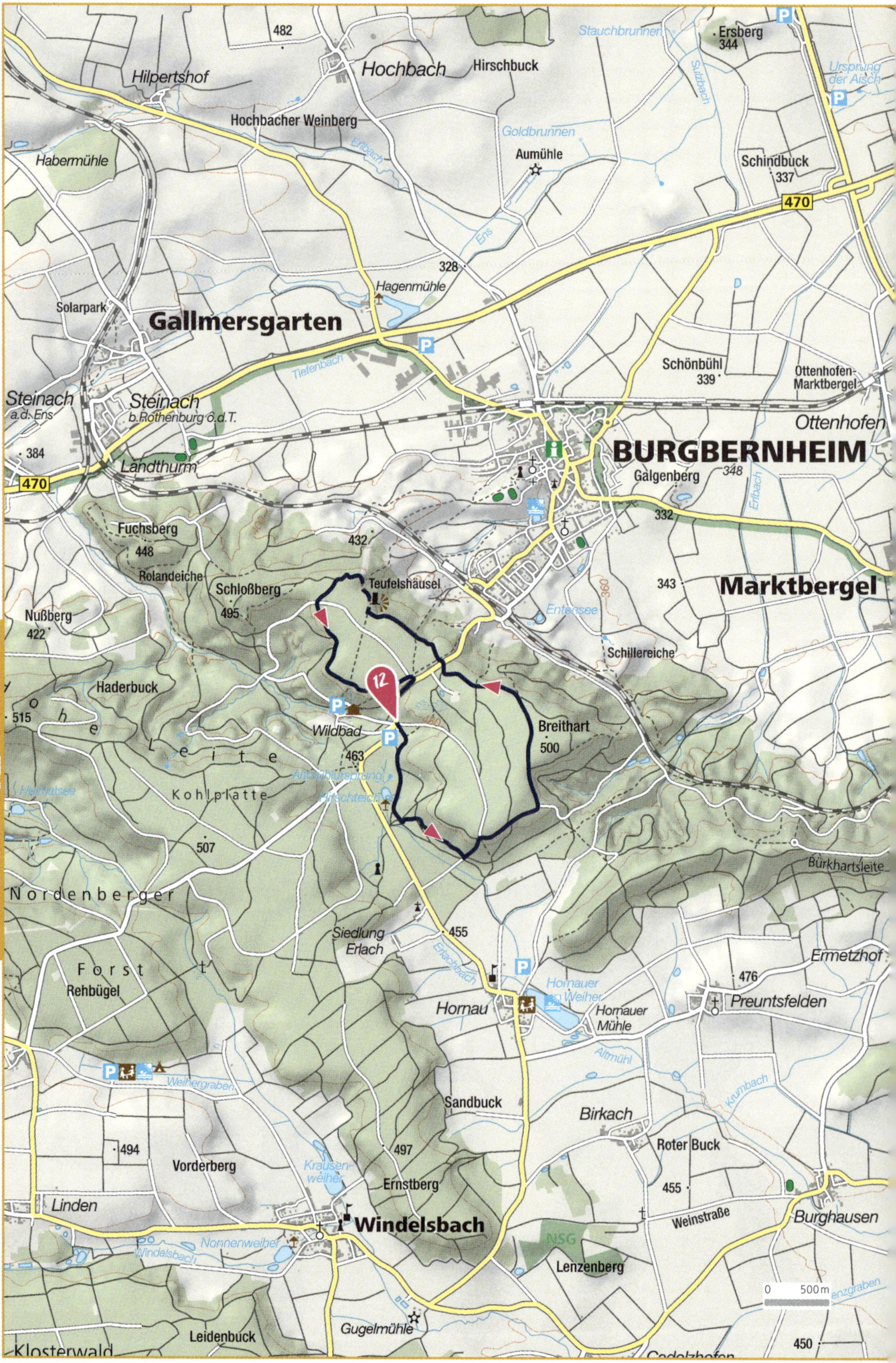
482
Hochbach
Hirschbuck
Stauchbrunnen
Ersberg
344
Ursprung der Aisch
Hilpertshof
Hochbacher Weinberg
Erlbach
Goldbrunnen
Sulzbach
Habermühle
Aumühle
Schindbuck
337
470
Ens
328
Hagenmühle
Solarpark
Gallmersgarten
Tiefenbach
Schönbühl
339
Ottenhofen-Marktbergel
Steinach a.d. Ens
Steinach b.Rothenburg o.d.T.
Ottenhofen
384
Landthurm
BURGBERNHEIM
Galgenberg
348
470
332
Erlbach
Fuchsberg
448
432
Rolandeiche
Schloßberg
495
Teufelshäusel
343
Marktbergel
Nußberg
422
Entensee
360
Schillereiche
Haderbuck
515
Hohe Leite
Wildbad
Breithart
500
463
Altmühlursprung
Hirschteich
Kohlplatte
507
Bürkhartsleite
Nordenberger Forst
Rehbügel
Siedlung Erlach
455
Erlachbach
Ermetzhof
476
Hornau
Hornauer Weiher
Hornauer Mühle
Preuntsfelden
Altmühl
Weihergraben
Sandbuck
Krumbach
Birkach
Roter Buck
494
497
Vorderberg
Krausenweiher
Ernstberg
455
Linden
Windelsbach
Weinstraße
Burghausen
NSG
Nonnenweiher
Windelsbach
Lenzenberg
0
500 m
Gugelmühle
Leidenbuck
450
Klosterwald
Cadolzhofen

Tour 12

Burgbernheimrunde
Auf dem Naturlehrpfad die Burgbernheimer Wälder entdecken

Waldtour 12

DAUER	2h
LÄNGE	6,9 km
HÖHENMETER	60 hm
SCHWIERIGKEIT	LEICHT
MIT ÖPNV ERREICHBAR	nein

Das erwartet euch ...

Breite Wege und schmale Pfade, besonders im Burgbernheimer Wald, wechseln sich auf dieser Runde ab. Bei Nässe ist gerade auf den wurzeligen Pfaden Vorsicht geboten! Zuerst streifen wir das Quellgebiet der Altmühl um den Hirschteich herum. Im zweiten Abschnitt erhalten auf dem Naturlehrpfad große und kleine Wanderer spielerisch Einblicke in die Flora und Fauna der Wälder des Naturparks Frankenhöhe.

Waldtour 12

Start & Ziel & Anreise

Wanderparkplatz Burgbernheim-Hornau. Mit dem PKW fahren wir nach Burgbernheim selbst über die A7 und die B470 an. In Burgbernheim geht es weiter zum Bahnhof und von dort über die Straße An der Steige in 1,6 km zum Parkplatz auf der linken Straßenseite. Öffentlich fahren wir von Rothenburg o.d.Tauber mit dem Regionalzug nach Steinach und steigen dort in den Regionalzug Richtung Ansbach um. Ausstieg Burgbernheim – Wildbad. Über den Langskeller und einen schmalen Pfad können wir in die Route einsteigen.

Tourenbeschreibung

Schon lange sind die Feuchtwiesen rund um den Hirschteich im Burgbernheimer Wald als Quellgebiet der Altmühl bekannt. Das belegen schon älteste Karten. Vom „Königlich-Bayerischen Hydrotechnischen Bureau zu München" wurde jedoch 1904 der Abflussgraben des Hornauer Weihers als Quellursprung bestimmt. Er liegt zwei Kilometer südlich des Hirschteiches. Inzwischen wird jedoch die Quelle eines der Bäche, die den Hornauer Weiher speist, als Quellursprung angesehen. Die Frage nach dem ganz genauen Ursprung tritt schnell in den Hintergrund, wenn man durch die Wälder um den Hirschteich herumstreift. Malerisch schmiegen sich die sattgrünen Moose an stolze Eichen und Fichten.

Beim Wanderparkplatz Burgbernheim-Hornau leitet uns ein Waldweg scharf nach rechts Richtung Hirschteich. Wir richten uns nach dem grünen X, das uns an der nächsten Gabelung in wenigen Minuten zum Hirschteich schickt. Kurz nach dem

Teich halten wir uns links. Nach ca. 250 Metern gelangen wir erneut an eine Gabelung, auch hier wenden wir uns nach links. Dieses Mal jedoch folgen wir dem grünen Balken. Schnell gelangen wir an einen breiten Waldweg, auf den wir nach rechts einbiegen. Ein paar hundert Meter später stehen wir an einer großen Kreuzung. Wir schwenken ohne Markierung nach links. Der Weg zieht sich sanft hinauf bis zu einer Gabelung. Hier treffen wir wieder auf Markierungen und folgen dem blauen X und dem blauen Balken nach rechts. Zehn Minuten später halten wir uns an einer Gabelung geradeaus und folgen nun stets auf dem Hauptweg, bis wir die Straße erreichen. Wir queren sie, passieren einen Parkplatz und wandern weiter auf dem Waldweg Richtung Teufelshäusel. Ab hier orientieren wir uns an den Wegschildern „Eule" und „grüner Balken". Stets geradeaus stehen wir nach einer knappen viertel Stunde am Teufelshäusel. Ein spannendes Unterfangen, gerade für kleinere Waldbesucher: Die hölzerne Plattform zieht sich rund um einen knorrigen Baum. Die schöne Aussicht auf Burgbernheim ist ein zusätzliches Zuckerl. Direkt neben dem Teufelshäusel steht ein mächtiger Baumstumpf. Als ein stummer Zeuge der Zeit hat er schon viele Bürgermeister von Burgbernheim kommen und gehen sehen, was man an seinen Jahresringen schön erkennen kann. Von der Aussichtskanzel gehen wir weiter geradeaus. Der grüne Balken führt uns auf einen Pfad und zu einem weiteren Aussichtspunkt, diesmal mit Bank. Schließlich mündet der Pfad auf einen breiten Weg. In seinem Verlauf verlässt uns bald unser Wegzeichen nach rechts. Wir bleiben aber auf dem Weg und lassen uns jetzt von „Eule" und „Elster" führen. Die nächsten beiden Kreuzungen überqueren wir geradeaus Richtung Schlossberg. Insgesamt wandern wir so nun ca. 25 Minuten dahin. Zuletzt führt uns der grüne Balken am Ende dieses Wegabschnittes geht's rechts auf einem Pfad hinab zur NEA 52. Wir folgen ihr nach rechts und erreichen in kurzer Zeit den Wanderparkplatz Burgbernheim-Hornau.

Autoren Tipp

Der Burgbernheimer Wald ist an sich schon für Groß und Klein ein Erlebnis. Intensiver wird's nochmal mit dem Baumlehrpfad: Er beginnt direkt gegenüber dem Teufelshäusel und zieht sich schnurgeradeaus. Dabei vermittelt er – mal rechts, mal links des Weges – Wissenswertes über unsere heimischen Baumarten. Die Texte sind spannend und kindgerecht gestaltet.

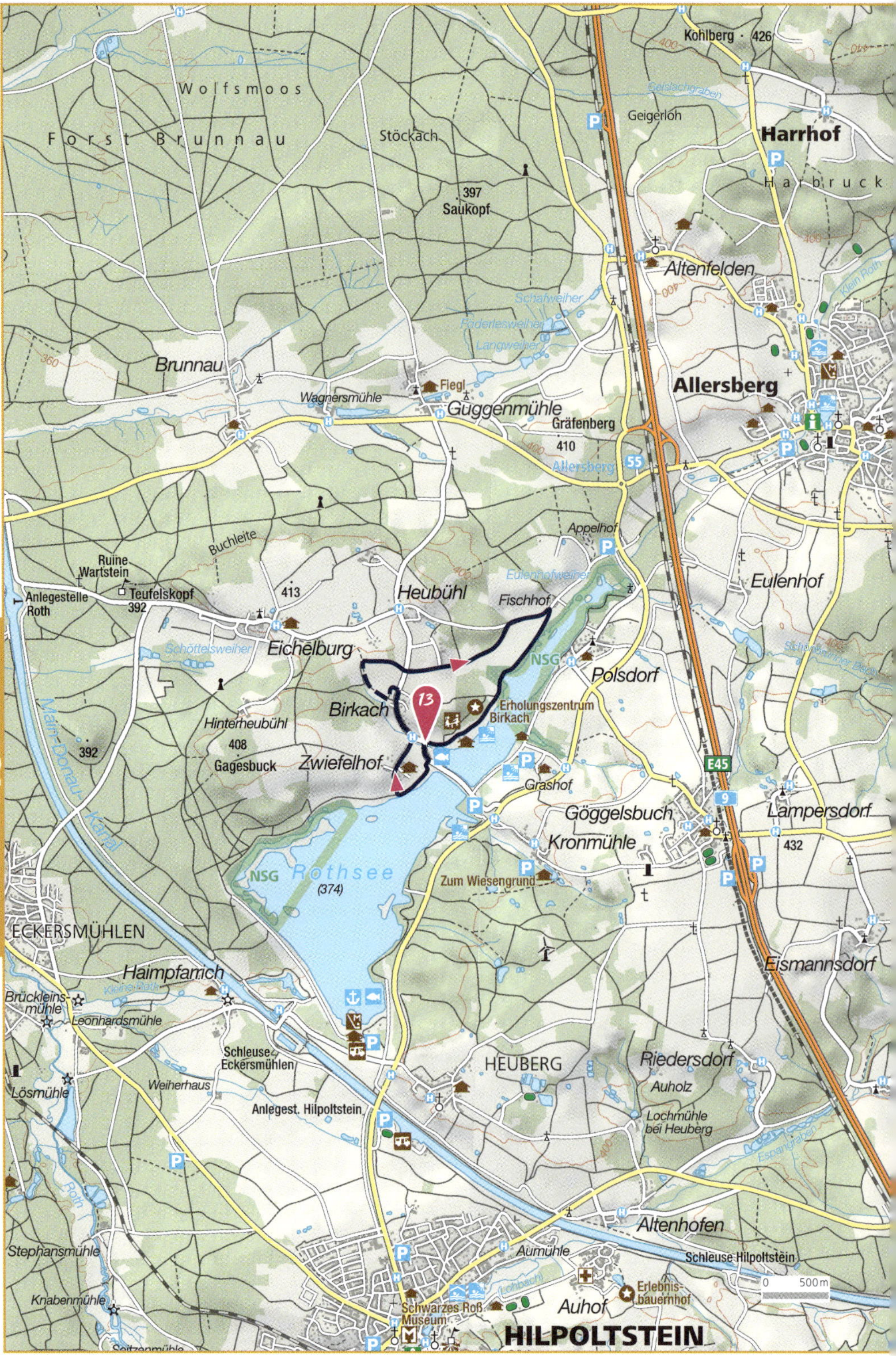
Kohlberg
426
Geislachgraben
Geigerloh
Harrhof
Harbruck
Wolfsmoos
Forst Brunnau
Stöckach
397
Saukopf
Altenfelden
Schafweiher
Föderleswelher
Langweiher
Brunnau
Fiegl
Wagnersmühle
Guggenmühle
Allersberg
Gräfenberg
410
Allersberg
55
Appelhof
Buchleite
Ruine Wartstein
Anlegestelle Roth
Teufelskopf
392
413
Heubühl
Eulenhofweiher
Fischhof
Eulenhof
Schöttelsweiher
Eichelburg
NSG
Polsdorf
Birkach
13
Erholungszentrum Birkach
Hinterheubühl
408
Gagesbuck
392
Zwiefelhof
Main-Donau-Kanal
Grashof
E45
9
Göggelsbuch
Lampersdorf
Kronmühle
432
NSG
Rothsee
(374)
Zum Wiesengrund
ECKERSMÜHLEN
Haimpfarrich
Eismannsdorf
Kleine Roth
Brückleinsmühle
Leonhardsmühle
Schleuse Eckersmühlen
HEUBERG
Riedersdorf
Auholz
Lösmühle
Weiherhaus
Anlegest. Hilpoltstein
Lochmühle bei Heuberg
Espangraben
Roth
Altenhofen
Stephansmühle
Aumühle
Schleuse Hilpoltstein
0
500 m
Lohbach
Erlebnisbauernhof
Knabenmühle
Schwarzes Roß
Museum
Auhof
HILPOLTSTEIN
Seitzenmühle

Rund um Birkach
An Pferdehöfen vorbei zum Rothsee

Pferdehofweg 13

Tour 13

DAUER	1h 15min
LÄNGE	5 km
HÖHENMETER	35 hm
SCHWIERIGKEIT	LEICHT
MIT ÖPNV ERREICHBAR	nein

Das erwartet euch …

Die Wanderung ist sehr kurz und verläuft überwiegend auf einfachen Wegen. Daher ist sie besonders gut für die ganz Kleinen geeignet, stellt aber auch kein Problem für Kinderwägen dar. Ein Teil der Runde führt direkt am Ufer des Rothsees entlang und gewährt tolle und spannende Einblicke ins Naturschutzgebiet am nördlichen Ende des Sees. Badesachen nicht vergessen, an der Hauptsperre streifen wir einen herrlichen Badeplatz!

Pferdehofweg 13

Start & Ziel & Anreise

Parkplatz Birkach. Mit dem PKW fahren wir über die A9 Richtung Nürnberg. Kurz vor Nürnberg nehmen wir die Ausfahrt 55 – Allersberg. Weiter geht's über die Staatsstraße in wenigen Minuten nach Guggenmühle. Hier biegen wir links ab und folgen dem Guggenmühler Weg nach Birkach. Am Ende des Ortes gibt es einen großen Parkplatz.

Tourenbeschreibung

Der Pferdhofweg ist ein Themenweg, der speziell für Familien mit Kindern konzipiert wurde. Er führt an zwei Pferdehöfen vorbei. Hier können große und kleine Pferdefans ihre Lieblingstiere hautnah erleben und sogar einkehren. So gehen wir vom Parkplatz aus über den Fuß- und Radweg kurz an der Straße entlang Richtung Süden. Nach nur einhundert Metern zweigt rechts ein Weg ab. Er bringt uns auf einen breiten Schotterweg direkt am Ufer des Rothsees entlang. Dabei streifen wir eine hübsche kleine, sandige Badestelle. Hierher können wir am Ende der Runde zurückkehren, um einen Sprung in die Fluten zu wagen. Wir gehen ein paar Minuten am Nordwestufer der Hauptsperre entlang, dann gabelt sich der Weg. Wir biegen rechts ab und wandern nach Zwiefelhof hinein.

Am Reitstall Zwiefelhof passieren wir ein paar Koppeln, auf denen ein paar Pferde grasen. Wir gehen weiter bis zum Ende der Straße und folgen der Birkacher

Hauptstraße nach links. Gemütlich geht's durch den Ort. Am Ortsende wenden wir uns nach links, machen einen Schlenker nochmals zum Ortsrand zurück und drehen dann nach Nordwesten. Ein schöner Schotterweg bringt uns in wenigen Minuten an eine Gabelung. Wir schwenken nach rechts, überqueren im Folgenden die Birkacher Hauptstraße und wandern nun geradewegs nach Osten. Dabei passieren wir den Ortsrand von Vorderheubühl. In einiger Entfernung sehen wir auch die Koppeln vom Ausbildungsstall Heubühl.

Wir wandern weiter geradeaus, bald am Waldrand entlang und erreichen am Ende des Wales eine breite Fahrstraße durch den Wald. Wir machen einen leichten Schwenk nach rechts und folgen dem Sträßchen 250 Meter. Kurz vor Fischhof biegen wir um 180° nach rechts. Ein schöner schmaler Weg leitet uns nun zwischen Waldrand und Wiese entlang. Allmählich wird das Waldstück sehr schmal, so dass wie einen Blick auf die Vorsperre des Rothsees erhaschen können.

Das Naturschutzgebiet an der Stauwurzel des Rothsees ist eine Verlandungszone, die nach der Flutung des Rothsees ab 1993 wieder renaturiert wurde. Die letzte viertel Stunde führt uns zwischen Wiesen vorbei zum Strandhaus Birkach, das an schönen Tagen zur Einkehr einlädt. Von hier aus sind es nur noch wenige Minuten zurück zum Parkplatz.

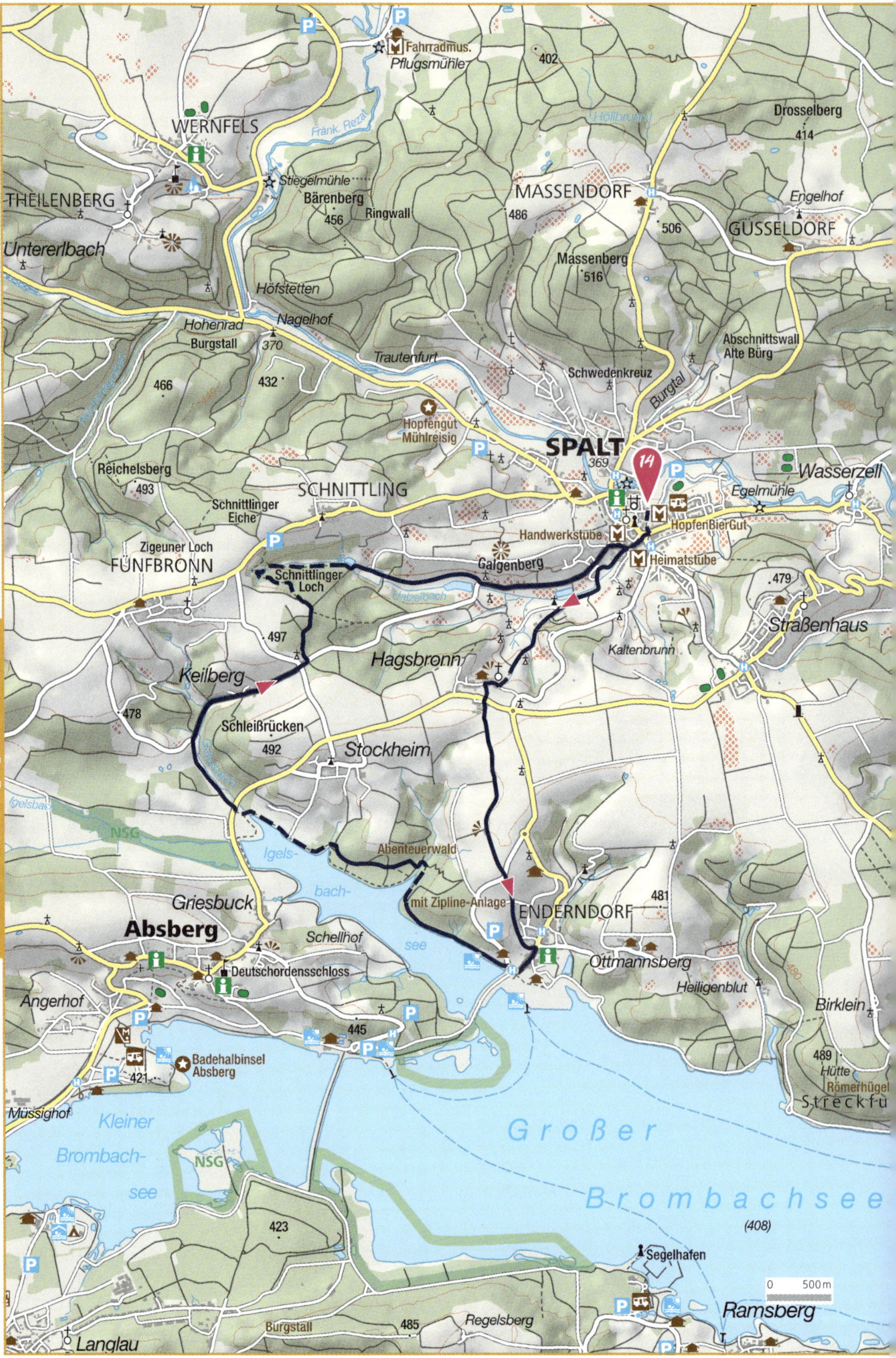

Fahrradmus.
Pflugsmühle
402
WERNFELS
Fränk. Rezat
Hollbach
Drosselberg
414
Stiegelmühle
THEILENBERG
Bärenberg
456
Ringwall
MASSENDORF
486
Engelhof
506
GÜSSELDORF
Untererlbach
Massenberg
516
Höfstetten
Hohenrad
Nagelhof
Burgstall
370
Trautenfurt
Abschnittswall
Alte Bürg
466
432
Schwedenkreuz
Burgtal
Hopfengut
Mühlreisig
SPALT
369
14
Wasserzell
Reichelsberg
493
SCHNITTLING
Schnittlinger
Eiche
Egelmühle
HopfenBierGut
Handwerkstube
Zigeuner Loch
FÜNFBRONN
Galgenberg
Heimatstube
Schnittlinger
Loch
479
Hagelbach
Straßenhaus
497
Hagsbronn
Kaltenbrunn
Keilberg
478
Schleißrücken
492
Stockheim
Igelsbach
NSG
Igels-
bach-
see
Abenteuerwald
mit Zipline-Anlage
481
Griesbuck
ENDERNDORF
Absberg
Schellhof
Ottmannsberg
Deutschordensschloss
Heiligenblut
Angerhof
Birklein
445
Badehalbinsel
Absberg
421
489
Hütte
Römerhügel
Streckfu
Müssighof
Kleiner
Brombach-
see
NSG
Großer
Brombachsee
(408)
423
Segelhafen
0
500m
Ramsberg
Burgstall
485
Regelsberg
Langlau

Tour 14

Themenweg 14

Von Spalt zum Brombachsee
Durchs Spalter Hopfenland

DAUER	4h 30min
LÄNGE	13,6 km
HÖHENMETER	205 hm
SCHWIERIGKEIT	MITTEL
MIT ÖPNV ERREICHBAR	ja

Das erwartet euch ...

Die Runde läuft häufig auf ausgebauten Wegen und asphaltierten Straßen. An einigen wenigen Stellen rund ums Schnittinger Loch ist Trittsicherheit geboten! Auf dem Hin- und Rückweg vom Brombachsee prägen Hopfenfelder, grüne Täler und herrliche Ausblicke das Bild. Am Brombachsee selbst gibt es viele tolle Möglichkeiten, mal kurz in den See zu hüpfen oder gemütlich an einem der vielen Seerestaurants eine kleine Pause einzulegen.

Themenweg 14

Start & Ziel & Anreise

Wir starten im Ortskern von Spalt. Mit dem Auto geht's über die A9 Richtung Nürnberg. An der Ausfahrt 55 – Allersberg wechseln wir auf die Staatsstraße nach Roth und von hier aus geht's über die B2 bis Mauk. Von hier aus weiter über die St 2237 über Wasserzell nach Spalt. Parkmöglichkeiten gibt es in der Obeltshauserstraße. Öffentlich fahren wir von Nürnberg mit dem Zug nach Georgensgmünd. Von hier fährt der Bus Nr. 632 nach Spalt.

Tourenbeschreibung

Die abwechslungsreiche Runde startet im Herzen von Spalt. Kulturell und kulinarisch geht's schon los mit dem HopfenBierGut im Kornhaus. Das interaktive Museum lässt die Welt des Hopfens in Verbindung mit der Braukunst lebendig werden.

Vom Parkplatz wechseln wir auf einen schmalen weg, der uns nach Süden am Hatzelbach entlang leitet. Er endet am Kreisverkehr, den wir schräg nach rechts in die Albrecht-Achilles-Straße überqueren. An der Gabelung halten wir uns links in die Saazer Straße, die uns bald wieder an den Ortsrand und zum Hatzelbach führt. Von hier aus folgen wir dem Kapellenweg an einer hübschen Wegkapelle vorbei und durch ein kleines Wohngebiet hindurch. Beim letzten Haus gabelt sich der Weg; wir gehen geradeaus, dann verschmälert sich der Weg ein wenig und führt durch herrliche Laubwaldabschnitte mit steilem Anstieg nach Hagsbronn. An St.

Ägidius und der gleichnamigen Quelle vorbei schwenken wir kurz nach der Gaststätte nach links. Die darauffolgende Stockheimerstraße queren wir schräg nach links und schlendern bald auf einem schönen Feldweg dahin. Nahe des Campingplatzes Panorama finden wir zwei Riesenstühle. Aber auch ohne sie gleich besteigen zu müssen, genießen wir hier einen herrlichen Blick auf den Brombachsee. Wir queren die Straße geradeaus und wandern nun wieder hinab Richtung See. In Enderndorf schließlich bringt uns das Sträßchen Am Hafen nach rechts direkt zur Anlegestelle Enderndorf.

Hier befindet sich das gemütliche Restaurant Sand und Sofa. Direkt nach der Wirtschaft schwenken wir nach links, an einem kleinen Strandabschnitt vorbei und auf einen schönen Uferweg in den Wald hinein. Wir wandern nun entlang des Igelsbachsees. Nach zwanzig Minuten gelangen wir an den Barfußpfad und an ein kleines Moorkneippbecken. Hier können sich die Kids ein bisschen austoben und ihren Sinnen freien Lauf lassen, bevor ein breiter Waldweg weiter durch den Wald nach Westen führt. Schließlich treten wir aus dem Wald heraus und folgen einem Schotterweg weiter am Ufer entlang. Zu unserer Rechten taucht der Jugendzeltplatz von Stockheim auf. Hier verlassen wir den Uferweg und wandern geradeaus über eine Straße. Dann leitet uns ein hell geschotterter, breiter Weg an Wäldern, Wiesen und Hopfenfeldern vorbei. Der Weg beschreibt einen weiten Rechtsbogen, trifft bald auf ein Sträßchen und führt schließlich, gut einen Kilometer nachdem wir die Straße gekreuzt haben, nach Keilberg. Wir durchqueren das Örtchen hinauf zu einer Kreuzung und einer Wegkapelle. Ca. 30 Meter nach der Kapelle biegen wir links ab. Wir wandern auf herrlichem Waldweg erst durch den Wald, dann gute zweihundert Meter am Waldrand entlang. Ein schmaler Weg zweigt nach rechts in den Wald ab. Er wird immer schmäler und wurzeliger und bringt uns schließlich zur spannenden Felsformation am Schnittlinger Loch.

Diese herrliche Schlucht ist ein Naturdenkmal, das durch Unterwaschungen und Unterspülungen des oberen Burgsandsteins entstand. Die Halbhöhlen und Felsabstürze weisen eine Höhe von bis zu 15 Metern auf. An heiklen Stellen ist der Weg durch einen Holzzaun gesichert. Am Ende der Schlucht treffen wir auf einen schönen Rastplatz. Hier verbreitert sich der Weg allmählich wieder und bringt uns ein gutes Stück durch den Wald. Am Ende des Waldes schließlich treffen wir auf ein paar idyllische Weiher. Unser Weg führt uns nun immer weiter geradeaus, bald an Hopfengärten, Wiesen und am Waldrand entlang. Eine viertel Stunde später passieren wir einen kleinen Parkplatz. Der Irrlacher Weg bringt uns von hier in einer weiteren viertel Stunde wieder zum Ortsrand von Spalt. Über die Hans-Gruber Straße wandern wir leicht nach links gewandt durch den Oberen Torturm. Nur wenige Minuten später treffen wir auf die Hauptstraße mit der imposanten Kirche St. Emmeram. Hinter der Kirche spazieren wir über die Herrengasse zurück zum Kornhaus.

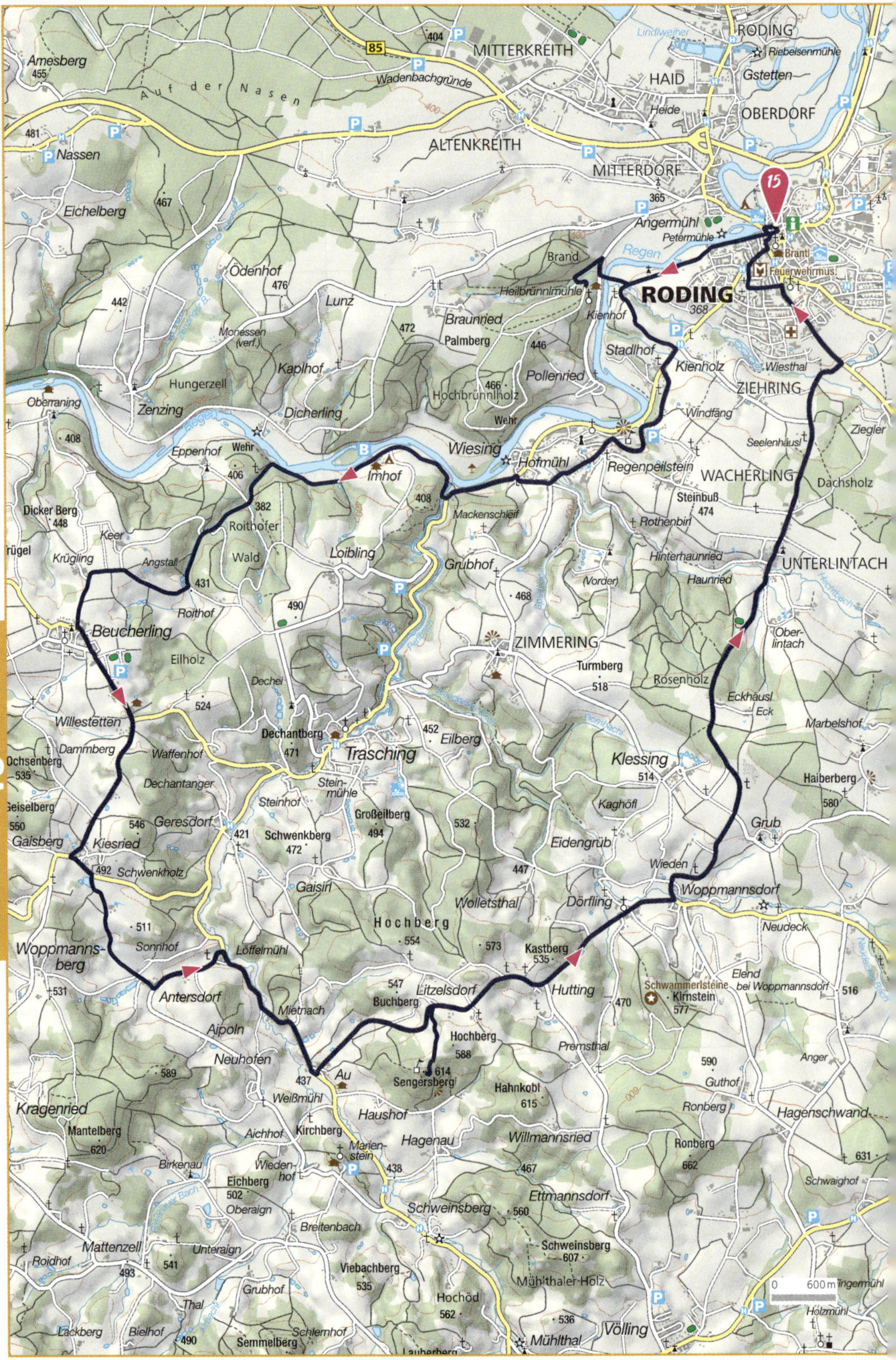
Amesberg
455
Auf der Nasen
85
404
MITTERKREITH
Wadenbachgründe
RODING
Riebelsenmühle
HAID
Gstetten
Heide
OBERDORF
481
Nassen
ALTENKREITH
MITTERDORF
15
467
Eichelberg
365
Angermühl
Petermühle
Regen
Brand
Branti
Feuerwehrmus.
Ödenhof
476
Heilbrünnlmühle
RODING
368
442
Lunz
Kienhof
Braunried
472
Palmberg
Stadlhof
Monessen (verf.)
446
Kienholz
Wiesthal
Kaplhof
Pollenried
Hungerzell
466
Hochbrünnlholz
ZIEHRING
Oberraning
Zenzing
Dicherling
Windfang
Wehr
Ziegler
Seelenhäusl
408
Eppenhof
Wehr
Wiesing
Hofmühl
Regenpeilstein
WACHERLING
406
Imhof
Dachsholz
408
Steinbuß
474
382
Mackenschleif
Dicker Berg
448
Roithofer
Rothenbirl
Keer
Wald
Loibling
Hinterhaunried
Krügling
UNTERLINTACH
Angstall
Grubhof
Haunried
431
Roithof
(Vorder)
468
490
Ober-lintach
Beucherling
ZIMMERING
Eilholz
Turmberg
518
Dechel
Rosenholz
524
Eckhäusl
Eck
Willestetten
Dechantberg
452
Eilberg
Marbelshof
Dammberg
471
Trasching
Ochsenberg
535
Waffenhof
Klessing
514
Haiberberg
Stein-mühle
580
Dechantanger
Geiselberg
Steinhof
Großeilberg
Kaghöfl
550
546
Geresdorf
494
532
Grub
Gaisberg
421
Schwenkberg
Kiesried
472
Eidengrüb
492
Schwenkholz
Wieden
447
Gaisirl
Woppmannsdorf
Wolletsthal
Dörfling
Neudeck
511
Hochberg
554
Woppmanns-berg
Sonnhof
573
Kastberg
535
Elend bei Woppmannsdorf
Löffelmühl
516
Schwammerlsteine
547
Kirnstein
577
531
Antersdorf
Litzelsdorf
Hutting
470
Buchberg
Aipoln
Mietnach
Hochberg
Premsthal
Neuhofen
588
590
Anger
589
Au
614
Sengersberg
Guthof
437
Weißmühl
Hahnkobl
615
Ronberg
Kragenried
Haushof
Hagenschwand
Mantelberg
620
Aichhof
Kirchberg
Hagenau
Willmannsried
Ronberg
Marien-stein
662
631
Birkenau
Wieden-hof
438
467
Schwaighof
Eichberg
502
Ettmannsdorf
Oberaign
Schweinsberg
560
Breitenbach
Mattenzell
Unteraign
Schweinsberg
607
Roidhof
493
541
Viebachberg
535
Mühlthaler-Holz
Grubhof
Hochöd
562
Thal
536
Lackberg
Bielhof
Schlernhof
490
Semmelberg
Mühlthal
Völling
Lauberberg
0 600 m
Holzmühl

Tour 15

Zur Burgruine Sengersberg

Radvergnügen im Regental

Radtour 15

DAUER	3h
LÄNGE	32 km
HÖHENMETER	640 hm
SCHWIERIGKEIT	MITTEL
MIT ÖPNV ERREICHBAR	ja

Das erwartet euch ...

Die gemütliche Runde führt uns auf ausgeschilderten Radwanderwegen mit Altstadtpanorama ans Ufer des Regen. Ihm folgen wir zu einer herrlichen Wallfahrtskirche und dann auf und nieder herrlich über die Dörfer zu einer pittoresken Burgruine. Unbedingt mal beim Feuerwehrmuseum in Roding reinschauen!

Radtour 15

Start & Ziel & Anreise

Los geht's am Großplatz beim Volksfestplatz. Mit dem Auto geht's von Straubing auf der B 20 nach Ascha, dort biegen wir ab und fahren über Michelsneukirchen nach Roding. Züge fahren von Regensburg nach Schwandorf. Hier steigen wir in die Oberpfalzbahn RB 27 Richtung Furth im Wald um und fahren bis Roding Bahnhof.

Tourenbeschreibung

Wir folgen dem ausgeschilderten Radweg von der Regenstraße bei der Regenbrücke links Richtung Altstadt und gleich rechts durch die Landgerichtstraße ans Ufer des Regens. Bald heißt das Sträßchen Petermühlweg und führt uns an der Petermühle vorbei zur Kienmühle. Mit Blick auf die Wallfahrtskirche Heilbrünnl (hier lohnt sich ein kleiner Abstecher) radeln wir zur Staatsstraße. Kurz geht's an ihr rechts entlang und dann links den Hang hinauf in den Weiler Fichtenberg. Um das Kerbtal geht's nach Regenpeilstein. Über Burg- und Mühlstraße erreichen wir hier die Staatsstraße. Nach links geschwenkt, dann verlassen wir in der Kurve die Straße und rollen rechts über die Brücke über den Perlbach. Am Ufer entlang geht's zum Imhof.

Das Asphaltsträßchen schmiegt sich an den Talhang und folgt ihm links herum, jetzt durch das bewaldete Tal des Emisbachl bergwärts zum Weiler Angstall und geradeaus an Krügling vorbei nach Beucherling. Vor uns steht ein Schmuckstück von einer Kapelle, die St.-Georg-Kapelle an der Bikilostraße. An der Kapelle schwenken wir nach links und radeln entspannt an Willetstetten vorbei zu einer kleinen Kapelle am Wegesrand. An der Staatsstraße schwenken wir nach links, am Teich dann rechts leicht talwärts nach Antersdorf in der schönen Ramersau. Hinterm Weiler folgen wir dem Sträßchen links nach Löffelmühl. Dort leitet uns der Perlbach rechts nach Au, wo eine tolle Einkehr auf uns wartet.

An der Einmündung der Hauptstraße in Au geht's nun links steil bergwärts zwischen dem Buchberg und der Burgruine Sengersberg ins kleine Litzelsdorf. Hier können wir der Burgruine, von der nur noch wenige Mauerreste vorhanden sind, einen kleinen Besuch abstatten. Wer zum Aussichtspunkt möchte, muss jedoch 300 Meter zu Fuss hinauf laufen. Das Asphaltsträßchen führt uns über die Hochebene und hinter Hutting ins Tal nach Dörfling. Hier überrascht uns die Kirche St. Ägidius. Geradeaus geht's nun nach Woppmannsdorf und links hinauf an den Granitsteinbruch. Den lassen wir nun rechts liegen und radeln durch den Wald hinab nach Unterlintach. Die kleine Kirche St. Johannes der Täufer ist komplett mit Holzschindeln verkleidet. Das Dach ist mit Biberschwanz-Dachziegeln eingedeckt. Die Straße führt uns geradewegs durch das Dorf, dann ein kurzes Stück durch einen Wald hinunter ins Trübenbachtal an die Falkensteiner Straße in Roding. Wir queren die Straße und radeln auf dem separaten Radweg nach Roding hinein. Wir kommen am Imhofpark vorbei, wo die evangelische Kirche in den Himmel ragt. Hier geht's links zum Feuerwehrmuseum. An der Regensburger Straße wenden wir uns nach rechts und erreichen die Kreuzung mit dem Oberen Markt. Links geht's nun in die Altstadt auf den Marktplatz. Dort erblicken wir auch das Wahrzeichen von Roding, den alten Kirchturm der Stadtpfarrkirche St. Pankratius.

Wir wenden uns nach links und kehren gleich im Gasthaus Zum Reim Wirt ein. Ein schönes historisches Gasthaus mit Säulen und Arkaden wie in der Toskana. Hier genießen wir mediterrane und bayerische Leckereien. Nach der Einkehr radeln wir zum Ausgangspunkt am Volksfestplatz zurück. Eine spannende Abwechslung für Kinder bildet das Feuerwehrmuseum in Roding. Zur Jahrhundertwende polterten noch pferdegezogene Handdruckspritzen mit Glockengebimmel über das Kopfsteinpflaster von Roding. Diese historischen Feuerwehrgeräte gibt's auf einem Streifzug durch das Feuerwehrwesen von 1860 bis in die 50er-Jahre dieses Jahrhunderts zu sehen. Für eine Besichtigung der Exponate sollte man vorher anrufen unter Tel: +49/9461/633.

16

Tour 16

Donaustauf – Wiesent
Bayerische Akropolis und ein Schloss

Radtour 16

DAUER	3h
LÄNGE	32,5 km
HÖHENMETER	250 hm
SCHWIERIGKEIT	MITTEL
MIT ÖPNV ERREICHBAR	nein

Das erwartet euch ...

Auf ruhigen Wegen geht's aus Donaustauf hinaus. Dann folgen wir dem Donauradweg bis Kruckenberg. Anschließend drehen wir eine Runde um das imposante Schloss Wiesent. Auf dem Rückweg, entlang der Straße, gibt es ein paar tolle Einkehrmöglichkeiten. Höhepunkt ist sicherlich der Abstecher zur Walhalla, der einem Ausflug in die Antike gleicht. Am Ende des Radausfluges bietet sich noch ein kurzer Spaziergang auf den Burgberg von Donaustauf an.

Radtour 16

Start & Ziel & Anreise

Ausgangspunkt ist der Wohnmobilstellplatz Donaustauf, neben der Ausfahrt an der Staatsstraße. Mit dem PKW geht's über die BAB A3 Regensburg–Passau zur Ausfahrt 102 Neutraubing, dort Richtung Barbing und Donaustauf. Von der Donaubrücke fahren wir links zur Maxstraße in Donaustauf ab. Parkplätze befinden sich neben dem Supermarkt.

Tourenbeschreibung

Vom Wohnmobilstellplatz geht's zunächst auf dem Fahrradweg an der Regensburger Straße entlang nach Westen. Der Radweg schwenkt nach links, am Parkplatz beim Supermarkt vorbei und quert gleich darauf die St 2125. Dann biegen wir links ab und radeln mit dem Donauradweg nach Osten. Wir rollen gemütlich zwischen einem Wäldchen und der Staatsstraße dahin. Recht schnell erreichen wir direkt das Ufer der Donau. Ab jetzt radeln wir auf bequemem Weg an Wiesen und Bäumen entlang. Zu unserer Linken erheben sich die Hänge des Scheuchenbergs. In sanften Bögen geht's an den Ortsrändern von Demling und Frengkofen vorbei, dann schickt uns ein Radschild nach Kruckenberg. Hier verlassen wir den Donauradweg und fahren auf dem örtlichen Radwegenetz weiter. Beim Spielplatz in Kruckenberg biegen wir rechts ab, dann radeln wir an der Staatsstraße entlang direkt nach Wiesent hinein. Schon von Weitem erregt der barocke Bau von Schloss Wiesent unsere Aufmerksamkeit. Vor fast 800 Jahren stand an dieser

Stelle eine Festung. 1695 wurde dann das Schloss von Graf Rudolf von Lintelo erbaut. Im Hudetzturm gibt es ein kleines Museum mit Gemälden des Künstlers Karl Anton Hudetz. Nach einer kurzen Schloss-Schau radeln wir über die Frauenzeller Straße an den Ortsrand, wo wir nach links in die Landstraße einschwenken. Sie bringt uns schnell zurück zur Staatsstraße.

Am Kreisel fahren wir dann wieder zwei Kilometer nach Kruckenberg zurück. Hier bleiben wir jedoch geradeaus auf der Wörther Straße, am Gasthaus zum Kruckenberger und der Weinstube Bacherer vorbei nach Bach an der Donau. Zwei schöne Möglichkeiten, um eine kurze Pause zu machen.

Zurück auf der Hauptstraße geht's weiter am Bacherer Landgasthof vorbei und stetig westwärts Richtung Donaustauf. Schließlich treffen wir nach einigen Minuten wieder auf unseren Anfangsweg, der uns wieder kurz an der Donau entlang leitet. Am Ortsrand von Sulzbach an der Donau schwenken wir rechts auf der Straße Am Südhang in den Ort hinein. An der Scheuchenbergstraße biegen wir links ein, gleich darauf biegen wir rechts auf die Otterbachstraße. Wir passieren den Friedhof und nachdem wir die Staatsstraße gequert haben, biegen wir links ab. Kurz vor der Staatsstraße geht's in einer scharfen Rechtskurve ein schmales Sträßlein bergan. Es führt uns hinauf zur Walhalla. Der mächtige klassizistische Tempel, äußerlich dem griechischen Parthenon in Athen ähnlich, ist schon von Weitem zu erkennen. Ein spannender Tempel, auch für Kinder. Die Aussicht ist fantastisch!

Über die Walhallastraße fahren wir wieder hinab, vorbei an der Wallfahrtskirche St. Salvator bis zum Fürstenpark. Hier biegen wir rechts ab und rollen gemütlich zurück zur Ortsmitte. An der Barbinger Straße schwenken wir links, gleich darauf geht's wieder rechts in wenigen Metern zurück zum Parkplatz.

Autoren Tipp

Von der Maxstraße schräg gegenüber vom Startpunkt führen ein paar Treppen über die St. Michaels Kirche hinauf auf den Burgberg. Zu sehen gibt's ein paar ehrwürdige, alte Burgmauern, die zu einer Erkundungstour einladen, ein paar informative Schautafeln zur Burg und eine tolle Aussicht aufs Donautal. Zwischen den alten, sagenumwobenen Ruinenresten werden nicht nur Kinder ihre helle Freude haben.

Zeitlarn
334
Abbachhof
Thanhausen
Sandhof
Wenzenbach
358
Schönberg
Schnaitterhof
Fußenberg
Roith
Wasen-
stetten
Hölzlhof
366
Pentlhof
Unter-
ackerhof
Ober-
Lettenthal
Unterlindhof
Gut
Zeitlberg
Thurnhof
Grafen-
hofen
Zeitl-
hof
Lehen
Probst-
berg
Ehrenberg
Haslbach
Gonnersdorf
Kühbett
429
Irlbach
Grafenhofer Holz
Ziegenhof
Jägerberg
Wutzlhofen
Thanhof
Hochbauern-
holz
Forstacker
Grünthal
Donaustaufer
Forst
16
WUTZLHOFEN
Family
Aktivpark
NSG
Brandlberg
Raubberg
455
484
Linie
Hohe
KONRAD-
SIEDLUNG
Frauenholz
KEILBERG
BRANDLBERG
St. Michael
Tiefental
Kalkwerk
Keilstein
Am Weinberg
451
Fellinger-
berg
17
418
Mittelberg
Boulderwelt
424
Stauf
NSG
Am Keilstein
SCHWABELWEIS
WEICHS
Donau
Arena
Donaustauf
339
Hotel
von-Heyden
Tegernheim
331
Werft
hafen
Postmuseum
West-
Ölhafen
DONAU
REGENSBURG
341
Jägerwörth
Pfarrwörth
IRLMAUTH
Test-
strecke
Osthafen
Kreuzhof
Barbing
331
IRL
PÜRKELGUT
Regensburg-
Ost
E56
3
Neutraubling
102
Regensburg
Burgweinting
101
Regensburg-
Ost
Autohof
100b
0
500 m

Tegernheimer Schlucht
Eine geologische Entdeckungswanderung

Waldtour 17 • **Tour 17**

DAUER	2h 45min
LÄNGE	9,75 km
HÖHENMETER	335 hm
SCHWIERIGKEIT	LEICHT
MIT ÖPNV ERREICHBAR	ja

Das erwartet euch ...
Die beschauliche Runde ist geprägt von vielen schmalen und wurzeligen Waldpfaden. Zwischendurch führen uns auch immer wieder breite Forstwege. Ein Highlight ist sicherlich der wunderschöne Wald, der uns auf dem Großteil der Tour begleitet. Aber auch die Blicke vom Keilstein zu Beginn der Runde sind nicht zu verachten.

Waldtour 17

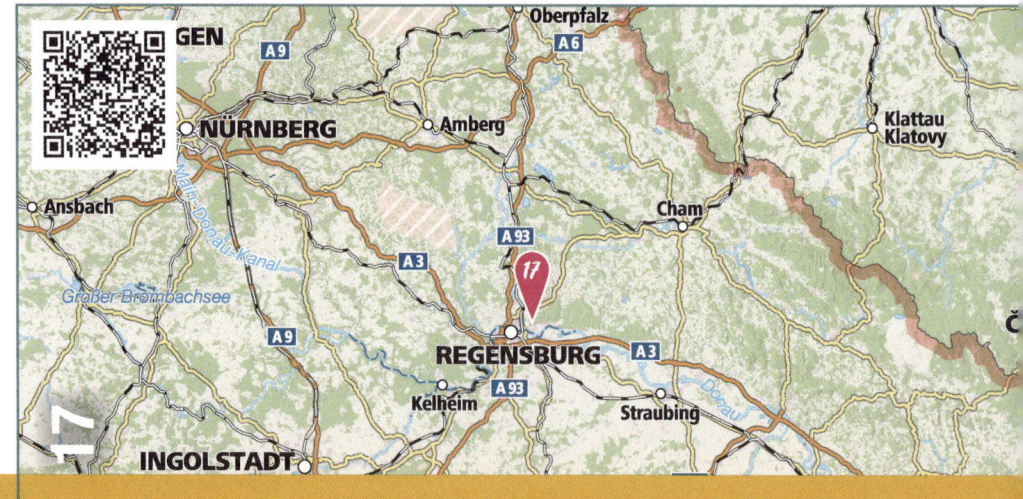

Start & Ziel & Anreise

Los geht's in Tegernheim. Mit dem Auto fahren wir über die A3 oder die A93 nach Regensburg. Von hier aus erreichen wir Tegernheim über die St 2125 Richtung Westen. Parkmöglichkeiten gibt es bei der Straße Am Hohen Sand bei den Sportplätzen. Vom Regensburger Hauptbahnhof fährt der Bus Nr. 5 nach Tegernheim.

Tourenbeschreibung

Vom Sportplatz spazieren wir auf dem Gehweg rechts zur Straßenkreuzung. Hier sehen wir auch schon die Infostelle zum Geopfad Tegernheimer Schlucht. Nach rechts geht's kurz durch die Tegernheimer Kellerstraße, dann schwenken wir links über den Baierwainweg zum Sträßchen Am Mitterberg. Kurz vor der Weinbergstraße geht's links zwischen den Häusern hinauf. Am Waldrand biegen wir links auf den Klöpfelweg ein. Beim Haus Nr. 11 tauchen wir dann wieder nach links in den Wald ein. Der ansteigende Pfad facht allmählich ab und bringt uns zu einer schönen Aussichtsbank. An einem Privatwegschild halten wir uns rechts. Hier fällt der Weg zum Waldrandeck ab. Die Route macht einen Rechtsknick und führt mit rot-weißer Markierung wieder in den Wald hinauf. Mittels eines Pfades kürzen wir über ein paar steilere Stufen ab, dann stoßen wir am Waldrand auf einen breiten Kiesweg links auf den Keilberg hinauf.

Wir gehen links über den Parkplatz und folgen einem asphaltierten Sträßchen leicht abwärts, passieren eine Sportanlage und erreichen so den Ort Keilberg. Unten an der Hauptstraße biegen wir rechts ab. Gleich nach dem letzten Haus schwenken wir jedoch schon wieder nach links, auf einen grasigen Pfad hinab. Über den Keilberger Schulweg nach links und den Lärchenweg nach rechts treffen wir auf die Wacholderstraße. Links über die Hutweide, dann wandern wir geradewegs an einer Schranke vorbei zur Infotafel „Regensburger Juraausläufer" und zu einem großen Metallkreuz.

Für den Rückweg biegen wir an der Schauergrube rechts ab. Wir gehen hinab, queren eine Straße und steigen auf der anderen Seite auf einem Pfad wieder bergan. Wir wandern an einem Drahtzaun entlang. Nach einem Waldabschnitt erreichen wir einen felsigen Aussichtspunkt. Dann geht's in sanftem Auf und Nieder am Waldhang entlang zum Aussichtspunkt des Keilsteins. Wir biegen scharf nach links ab und wandern an der Originalhülse einer amerikanischen Fliegerbombe vorüber. Nach einer Lichtung wandern wir am Waldrand entlang hinab. Wir treffen auf eine weitere Infotafel. Hier führt uns die Route scharf nach rechts in den Wald und hinab zur Marienkapelle. Der Waldweg führt uns schließlich bis an ein Sträßchen, dem wir nach rechts folgen. An der Kreuzung geht es dann nach rechts in wenigen Metern zurück zum Parkplatz.

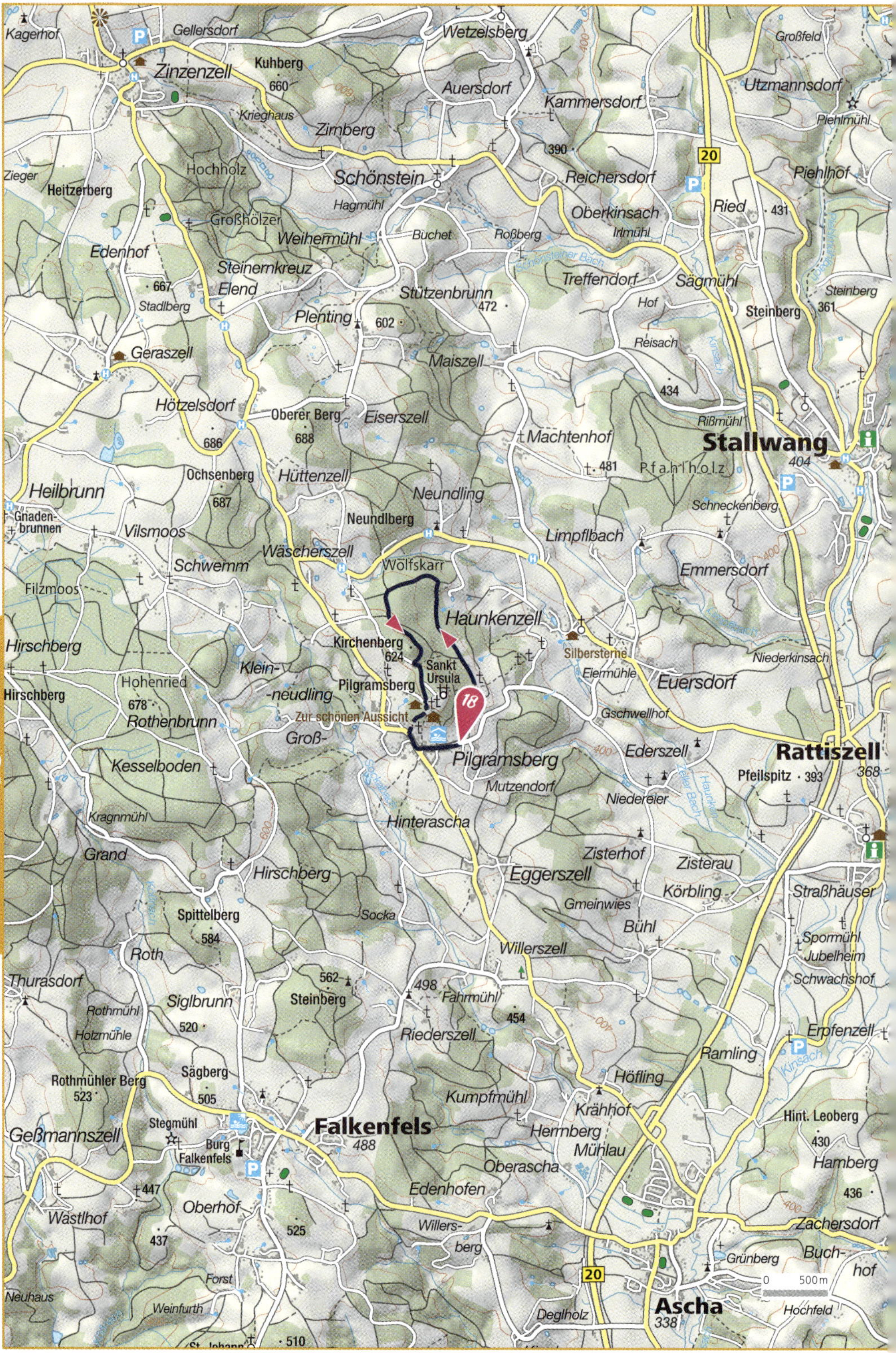

Kagerhof
Gellersdorf
Zinzenzell
Kuhberg
660
Krieghaus
Wetzelsberg
Auersdorf
Kammersdorf
Zimberg
Großfeld
Utzmannsdorf
Piehlmühl
20
Zieger
Heitzerberg
Hochholz
Schönstein
Hagmühl
390
Reichersdorf
Oberkinsach
Irlmühl
Piehlhof
Ried
431
Großholzer
Weihermühl
Edenhof
Buchet
Roßberg
Schönsteiner Bach
Steinernkreuz
Elend
667
Stadlberg
Stützenbrunn
472
Treffendorf
Sägmühl
Hof
Steinberg
361
Plenting
602
Geraszell
Maiszell
Reisach
Kinsach
434
Hötzelsdorf
Oberer Berg
688
Eiserszell
Rißmühl
686
Machtenhof
481
Stallwang
404
Pfahlholz
Ochsenberg
687
Hüttenzell
Heilbrunn
Neundling
Neundlberg
Schneckenberg
Gnaden-
brunnen
Vilsmoos
Limpflbach
Schwemm
Wäscherszell
Wolfskarr
Emmersdorf
Filzmoos
Haunkenzell
Hirschberg
Kirchenberg
624
Silbersterne
Niederkinsach
Klein-
-neudling
Sankt
Ursula
Eiermühle
Euersdorf
Hohenried
Pilgramsberg
18
678
Rothenbrunn
Zur schönen Aussicht
Gschwellhof
Groß-
Pilgramsberg
Ederszell
Rattiszell
368
Kesselboden
Pfeilspitz
393
Mutzendorf
Niedereier
Zeller Bach
Haunkenbach
Kragnmühl
Hinterascha
Zisterhof
Zisterau
Grand
Hirschberg
Eggerszell
Körbling
Straßhäuser
Gmeinwies
Spittelberg
584
Socka
Bühl
Spornmühl
Jubelheim
Roth
Willerszell
Schwachshof
Thurasdorf
562
Steinberg
498
Fahrmühl
Rothmühl
Siglbrunn
454
Holzmühle
520
Riederszell
Ramling
Erpfenzell
Sägberg
Höfling
Rothmühler Berg
523
505
Kumpfmühl
Krähhof
Hint. Leoberg
Stegmühl
Falkenfels
488
Hermberg
430
Geßmannszell
Burg
Falkenfels
Mühlau
Hamberg
Oberascha
Edenhofen
447
436
Oberhof
Wastlhof
525
Willers-
berg
Zachersdorf
437
Grünberg
Buch-
hof
Forst
20
Neuhaus
0
500 m
Weinfurth
Deglholz
Ascha
338
Hochfeld
St. Johann
510

Pilgramsberg

Pilgerberg mit Panoramablick

Aussichtstour 18

DAUER	1 h
LÄNGE	4 km
HÖHENMETER	70 hm
SCHWIERIGKEIT	LEICHT
MIT ÖPNV ERREICHBAR	ja

Das erwartet euch ...

Die kurze Runde führt uns auf einfachen und bequemen Waldwegen des Vorderen Bayerischen Waldes zu ein paar tollen Aussichtspunkten. Dabei wandern wir überwiegend auf Wegen mit festem Belag. So ist die Tour auch hervorragend für Kinderwägen geeignet. Ein besonderes Erlebnis sind der Pilgramsberg und die Wallfahrtskirche St. Ursula.

Aussichtstour 18

Start & Ziel & Anreise

Unser Ausgangspunkt ist die Florianshöhe in Pilgramsberg. Mit dem Auto fahren wir von Regensburg über die A3 Richtung Deggendorf. Bei Steinach wechseln wir auf die B 20. An der Ausfahrt Ascha / Mitterels fahren wir die letzten Kilometer über die St 2147 nach Pilgramsberg. Parkplätze gibt es an der Florianshöhe. Nach Pilgramsberg fährt die Rufbuslinie Nr. 917.

Tourenbeschreibung

Eine Aussicht par excellence verspricht der Pilgramsberg. Von seinen stattlichen 620 Metern hat man einen herrlichen Blick ins Land, der nicht nur Pilger, sondern auch Wanderer in seinen Bann zieht. Weite Rundblicke auf die Bergkette des Bayerischen Waldes und des Donautals sind der Lohn dieser schönen Pilgerwanderung. Schon die Kelten sollen auf dem Pilgramsberg eine Kultstätte unterhalten haben, die christliche Wallfahrt ist für das Jahr 1405 erstmals belegt. Auch der Jakobsweg führt über den Pilgramsberg. Gekrönt wird der Berg von der Wallfahrtskirche Sankt Ursula. Sie ist ein kleiner Bau des späten 17. Jahrhunderts in exponierter Lage. Das Patrozinium der Hl. Ursula wird alljährlich im Oktober gefeiert. Und noch immer pilgern jedes Jahr hunderte von Wallfahrern auf den Pilgramsberg und zur Wallfahrtskirche. Über die Haukenzeller Straße gelangen wir zum Land- und Sporthotel Hubertushof, bei dem sich auch der Parkplatz befindet. Zunächst folgen wir Am Kirchbergholz ein paar Meter Richtung Osten, dann zweigt links die Florianhöhe ab und mündet bei den letzten Häusern in den Neundlinger Weg. Wir richten unseren Blick auf die Markierung Nr. 2 des Rundwanderweges. Sie führt uns am Ostrand des Fichtenwaldes über einen Hang auf den Wallfahrtsberg. An der ersten Kreuzung treffen wir auf den Jakobsweg und die Südvariante des Goldsteiges. Sie verlaufen nach rechts am Kruzifix vorbei in die Felder. Wir bleiben auf dem Wanderweg mit der Nr. 2 und tauchen geradeaus in den kühlen Wald des Kirchberges ein. Bei Wolfskarr stoßen wir auf eine Verzweigung.

Unsere Route schickt uns nach Westen Richtung Wäscherszell; immer mehr Laubbäume mischen sich unter die Fichten, dann drehen wir nach Süden und erreichen die Zufahrt zum Pilgramsberg. Ab hier übernehmen die Jakobsmuschel des Jakobswegs und das Gold-Logo des Goldsteigs die Wegführung. Wir verlassen die Zufahrt nach links. Zwischen den Wanderweg und die Zufahrt drängelt sich die Waldkuppe des Kirchenberges. Zum Schluss münden Jakobsweg und Goldsteig wieder auf die Zufahrt. Auf ihr geht's die letzten Meter zur Wallfahrtskirche auf dem Pilgramsberg hinauf. Der schlichte Barockbau der Kirche stammt aus dem Jahre 1680. Während der Säkularisation zur Zeit der napoleonischen Kriege verbot die bayerische Regierung die Wallfahrt, enteignete die Kirche und ließ sie verfallen. 1839 stellten die Pilgrambsberger eine Figur der Mutter Gottes in der verfallenen Kirche auf. Als Ergebnis strömten die Pilger zu Tausenden zu „unserer Lieben Frau vom Pilgramsberg". Leider wurde die ursprüngliche Figur aus dem 17. Jahrhundert gestohlen. Josef Stöckl aus Eggerszell schnitzte daraufhin eine Kopie des Originals und schenkte sie den Pilgramsbergern, die sie in der Osternacht 1982 aufstellten. Von der Kirche wandern wir auf dem Kreuzweg über den Südhang an einem Gasthof vorbei nach Pilgramsberg.

Autoren Tipp

Vier Tage im Jahr herrscht Festbetrieb in Pilgramsberg. Das Bergmarktfest vereint Exaudimarkt und Bergfest. Es gibt Festbier und Bergschmankerl sowie ein spannendes Unterhaltungsprogramm inklusive Vergnügungspark. Das Fest beginnt jedes Jahr an Christi Himmelfahrt (Donnerstag) und endet am Exaudisonntag (6. Sonntag nach Ostern). Der Exaudimarkt hat eine lange Tradition: 1370 wurde er das erste Mal schriftlich erwähnt.

19

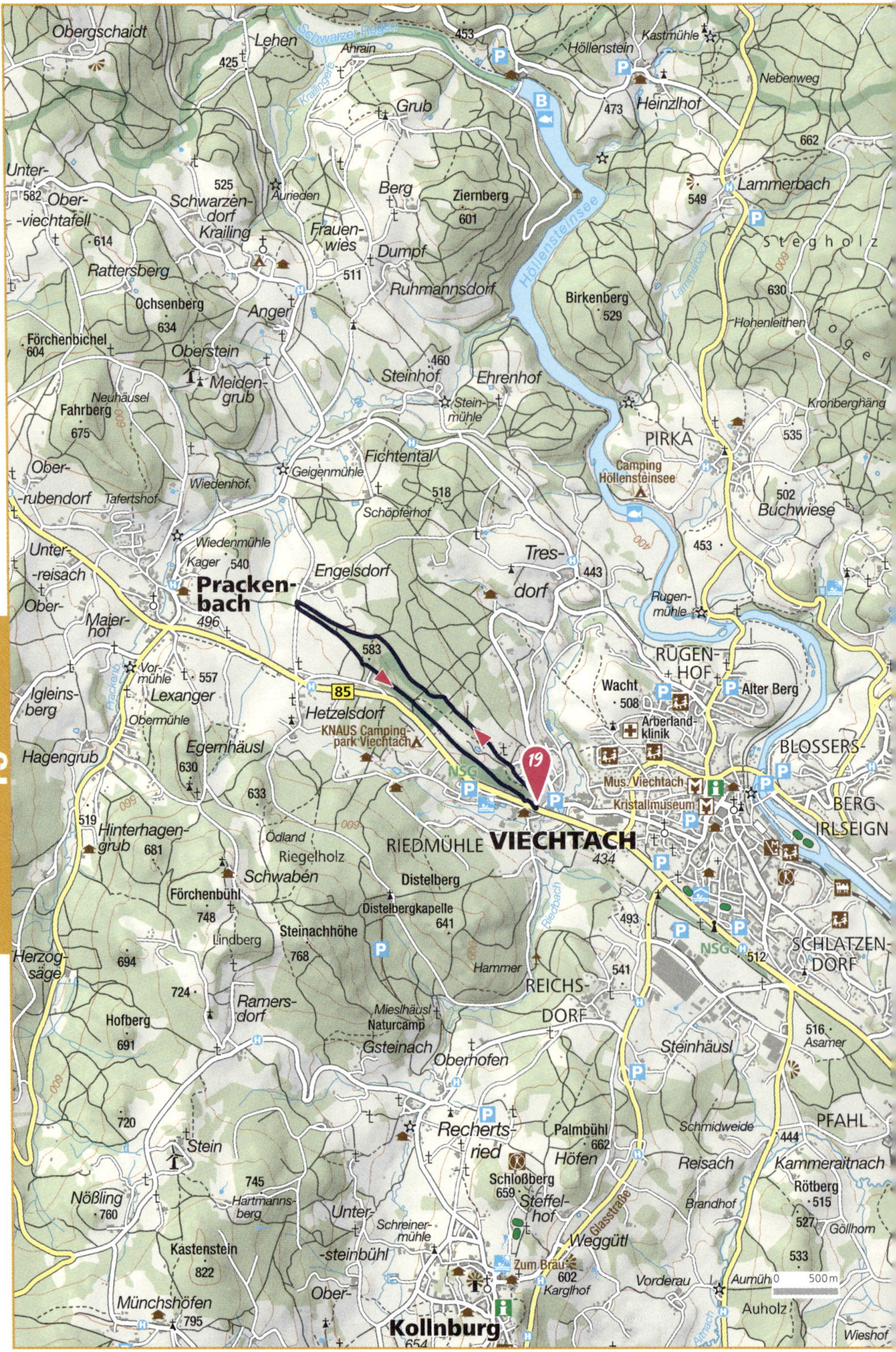
Obergschaidt
Lehen
425
Schwarzer Regen
Ahrain
453
Höllenstein
Kastmühle
Nebenweg
Heinzlhof
473
Krailingerb.
Grub
662
Unter-
582
Ober-
-viechtafell
614
525
Schwarzen-
dorf
Krailing
Aurieden
Berg
Ziernberg
601
Lammerbach
549
Höllensteinsee
Stegholz
Frauen-
wies
Dumpf
Rattersberg
511
Ruhmannsdorf
Birkenberg
529
630
Lammerbach
Hohenleithen
Ochsenberg
634
Anger
Förchenbichel
604
Oberstein
Meiden-
grub
460
Steinhof
Ehrenhof
Vogel
Kronberghäng
Neuhäusel
Fahrberg
675
Stein-
mühle
535
PIRKA
Fichtental
Ober-
-rubendorf
Tafertshof
Wiedenhof
Geigenmühle
518
Schöpferhof
Camping
Höllensteinsee
502
Buchwiese
Unter-
-reisach
Ober-
Wiedenmühle
Kager
540
Tres-
dorf
443
453
Engelsdorf
Pracken-
bach
496
Rugen-
mühle
Maier-
hof
583
RÜGEN-
HOF
Vor-
mühle
557
Wacht
508
Alter Berg
Igleins-
berg
Lexanger
85
Hetzelsdorf
Arberland-
klinik
Obermühle
KNAUS Camping-
park Viechtach
BLOSSERS-
BERG
Hagengrub
Egernhäusl
630
19
NSG
Mus. Viechtach
Kristallmuseum
633
IRLSEIGN
519
Hinterhagen-
grub
681
Ödland
Riegelholz
RIEDMÜHLE
VIECHTACH
434
Schwaben
Distelberg
Förchenbühl
748
Distelbergkapelle
641
493
Lindberg
Steinachhöhe
768
SCHLATZEN-
DORF
NSG
512
Herzog-
säge
694
Hammer
541
REICHS-
DORF
724
Ramers-
dorf
Mieslhäusl
Naturcamp
516
Asamer
Hofberg
691
Gsteinach
Steinhäusl
Oberhofen
Recherts-
ried
Palmbühl
662
PFAHL
720
Schmidweide
444
Stein
Höfen
Reisach
Kammeraitnach
Schloßberg
659
Steffel-
hof
Rötberg
515
Nößling
760
745
Hartmanns-
berg
Brandhof
527
Göllhom
Unter-
Schreiner-
mühle
Glasstraße
Weggütl
533
-steinbühl
Zum Bräu
Kastenstein
822
602
Karglhof
Vorderau
Aumühl
0
500 m
Ober-
Münchshöfen
795
Auholz
Kollnburg
654
Wieshof

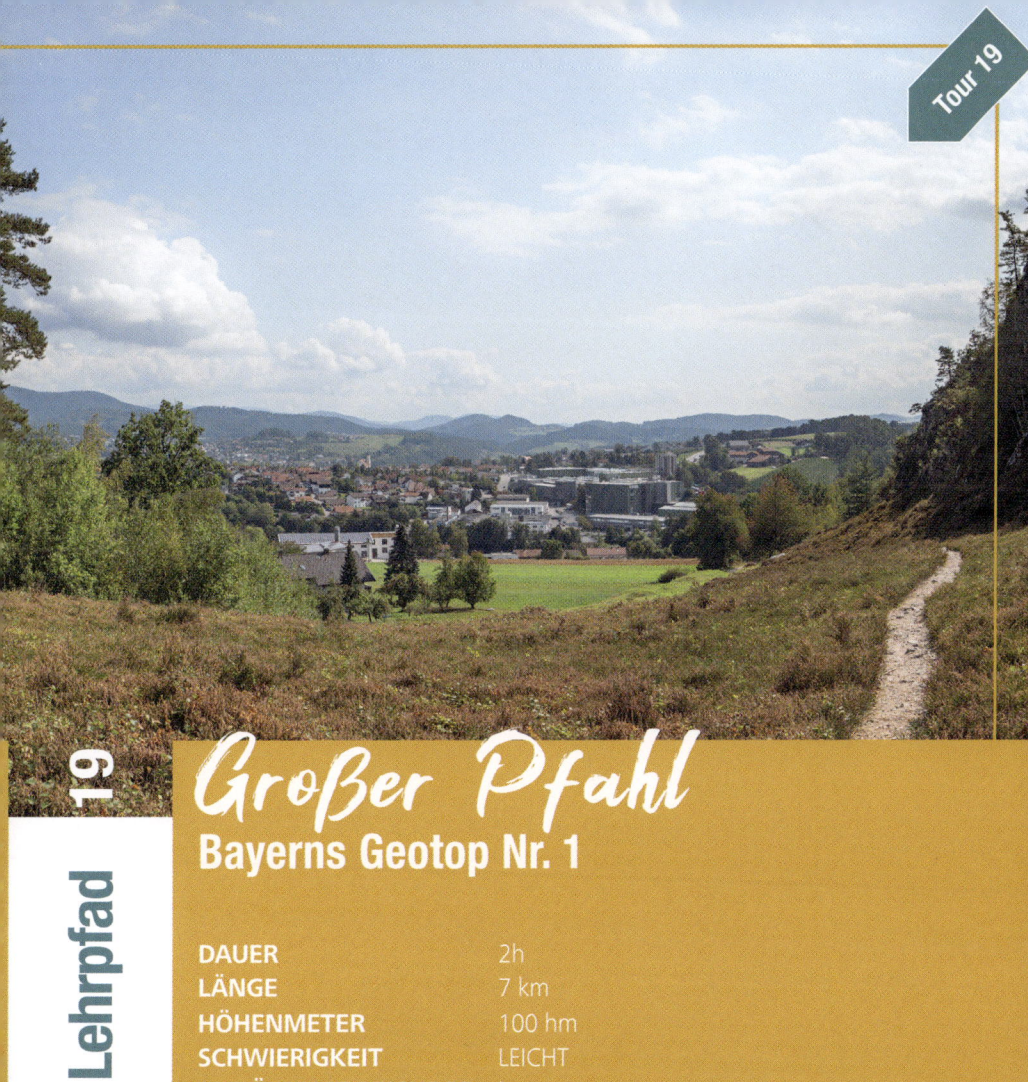

Großer Pfahl
Bayerns Geotop Nr. 1

Tour 19 — Lehrpfad

DAUER	2h
LÄNGE	7 km
HÖHENMETER	100 hm
SCHWIERIGKEIT	LEICHT
MIT ÖPNV ERREICHBAR	ja

Das erwartet euch ...
Die bequeme Waldwanderung verläuft überwiegend auf festen Wegen mit Belag und führt uns teils recht aussichtsreich nach Engelsdorf. Für Kinder ganz besonders spannend ist der Naturlehrpfad: Der Lehrpfad mit zwei Rundwegen und zwölf Infotafeln führt durch dieses Naturschauspiel von hoch aufragenden Felsenriffen, tiefen Quarzbrüchen und lichtdurchfluteten Wäldern.

Lehrpfad 19

Start & Ziel & Anreise

Startpunkt ist der Parkplatz Großer Pfahl. Er liegt oberhalb von Viechtach an der B 85. Mit dem Auto reisen wir über die A 3 Richtung Deggendorf an. Über die B 11 bzw. B 20 bei Steinach erreichen wir die B 85. Der Parkplatz liegt an der Prackenbacher, schräg gegenüber des Freibades Viechtach. Viechtach erreichen wir bequem mit dem Zug. Von hier aus sind es ca. 2 km zu Fuß. Direkt zum Ausgangspunkt fahren keine öffentlichen Verkehrsmittel.

Tourenbeschreibung

Bizarr leuchtet der helle Gesteinsfelsen oberhalb des Luftkurortes Viechtach zwischen den Wipfeln hervor. Der Große Pfahl gilt als schönste erhaltene Partie des Pfahls. An manchen Felswänden des ursprünglich weißen Quarzriffs finden sich neben grünlich leuchtenden Schwefelflechten auch rostrot schimmernde Eiseneinlagerungen und kleine, glitzernde Bergkristallrasen. Mit dem Wanderweg Nr. 9 erkunden wir dieses Naturhighlight. Er lässt sich durch zwei allerdings sehr kurze Naturlehrpfade zu Quarzfelsriffen und Pfahlheiden im Naturschutzgebiet Großer Pfahl variieren. Auch ein ehemaliger Steinbruch wird auf der Runde besucht. Auf dem Rundwanderweg Nr. 9 finden sich ebenfalls viele Infotafeln der Naturlehrpfade zur Erdgeschichte und Tier- und Pflanzenwelt sowie zur Kulturgeschichte des Steinbruchbetriebs.

Vom Parkplatz Großer Pfahl folgen wir der Nr. 9 nach rechts, also gegen den Uhrzeigersinn. Hell leuchten die Felsen aus dem Grün des Waldes hervor. An manchen Stellen stehen sie frei vor den Pfahlheiden. Die Eichen-, Birken- und Kiefernwälder am steinreichen Pfahl wurden Jahrhunderte lang als Weideflächen genutzt. So entstanden die Pfahlheiden, die heute unter Naturschutz stehen. Neben Heidekraut und Pechnelke wachsen auf den Offenflächen auch Borstgrasrasen. Auch Tiere wie Schlingnatter und Zauneidechse fühlen sich neben sagenhaften 18 verschiedenen Ameisenarten extrem wohl. Das Gelände des aufgelassenen Steinbruchs erinnert von der Verzweigung Richtung Tresdorf am Pfahl Nord daran, dass schon seit der industriellen Revolution im 19. Jh. hier Straßenschotter und Auskleidungen von Elektroschmelzöfen gewonnen wurde. Heute ist Pfahlquarz ein Rohstoff für die Ferrosilicium- und Silikonproduktion. Im Naturschutzgebiet wird das Gestein jedoch verschont.

Wir wandern eine Weile gemütlich im Wald dahin, dann erreichen wir die aussichtsreichen Wiesen vor dem Kirchdorf Prackenbach. Oberhalb des Weilers Engelsdorf finden wir unseren Rückweg. Er leitet uns auf der lichtdurchfluteten Südseite des Pfahls entlang. So folgen wir sonnenverwöhnt der Markierung Nr. 9 zurück zum Ausgangspunkt.

I. zóna NP
Reindlův dvůr
(Reindlhof)
Staré Hutě
(Althütte)
923
733
801
924
Dilo
844
Pamferova Huť
(Pamferhütte)
zastávka
Železná Ruda město
Lanové centrum
Autocamp
945
901
Muzeum Šumavy
zast. Železná Ruda, centrum
Regenbach
790
ŽELEZNÁ RUDA
(Markt Eisenstein)
774
Zámecký les
(Schlosswald)
962
Alžbětin
(Elisenthal)
27
E53
Glasstraße
Neuhütte
20
Wanderpark
Debrník
(Deffernik)
832
Bayerisch Häusl
Stierberg
884
Bayerisch Eisenstein
724 Neuwaldhaus
Steinhütte
NaturparkWelten
Localbahnmuseum
Bayerisch-Böhmisches Informationszentrum
Zámecký les
Klidové území
Eisensteinermühle
Café Arberhütte
Tube-Rafting
Ferdinandovo údolí
(Ferdinandsthal)
714
Lieselschlag
Lackenbergsteig
1058
Hochfels
855
Hochbergstr.
Dränberg
922
Arberhütte
Hochbergweg
Hochberg
943
Bahnhofsteig
Zwieseler Waldhausstr.
Langhüttenriegel
892
937
Hochbergweg
Künsteigweg
Urwald-Mittelsteighütte
11
E53
Watzlik-Hain
Schwellhäusl
Hotel Naturpark
Urwaldgebiet
Hotel Schachten
Aparthotel
Seesteig
Seebachhütte
Saurück
784
Feuergrubenweg
Schwellsteig
Langlaufzentrum
Zwiesler-waldhaus
Seebachschleife
Hütte
Schmalzbachstraße
Luitpoldtanne
702
Hotel-Falkenstein
Filzriegel
926
Kaisersteig
Diensthütte
Bruckauhänge
E53
752
Wildniscamp
11
670
921
Spitzberg
Regenhütte
Glasstraße
Schleicherschwelle
907
Sulzriegel
762
Schachtenbach
683
Prinzensteig
Bärnbachstraße
Regenhüttenweg
Emairiegel
993
0
500 m
Gespetweg
Bogenweg

Tour 20

Waldtour 20

Bayerisch Eisenstein
Auf historischen Pfaden und Urwald-Erlebniswegen

DAUER	2h 30min
LÄNGE	10 km
HÖHENMETER	350 hm
SCHWIERIGKEIT	LEICHT
MIT ÖPNV ERREICHBAR	ja

Das erwartet euch ...

Die Runde führt uns über Forstwege und teils auch sehr wurzelige Waldpfade. Sie ist zwar nicht besonders lang, hat aber doch einiges an Höhenmetern zu bieten. Der Schwellsteig ist kinderwagentauglich. Am spannendsten für Kinder ist sicherlich der Abschnitt entlang des Schwellkanals. Danach folgt ein nicht minder spannender Exkursionspfad durch Urwaldreste des Bayerischen Waldes.

Waldtour 20

Start & Ziel & Anreise

Ausgangspunkt ist Bayerisch Eisenstein. Mit dem Auto geht's von München aus über die A 9, ab dem Autobahnkreuz Neufahrn über die A 92 Richtung Landshut. In Deggendorf wechseln wir auf die B 11 nach Bayerisch Eisenstein. Parkplätze gibt es an der Hauptstraße (B 11) gegenüber der Pöschl-Stuben. Von München fahren Züge in regelmäßigen Abständen nach Plattling. Hier Umstieg in die Regiobahn nach Bayerisch Eisenstein.

Tourenbeschreibung

Vom Parkplatz aus nehmen wir den Weg links über die Brücke. Die Hohenzollernstraße führt uns in leichtem Anstieg hinauf zum Bahnhof. Nach Querung der Gleise halten wir uns links, dann schwenken wir nach rechts in den Wald hinauf. An einer Verzweigung treffen wir auf ein Nationalparkschild. Hier verlassen wir den breiten Weg nach rechts und steigen den wurzeligen Waldpfad hinauf. Wir treffen auf eine Kiesstraße, der wir nach links folgen. Wenig später geht's wieder auf den breiten Wanderweg, der auch als Radweg markiert ist. Nur wenige Meter später biegen wir links auf einen wurzeligen Waldpfad ein. Das Goldsteigzeichen führt uns sanft hinauf und nach einer scharfen Rechtskehre wieder zurück zum Kiesweg am Hochbergsattel samt kleiner Schutzhütte.

Ab hier richten wir uns nach der Markierung Schwellhäusl. Sie leitet uns auf einem schönen Waldweg leicht hinab. An einer Verzweigung halten wir uns rechts, wieder mit dem Goldsteigzeichen. Wir queren zwei kreuzende Forststraßen und treffen in einer Senke auf eine Kiesstraße. Rechts davon erblicken wir sogleich das Schwellhäusl. Links neben dem beliebten Gasthaus liegt ein kleiner See, der den Ort noch beschaulicher und romantischer erscheinen lässt. Wir wandern an den Gebäuden vorbei und folgen dem Ufer des Sees in Richtung Wald. Dann schlendern wir am Bachlauf entlang, teils zwischen herrlichen Bäumen hindurch. Bei einer Wegteilung verlassen wir den Schwellsteig. An der Infotafel über den Schwellgraben schicken uns die Markierungen nach rechts, sanft abwärts zu einer größeren Lichtung. Hier erwartet uns an der Wegkreuzung Brunnen eine Sitzgarnitur.

Wir halten uns links und steigen wieder über einen breiten Kiesweg in den Wald hinauf. Dann passieren wir den Schwellsteig und erreichen das Kühberger Platzl, das uns mit einer Holzplattform und Sitzbänken erwartet. Links ist eine große Infotafel zum Urwald-Watzlawik-Hain angebracht. Hier beginnt ein gut 500 Meter langer Exkursionspfad. Teils über Holzbohlen führt er uns durch den Urwaldrest. Bei der nächsten Kreuzung biegen wir rechts ab Richtung Hochbergsattel. Wir verlassen den breiten Kiesweg und wandern auf einem schmalen Pfad durch den Wald. Der „Bahnhofssteig" steigt anfangs gemächlich an, und nach einer feuchteren Passage schwenken wir links herum. Die letzten Meter geht es steil hinauf zur der Kreuzung, die wir bereits vom Herweg kennen.

Mit einem Rechtsschwenk gelangen wir zum Hochbergsattel. Bei der Schutzhütte bleiben wir geradeaus auf dem als Radweg markierten Forstweg. Alle Abzweigungen ignorierend wandern wir wieder hinab zum Waldrand und zum Bahnhof. Hier machen wir noch einen kleinen Abstecher zum Lokalbahnmuseum, bevor wir auf bekanntem Weg zurück zum Parkplatz schlendern.

Autoren Tipp

Das Lokalbahnmuseum ist ein historischer Lokschuppen, in dem uns ein spannender Rundgang durch die Geschichte der Bayerischen Lokalbahnen von 1876 bis zur Gegenwart erwartet. Zu sehen gibt es Dampf- und Diesellokomotiven, historische Wagen, Draisinen, Drehscheiben, Eisenbahnzubehör. Erstaunliche Informationen zur bayerischen Eisenbahngeschichte runden den spannenden Besuch ab.

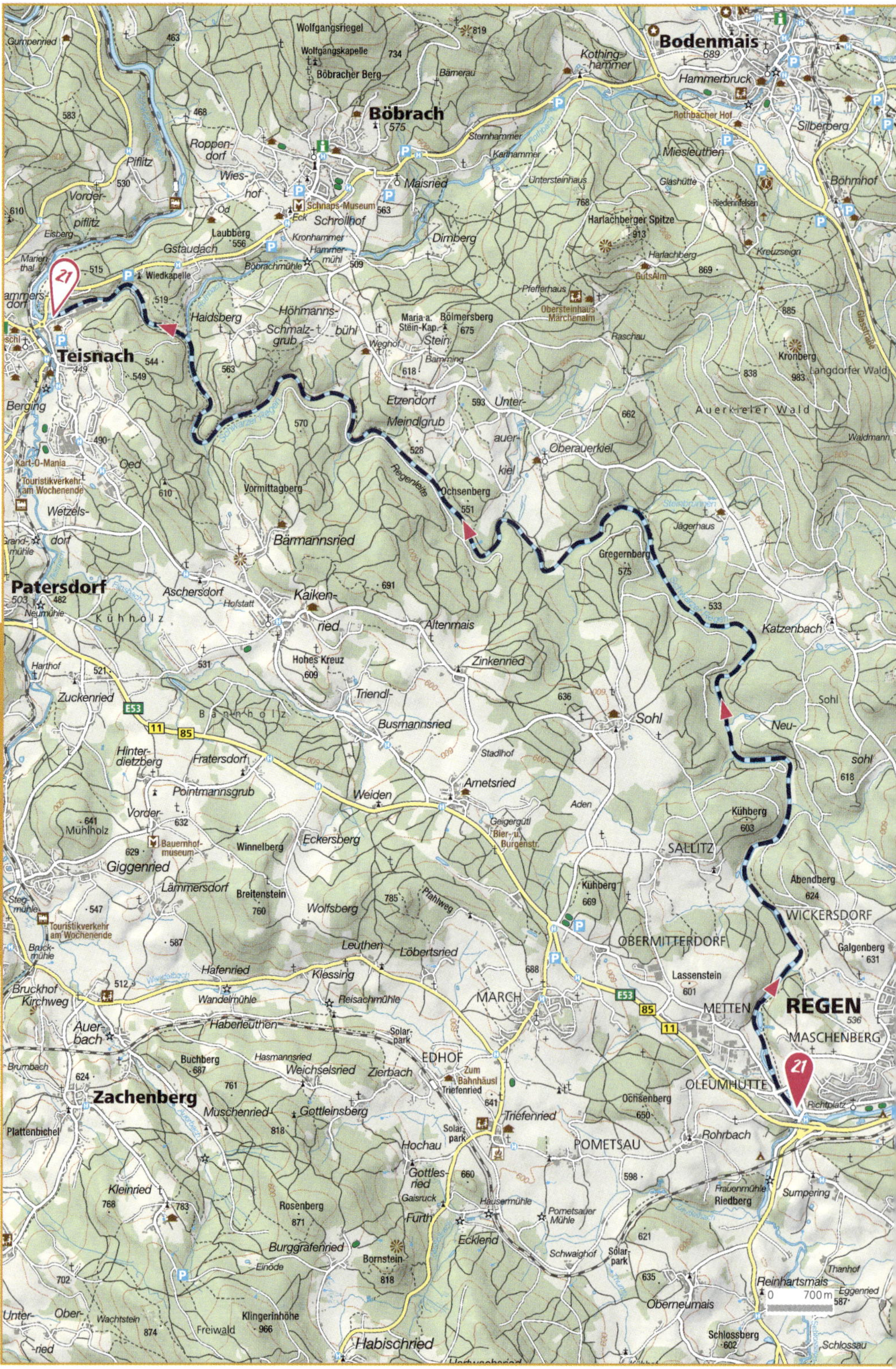

Bodenmais
689
Böbrach
575
Teisnach
Patersdorf
Zachenberg
REGEN
536
Wolfgangsriegel
Wolfgangskapelle
Böbracher Berg
Bärnerau
Kothinghammer
Hammerbruck
Rothbacher Hof
Silberberg
Böhmhof
Mieslèuthen
Glashütte
Riedenfelsen
Untersteinhaus
Harlachberger Spitze
913
Harlachberg
GutsAlm
Kreuzseign
Kronberg
983
Langdorfer Wald
Auerkieler Wald
Waldmann
Sternhammer
Karlhammer
Maisried
Dimberg
Schnaps-Museum
Schrollhof
Roppendorf
Wieshof
Laubberg
556
Gstaudach
Kronhammer
Hammermühl
Böbrachmühle
Gumpenried
Pifflitz
Vorderpifflitz
Eisberg
Marienthal
Wiedkapelle
Haidsberg
Höhmannsbühl
Schmalzgrub
Maria-a.-Stein-Kap.
Bölmersberg
Stein
Bamming
Etzendorf
Unterauerkiel
Oberauerkiel
Meindlgrub
Regenleite
Ochsenberg
551
Pfefferhaus
Obersteinhaus
Märchenalm
Raschau
Jägerhaus
Gregernberg
575
Katzenbach
Berging
Kart-O-Mania
Touristikverkehr am Wochenende
Oed
Wetzelsdorf
Vormittagberg
Bärmannsried
Aschersdorf
Hofstatt
Kaikenried
Altenmais
Zinkenried
Neumühle
Kühholz
Harthof
Zuckenried
Hohes Kreuz
609
Triendl-
Busmannsried
Sohl
Neusohl
Bannholz
E53
11
85
Hinterdietzberg
Fratersdorf
Pointmannsgrub
Weiden
Stadlhof
Arnetsried
Aden
Vorder-
Mühlholz
Bauernhof-museum
Winnelberg
Eckersberg
Geigergütl
Bier- u. Burgenstr.
SALLITZ
Kühberg
603
Giggenried
Lämmersdorf
Breitenstein
760
Wolfsberg
Pfahlweg
Kühberg
669
Abendberg
624
WICKERSDORF
Stegmühle
Touristikverkehr am Wochenende
Bruckmühle
Leuthen
Löbertsried
OBERMITTERDORF
Galgenberg
631
Hafenried
Klessing
Lassenstein
601
Bruckhof
Kirchweg
Wandelmühle
Reisachmühle
MARCH
METTEN
MASCHENBERG
Auerbach
Haberleuthen
Solarpark
EDHOF
Brumbach
Buchberg
687
Hasmannsried
Weichselsried
Zierbach
Zum Bahnhäusl
Triefenried
OLEUMHÜTTE
Ochsenberg
650
Richtplatz
Muschenried
Gottleinsberg
Triefenried
Plattenbichel
Solarpark
Hochau
POMETSAU
Rohrbach
Gottesried
Gaisruck
Hausermühle
Pometsauer Mühle
Frauenmühle
Riedberg
Sumpering
Kleinried
Rosenberg
871
Furth
Ecklend
Burggrafenried
Bornstein
Schwaighof
Solarpark
Einöde
Thanhof
Reinhartsmais
Eggenried
Unterried
Oberried
Wachtstein
Freiwald
Klingerinhöhe
966
Oberneumais
Schlossberg
602
Schlossau
Habischried
0
700 m
21

Kajakvergnügen
Durch's Bärenloch von Regen nach Teisnach

Kajaktour 21

Tour 21

DAUER	5h
LÄNGE	19 km
STROMSCHNELLEN	ja
SCHWIERIGKEIT	MITTEL
MIT ÖPNV ERREICHBAR	nein

Das erwartet euch ...

Die Fahrt führt durchs Wildwasser des Schwarzen Regen, eine gewisse Erfahrung sollte man also schon mitbringen. Bei guten Wasserständen im Frühjahr und nach starkem Regen stellt die Strecke eine beachtliche Herausforderung dar. Die Strömung ist flott und es gibt einige Schwellen. Vor dem Wehr der Papierfabrik Teisnach aussteigen! Unter keinen Umständen den Fabrikkanal befahren. Es besteht Lebensgefahr. Die Tour ist nicht für Kleinkinder geeignet.

Kajaktour 21

Start & Ziel & Anreise

Startpunkt ist Oleumhütte. Die Einstiegsstelle befindet sich im Gewerbegebiet, am westlichen Ortsrand von Regen. Mit dem PKW geht's westlich von Regen über die B 85. An der Abfahrt „Gewerbegebiet Metten" biegen wir zum Fluss hinab ab. Vor der Brücke links ins Gewerbegebiet und der Straße 500 Meter bis zu den letzten Häusern folgen. Kurz vor einem Feld geht's rechts zum Fluss samt Parkplatz. Für den Rückweg empfiehlt es sich ein zweites Auto am Zielort abzustellen.

Tourenbeschreibung

Die Strecke über das Bärenloch ist die wohl schönste Kanutour auf dem Schwarzen Regen. Von der Kreisstadt Regen führt sie uns bis nach Teisnach. Einsam schlängelt sich unsere Route durch das herrlich tief eingeschnittene Waldtal des Schwarzen Regen. Auf 19 km befinden wir uns vollkommen abseits der Zivilisation. Dafür begleiten uns urige Fichtenwälder, die bis ans Ufer heranreichen, riesige Granitblöcke und die für diesen Abschnitt typischen grünen Algenteppiche. Sie leuchten knapp unter der Wasseroberfläche hervor und geben dem Regen hier sein märchenhaftes Aussehen. Das Bärenloch ist der Abschnitt vor Teisnach. Hier fahren wir auf leichtem Wildwasser. Nicht umsonst das wildeste und schönste Stück des Schwarzen Regen.

Von der Oelmühle fahren wir gemütlich bei guter Strömung durch unberührte Natur. Das einsame Waldtal ist mal breiter, mal schmäler. Je nach Breite des Flusses variiert hier auch die Strömung. Die Anzahl der Schwelle ist hier auf diesem Teil eher gering, die Schwierigkeiten ebenfalls. Zwei, vielleicht drei Schwelle können in dem ruhigen Tal bei mittleren Wasserständen WW II erreicht werden. Aufgrund seiner ursprünglichen, wilden Landschaft wird dieser Abschnitt auch gern als „Bayerisch Kanada" bezeichnet. Nach einer Strecke von ca. 10 km erkennen wir allmählich rechts oberhalb eines Hügels den dicken Zwiebelturm von Oberauerkiel. Auf der Wiese am Fluss erblicken wir eine Tafel, der wir immer wieder begegnen werden. Sie hält Hinweise und Verhaltensregeln für die Paddler bereit. Hier beginnt die eigentliche Wildwasserstrecke. Weniger erfahrene Paddler sollten sich also nochmal überlegen, ob sie weiterfahren möchten. Andernfalls können sie hier ihre Paddeltour beenden.

Ab hier gilt bis zum Ende der Strecke in Teisnach Helm- und Schwimmwestenpflicht. Nach einer Stärkung in Oberauerkiel geht's zunächst wie bisher weiter. Gut drei Kilometer später beginnt das Bärenloch. Das Waldtal hat sich hier bereits verengt, die Strömung wird stärker. Zahlreiche Felsen säumen das Flussbett. Viele schöne Schwelle mit wildwassertechnischen Schwierigkeiten von bis zu WW II bieten immer wieder Spannung und Abwechslung. Gut viereinhalb Kilometer dauert der schon recht fordernde Spaß. Am darauf folgenden Wehr legen wir links am Ufer an. Achtung, auf keinen Fall in den Werkskanal hineinfahren! Wir tragen die Kajaks von hier bis zu einer Holzbrücke und gehen auf der anderen Seite noch bis kurz vor der Wiedereinleitung des abgeleiteten Wassers. Vor dem Fabrikgelände setzen wir wieder steil ein. Wir paddeln noch an der Papierfabrik von Teisnach vorbei. Nur ein paar hundert Meter danach, direkt unter der Straßenbrücke, beenden wir unsere Paddeltour.

Autoren Tipp

Es ist sicherlich nicht verkehrt, sich vor Antritt der Paddeltour auf die Befahrbarkeit des Schwarzen Regen zu erkundigen. Eine Befahrung ist generell nur von 10-18 Uhr genehmigt. Ab einem Pegelstand von 70 cm ist das Befahren nicht mehr erlaubt. Das Landratsamt Regen hat eine Ampel zur Befahrung und Befahrungsregeln auf seiner Homepage erstellt: www.landkreis-regen.de/befahren-des-schwarzen-regens-2

22

Nationalparkzentrum
Auge in Auge mit Wolf und Braunbär in Lusen

Rundweg 22 · **Tour 22**

DAUER	2h
LÄNGE	7 km
HÖHENMETER	120 hm
SCHWIERIGKEIT	LEICHT
MIT ÖPNV ERREICHBAR	ja

Das erwartet euch ...

Unvergessliche Einblicke erwarten uns heute im Tierfreigelände des Nationalparkzentrums Lusen. Wölfe, Wildschweine und Wildkatzen durchstreifen das Landschaftsgehege. Greif- und Stelzvögel sowie Käuze tummeln sich in der Vogelvoliere. Auf 7 km entdecken große und kleine Besucher 45 Tierarten. Der Rundweg ist gut ausgeschildert und die Waldwege sind hervorragend gepflegt.

Rundweg 22

Start & Ziel & Anreise

Ausgangspunkt ist der Großparkplatz am Nationalparkzentrum Lusen. Von der A3 erreichen wir den Nationalpark über Deggendorf in Richtung Regen, über Hengersberg in Richtung Grafenau und Freyung sowie über Aicha vorm Wald in Richtung Tittling und Grafenau. Mit dem Zug geht's von Plattling mit der Waldbahn Richtung Zwiesel, Bodenmais und Bayerisch Eisenstein und Grafenau. Rund um Lusen und Rachel fahren die Igelbusse.

Tourenbeschreibung

Eine Rundwanderung durch das Tierfreigehege des Nationalparkzentrums Lusen ist immer ein großes Vergnügen – besonders für die ganz kleinen Besucher. Mal schreit hier ein Käuzchen, dann grunzt dort ein Wildschwein. Für das gesamte Areal sollte man sich schon ein paar Stunden Zeit nehmen, denn manchmal lassen sich auch seine Bewohner Zeit, sich mal zu zeigen. Der Rundweg ist hervorragend ausgeschildert, kann aber auch durch ein paar Schleichwege und Pfade abgekürzt werden.

Wir starten am Nationalparkzentrum und gehen zunächst gegen den Uhrzeigersinn nach rechts. Im Eingangsbereich des Freigeländes erhalten wir erste Einblicke in die ökologische Situation des Waldrandes, an dem sich besonders wärmeliebende Vogelarten aufhalten. Am Beispiel der Wisente wird die Bedeutung großer Pflanzenfresser für die Entwicklung der Wälder erklärt. Vor etwa 150 Jahren wurde der Luchs im bayerisch-böhmischen Grenzgebirge ausgerottet. Heute ist die größte europäische Wildkatze wieder in das Gebiet zurückgekehrt. Der Uhu gehört zu den „Kulturfolgern". Wildschweine durchpflügen mit ihren feinen Nasen und kräftigen Hauern den Waldboden und leisten damit wichtige Vorarbeit für die Waldverjüngung. Der Wolf als eines unserer größten Raubtiere im Wald bestimmt Vielfalt und Wachstum.

An der nächsten Station erfahren wir viel Wissenswertes über das Otter-Vorkommen im Bayerischen Wald. Um ihr Überleben zu sichern, werden Maßnahmen zum Artenschutz vorgestellt. Im Nationalpark gibt es vier waldbewohnende Kauzarten. Sie weisen als „Höhlenbrüter" auf die hohe Bedeutung von Höhlen in faulen, dürren oder überalterten Bäumen hin. Der Braunbär ist vor 140 Jahren im Nationalparkgebiet ausgerottet worden. Als Allesfresser ist er ein genügsamer Waldbewohner. Wenn Naturkatastrophen Waldlichtungen aufreißen, wandern dort Mäuse, Insekten und Singvögel ein. Ein gefundenes Fressen und leicht erlegbare Beute für Mäuse- und Wespenbussard.

In den Baumkronen schließlich tummeln sich Kletterkünstler wie Eichhörnchen und Baummarder. Die Auerhühner gehören zu den stark bedrohten Tierarten. Sie lieben die Ruhe. Das sollte auch jeder Nationalparkbesucher beachten und den Wegegeboten Folge leisten. Mit den Auerhühnern haben wir wieder den Eingang des Tierfreigeheges erreicht.

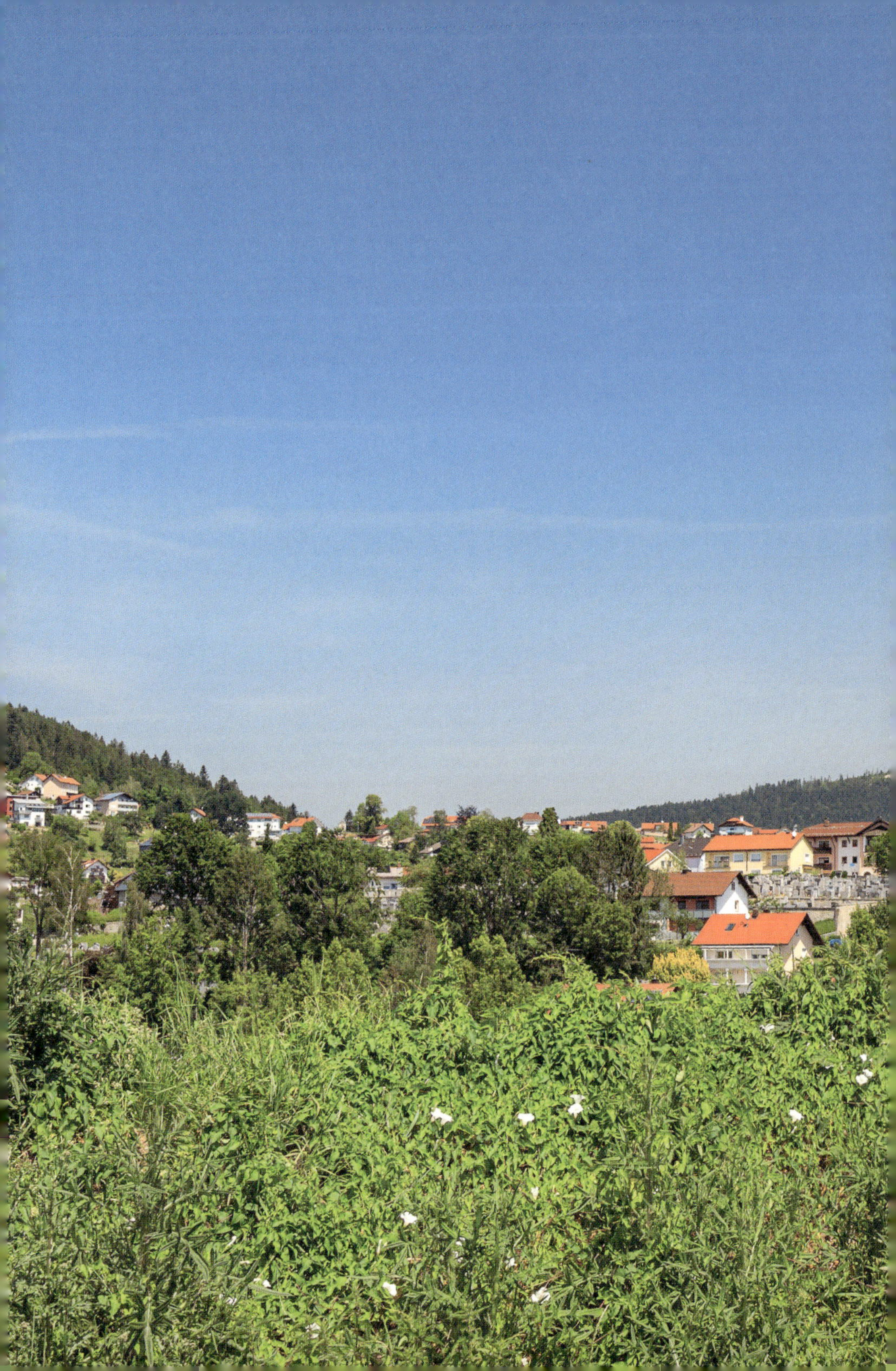

Unser Highlight

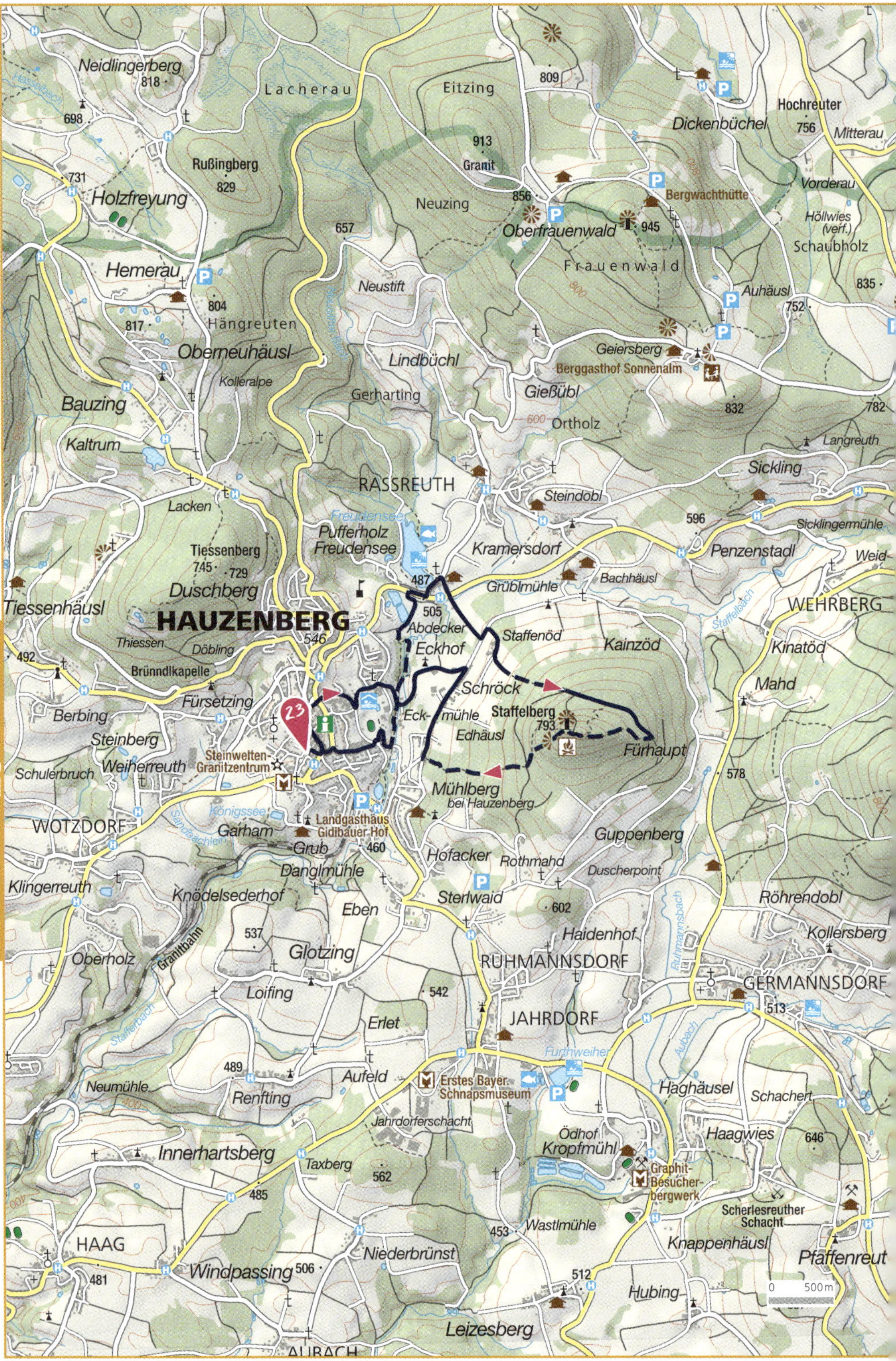

Neidlingerberg
818
698
Lacherau
Eitzing
809
Hochreuter
756
Mitterau
Dickenbüchel
913
Granit
731
Rußingberg
829
Holzfreyung
Neuzing
856
Bergwachthütte
Vorderau
657
Oberfrauenwald
945
Höllwies (verf.)
Schaubholz
Hemerau
Frauenwald
835
804
Neustift
Auhäusl
752
817
Hängreuten
Oberneuhäusl
Geiersberg
Lindbüchl
Berggasthof Sonnenalm
Kolleralpe
Gerharting
Gießübl
832
782
Bauzing
Ortholz
Kaltrum
Langreuth
Sickling
RASSREUTH
Lacken
Steindöbl
Freudensee
596
Sicklingermühle
Pufferholz
Freudensee
Tiessenberg
745
729
Kramersdorf
Penzenstadl
Weid
Bachhäusl
487
Duschberg
Grüblmühle
WEHRBERG
Tiessenhäusl
505
HAUZENBERG
Abdecker
Staffenöd
Kainzöd
546
Eckhof
Kinatöd
Thiessen
Döbling
492
Bründlkapelle
Mahd
Schröck
Fürsetzing
Staffelberg
Berbing
23
793
Eck-mühle
Steinberg
Edhäusl
Fürhaupt
Steinwelten-Granitzentrum
Schulerbruch
Weiherreuth
578
Mühlberg bei Hauzenberg
Königssee
WOTZDORF
Garham
Landgasthaus Gidibauer Hof
Guppenberg
Grub
460
Hofacker
Rothmahd
Duscherpoint
Danglmühle
Klingerreuth
Knödelsederhof
Sterlwaid
Röhrendobl
Eben
602
537
Haidenhof
Kollersberg
Glotzing
Oberholz
RUHMANNSDORF
Granitbahn
GERMANNSDORF
542
Loifing
513
JAHRDORF
Erlet
Furthweiher
489
Aufeld
Erstes Bayer. Schnapsmuseum
Haghäusel
Neumühle
Renfting
Schachert
Jahrdorferschacht
Ödhof
Haagwies
Kropfmühl
646
Innerhartsberg
Taxberg
Graphit-Besucher-bergwerk
562
485
Scherlesreuther Schacht
Wastlmühle
453
HAAG
Knappenhäusl
Niederbrünst
Pfaffenreut
481
Windpassing
506
512
Hubing
Leizesberg
AUBACH
0
500 m

Tour 23

Erlebnispfad 23

Rund um Hauzenberg
Auf dem Naturerlebnispfad über den Freudensee auf den Staffelberg

DAUER	2h 30min
LÄNGE	10 km
HÖHENMETER	480 hm
SCHWIERIGKEIT	MITTEL
MIT ÖPNV ERREICHBAR	ja

Das erwartet euch ...

Die Runde bringt uns über steile Natur- und Waldpfade auf den Staffelberg. Ein teils wegloser Abschnitt führt dann wieder hinab in den Ort. Ein besonderes Zuckerl für die kleinen Wanderer ist der Naturerlebnispfad auf dem Weg: Er birgt ein wahres Schatzkästchen der Natur, das von den Kleinen mit Sehen, Hören und Tasten entdeckt werden kann.

Erlebnispfad 23

Start & Ziel & Anreise

Los geht's in Hauzenberg. Mit dem PKW fahren wir über die B 8 und die B 388 an der Donau entlang. Bei der Löwmühle biegen wir links auf die St 2132 ab und folgen ihr über Thyrnau nach Hauzenberg. Parkmöglichkeiten gibt es in der Pfarrstraße in Hauzenberg. Von Passau fährt der Bus Nr. 7599 über Thyrnau nach Hauzenberg.

Tourenbeschreibung

Über die Pfarrstraße und die Marktstraße erreichen wir die Ortsmitte. Wir passieren das Rathaus, den barocken Marienbrunnen und die Kirche, dann schwenken wir rechts in die Straße Am Rathaus. Über die Schulstraße und eine Unterführung erreichen wir die Eckmühlstraße. Es geht sanft hinab, am Schulzentrum vorbei. Wir orientieren uns an der Beschilderung Richtung Adalbert-Stifter-Halle und folgen ihr nach rechts in die Eckmühle. Am Ortsende folgen wir dem Wanderweg Nr. 10 dann nach links Richtung Freudensee. Wir lassen den Asphalt hinter uns, queren einen kleinen Bach und erreichen eine Infotafel. Sie markiert den Beginn des Naturerlebnispfades.

Der Pfad führt am Staffelbach entlang. Mittels eines Steges queren wir den Bachlauf, dann steigen wir nach links in den Wald hinauf. Nach einem kurzen Asphaltstück taucht links ein eingezäunter See auf. Nur wenig später kreuzen wir auf einer Brücke die Straße und wandern in einer leichten Rechtskurve hinab zum Freudensee. Nach dem Hotel Seehof knicken wir rechts ab, unterqueren die Straße durch einen Röhrentunnel, und über eine kleine Brücke geht es auf freies Feld. An der nächsten Querstraße biegen wir links ab und gehen bis zum Ortsteilschild Staffenöd. Hier halten wir uns rechts und steigen mit der Nummer 10 am Waldrand entlang hinauf. Oberhalb der Häuser halten wir uns links und gelangen aussichtsreich, aber ordentlich ansteigend zum Waldrand. Hier endet der Asphalt. Teils recht steil steigen wir nun weiter im Wald empor, bis wir eine deutliche Rechtskehre erreichen. Wir folgen ihr und gelangen zum hölzernen Aussichtsturm und dem Gipfelkreuz am Staffelberg.

Unterhalb des Turmes leitet uns ein schmaler Waldpfad in einem Linksbogen hinab. Nach einer Waldschneise stoßen wir auf einen Weg. Wir folgen ihm ein paar Meter nach links, dann halten wir uns wieder rechts. Unten stoßen wir nach einem Rechtsbogen auf die Schröckstraße. Wir wandern an einem Pferdegestüt vorbei, dann knicken wir noch vor dem Wald links ab und wandern hinab zu einer kleinen Kapelle. Hier überqueren wir den Staffelbach und halten uns darauf links am Bach entlang. Der schmale Kiesweg mündet in einem asphaltierten Weg. Wir verlassen ihn nach links zu einem Wehr hinab. Nach ein paar Holzskulpturen und einem Seerosenteich treffen wir wieder auf eine Straße.

Nun wandern wir auf einem Gehweg neben der Stadionstraße hinauf zum Fußballplatz, an dem wir scharf links abbiegen. Über den steil ansteigenden Hopfgartenweg gelangen wir in die Bräugasse. Ein Schwenk nach rechts bringt uns zu einer Vorfahrtsstraße. Wir gehen links zur Straßenkreuzung, an der wir auf unseren Hinweg treffen. Auf bekanntem Weg bringt er uns rasch zum Parkplatz zurück.

Autoren Tipp

Auf dem Naturerlebnispfad entdecken Kinder die Idylle der Natur. Zwölf Stationen regen dazu an, an besonderen Orten stehen zu bleiben, zu staunen und mit allen Sinnen zu genießen. Zu jeder Station gibt es eine oder mehrere Audiodateien, die zum Download auf der Internetseite www.hauzenberg.de oder über einen QR-Code an jeder Station direkt über das Handy online zur Verfügung stehen.

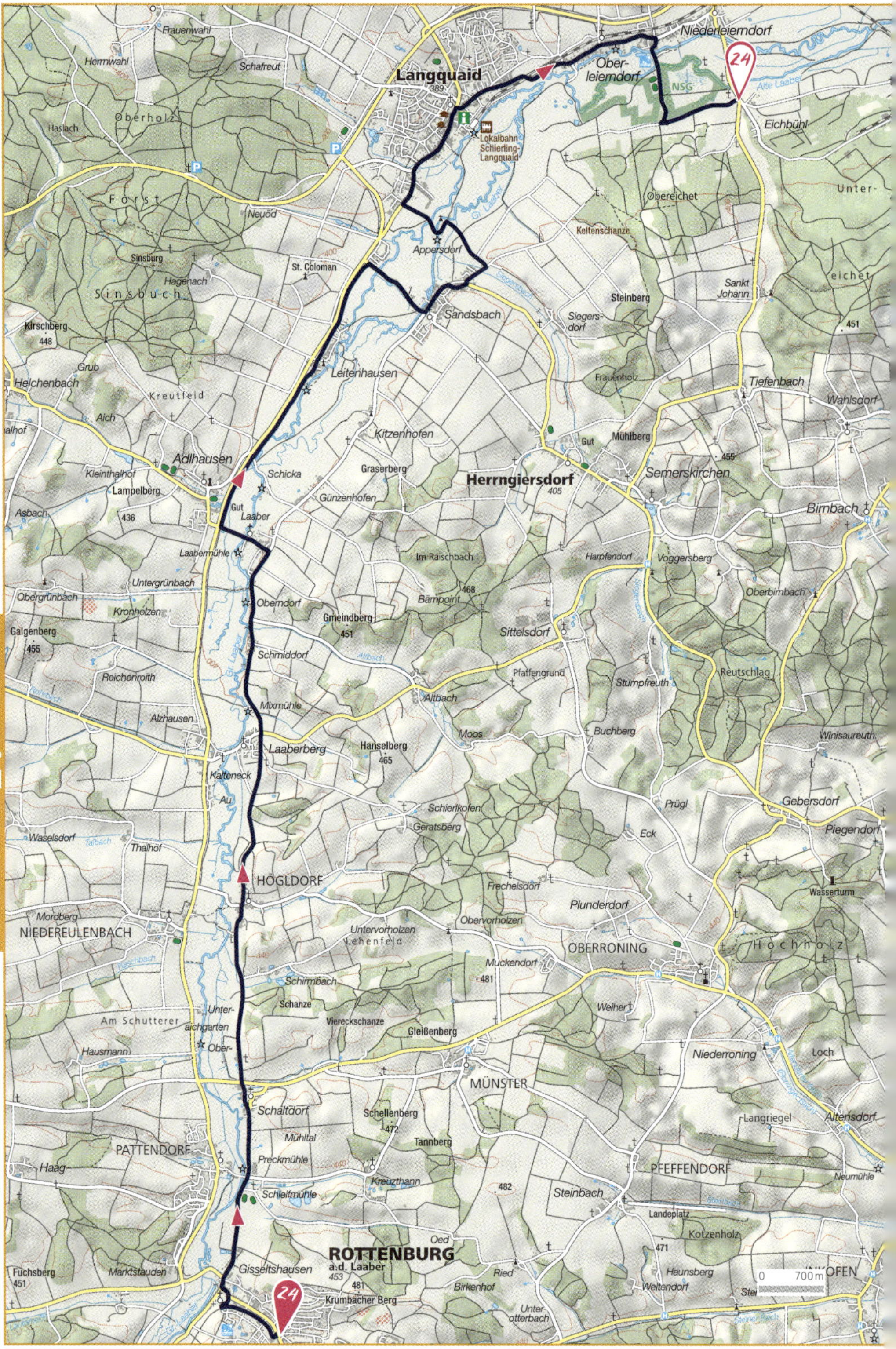
24
Langquaid
Niederleierndorf
Ober-
leierndorf
NSG
Alte Laaber
Eichbühl
Frauenwahl
Schafreut
Hermwahl
Oberholz
Haslach
Lokalbahn
Schierling-
Langquaid
Forst
Neuod
Unter-
Obereichet
Keltenschanze
Appersdorf
Gr. Laaber
Sinsburg
Hagenach
St. Coloman
Sinsbuch
Siegersbach
Sankt
Johann
eichet
Steinberg
Sandsbach
Siegers-
dorf
Kirschberg
448
451
Grub
Helchenbach
Leitenhausen
Frauenholz
Tiefenbach
Wahlsdorf
Kreutfeld
Alch
Kitzenhofen
Mühlberg
Gut
Adlhausen
Graserberg
Herrngiersdorf
405
Semerskirchen
455
Kleinthalhof
Lampelberg
Schicka
Günzenhofen
Asbach
436
Gut
Laaber
Birnbach
Laabermühle
Im Raischbach
Harpfendorf
Voggersberg
Untergrünbach
Obergrünbach
Oberndorf
468
Bärnpoint
Oberbirnbach
Kronholzen
Gmeindberg
451
Sittelsdorf
Galgenberg
455
Schmiddorf
Altbach
Reicheriroith
Pfaffengrund
Stumpfreuth
Reutschlag
Mixmühle
Altbach
Alzhausen
Moos
Buchberg
Winisaureuth
Laaberberg
Hanselberg
465
Kalteneck
Au
Gebersdorf
Prügl
Schierlkofen
Geratsberg
Eck
Piegendorf
Waselsdorf
Thalhof
HÖGLDORF
Frechelsdorf
Wasserturm
Plunderdorf
Mordberg
NIEDEREULENBACH
Untervorholzen
Lehenfeld
Obervorholzen
OBERRONING
Höchholz
Muckendorf
481
Schirmbach
Schanze
Weiher
Am Schutterer
Unter-
aichgarten
Viereckschanze
Gleißenberg
Hausmann
Ober-
Niederroning
Loch
MÜNSTER
Schaltdorf
Schellenberg
472
Langriegel
Altensdorf
Mühltal
Tannberg
Haag
PATTENDORF
Preckmühle
PFEFFENDORF
Kreuzthann
482
Neumühle
Schleifmühle
Steinbach
Landeplatz
Kotzenholz
Oed
471
ROTTENBURG
a.d. Laaber
453
Fuchsberg
451
Marktstauden
Gisseltshausen
481
Ried
Haunsberg
Weltendorf
Birkenhof
Krumbacher Berg
Unter-
otterbach
0 700 m
INKOFEN

Tour 24

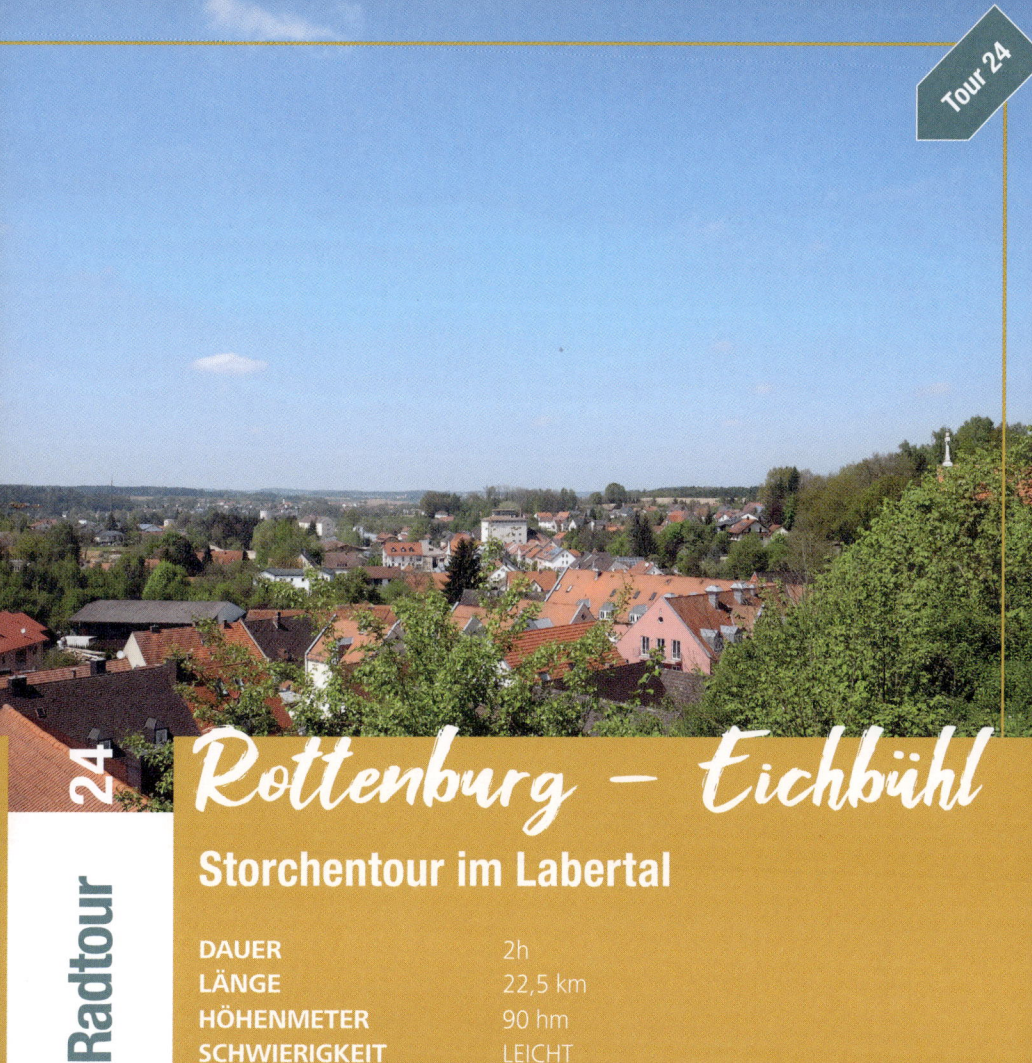

Radtour 24

Rottenburg – Eichbühl
Storchentour im Labertal

DAUER	2h
LÄNGE	22,5 km
HÖHENMETER	90 hm
SCHWIERIGKEIT	LEICHT
MIT ÖPNV ERREICHBAR	nein

Das erwartet euch ...

Von Rottenburg a.d. Laaber bis Langquaid bwz. Eichbühl führt uns die Storchenroute mit Stationen rund um die Tier- und Pflanzenwelt durch das Tal der Großen Laaber. Dabei fahren wir auf bequemen Schotterwegen und kleinen Sträßchen. Es gibt kaum merkliche Steigungen, was die Tour besonders für Kinder attraktiv macht. 9 Erlebnis-Stationen mit Aussichtspunkten, Spiel- und Rastmöglichkeiten geben einen Einblick in die einzigartige Natur des Labertals und seiner Bewohner.

Radtour 24

Start & Ziel & Anreise

Wir beginnen unseren Radausflug in Rottenburg an der Laaber. Der Ort ist nur mit dem PKW erreichbar. Von der A 93 aus nehmen wir die Ausfahrt 50 Siegenburg. Auf der B 299 weiter Richtung Pfeffenhausen. Nach Schweinbach wechseln wir auf die Staatsstraße nach Rottenburg an der Laaber. Parkmöglichkeiten gibt es in der Max-von-Müller-Straße beim Alten Bahnhof.

Tourenbeschreibung

Am ehemaligen Bahnhof der Stadt Rottenburg a.d. Laaber startet die Storchenroute. Wir radeln parallel zur Max-von-Müller-Straße aus dem Ort hinaus. Über die Preckmühle geht's an der Straße entlang Richtung Labertal über Schaltdorf zur ersten Station des Themenweges, kurz vor Högldorf. Mit einem Fernrohr kann man hier Störche, Reiher und andere Wasservögel beobachten. Nach Högldorf queren wir den Bach. Die zweite Station liegt direkt am Wasser. Sie informiert über den Lebensraum von Biber und Storch und Weidenhütten.

Wir radeln weiter nordwärts, nach Laaberberg und Alzhausen. Hier bietet sich ein Absteher nach Rohr i.NB an. Es liegt nur 4 km abseits der Route, wartet aber mit der herrlichen Asamkirche auf Besucher. Kurz vor Laaberberg und direkt am Rohrbach machen wir an Station 3 Halt. Mit einem Fotoalbum machen wir eine kleine Zeitreise: Es zeigt frühere Überschwemmungen des Rohrbaches. Dann führt die

Route weiter über Laaberberg nach Laaber. Kurz vorher wartet noch die vierte Station mit bequemen Ruheliegen und Informationen über Amphibien.

Wir wechseln hier wieder auf die andere Seite des Tales. Bei Adlhausen treffen wir auf einen Aussichtsturm und die nächste Station der Storchenroute. Er hat die Form eines Storchennestes und ermöglicht einen wunderbaren Blick ins Labertal. Es geht weiter nach Leitenhausen, danach wird die Große Laber erneut überquert. Nach Sandsbach treffen wir am Siegersbach auf die sechste Station. Sie widmet sich der Bedeutung der Renaturierung von Bächen.

An der Rottenburger Straße schwenken wir nach rechts nach Langquaid hinein. Am Ortsrand erwartet uns Station Nr. 7: Ein weiterer Aussichtsturm ermöglicht tolle Blicke ins Labertal und zum Storchenhorst auf dem Rathaus. Zudem gibt es jede Menge Infos über Wiesenbrüter. Über den historischen Marktplatz radeln wir weiter nach Oberleierndorf. Hier steht an der Fischtreppe eine Infotafel zum Leben der Fische in der Laaber. Schließlich erreichen wir am Freibad in Niederleierndorf die letzte Station. Neben einer Kneipp-Erfrischung in der Laaber können wir an einem schönen Tisch mit Bank rasten.

Falls wir nicht mit zwei Autos angereist sind, radeln wir die schöne Strecke wieder zurück.

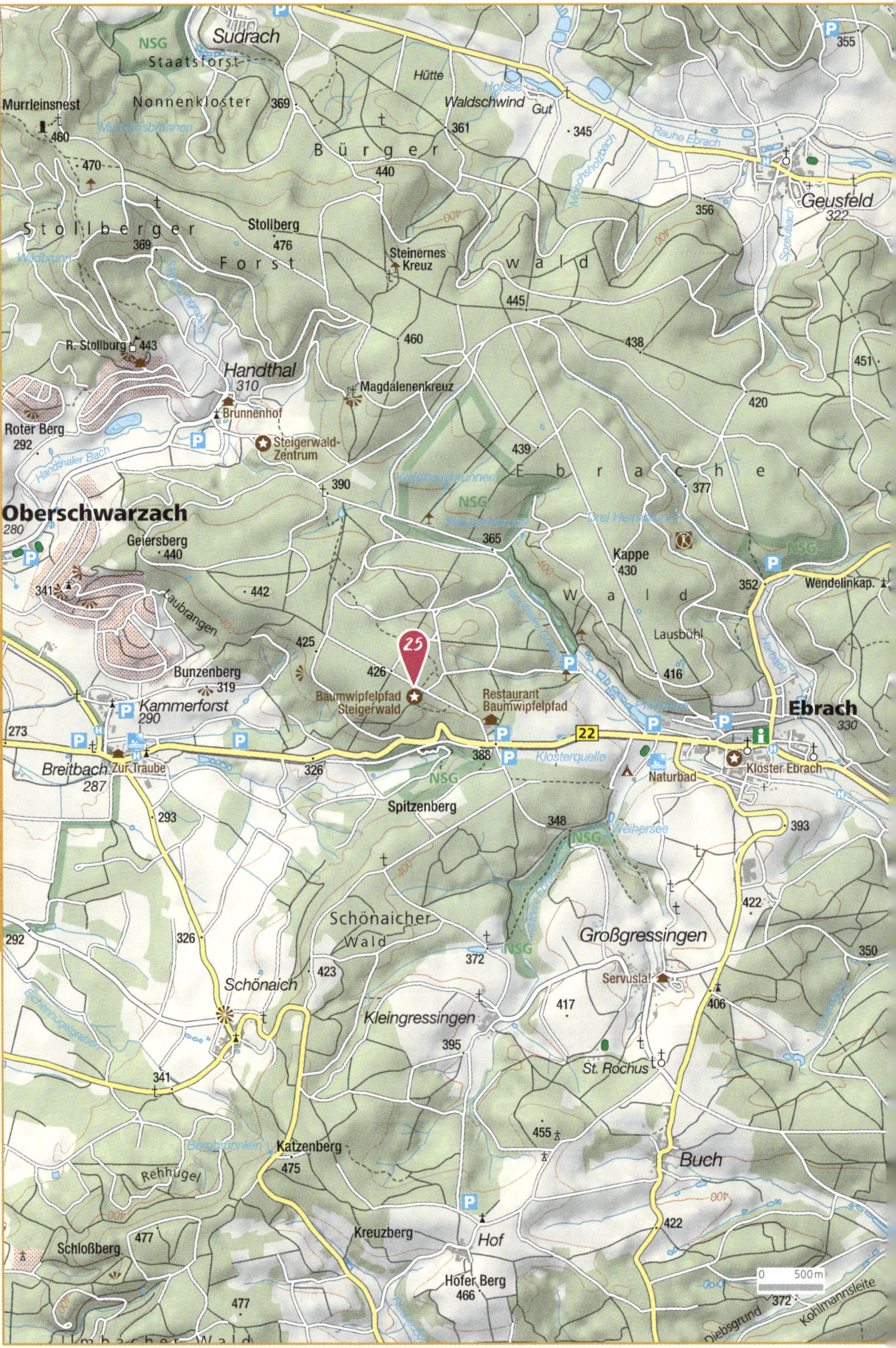

Sudrach
NSG
Staatsforst
Nonnenkloster
369
Murrleinsnest
460
470
Hütte
Waldschwind
Gut
361
345
Hofsee
Rauhe Ebrach
355
Geusfeld
322
356
Bürger
440
Stollberger
Stollberg
476
369
Forst
Steinernes Kreuz
wald
445
438
451
R. Stollburg
443
460
Handthal
310
Brunnenhof
Magdalenenkreuz
Roter Berg
292
Steigerwald-Zentrum
Handthaler Bach
420
439
Ebracher
377
390
Waldhausbrunnen
NSG
Oberschwarzach
280
Geiersberg
440
365
Drei Herrnbrunnen
Kappe
430
NSG
352
Wendelinkap.
341
442
Laubrangen
Wald
425
Lausbühl
426
Baumwipfelpfad Steigerwald
Restaurant Baumwipfelpfad
416
Bunzenberg
319
Kammerforst
290
273
Ebrach
330
22
Breitbach
287
Zur Traube
326
388
Klosterquelle
Naturbad
Kloster Ebrach
NSG
Spitzenberg
293
348
NSG
Weihersee
393
Schönaicher Wald
422
292
326
372
NSG
Großgressingen
350
Schönaich
423
Servusla!
406
Kleingressingen
417
395
St. Rochus
341
455
Bergbrünnlein
Katzenberg
475
Rehhügel
Buch
477
Schloßberg
Kreuzberg
Hof
422
Hofer Berg
466
477
0
500 m
372
Diebsgrund
Kohlmannsleite

Baumwipfelpfad
Baumkronenrunde in luftiger Höhe

Aussichtstour 25 — Tour 25

DAUER	1h 30min
LÄNGE	1 km
HÖHENMETER	42 hm
SCHWIERIGKEIT	LEICHT
MIT ÖPNV ERREICHBAR	ja

Das erwartet euch ...

Der Baumwipfelpfad ist nicht nur ein Lehrpfad, er entführt den Besucher in eine völlig andere Welt. Teils umringt vom grünen Blätterdach, teils mit fantastischen Ausblicken eröffnet er nicht nur optisch völlig neue Perspektiven auf den Wald und seine Bewohner. Der Weg ist gänzlich aus heimischen Hölzern gebaut und rollstuhlgerecht angelegt, also auch gut mit Kinderwagen begehbar. Ein Maschendraht lässt auch die Kleinsten sicher über die Holzplanken springen.

Aussichtstour 25

Start & Ziel & Anreise

Los geht's am Parkplatz des Baumwipfelpfades Steigerwald bei Ebrach. Mit dem Auto nehmen wir von der A3 die Ausfahrt Geiselwind oder Wiesentheid. Über die B 286 geht's nach Norden, dann über die B 22 Richtung Ebrach. Kurz vor Ebrach ist der Weg zum Baumwipfelpfad ausgeschildert. Mit öffentlichen Verkehrsmitteln fahren wir von Bamberg mit der VGN-Linie 991 (Mo – Sa) bzw. der VGN-Linie 990 „Steigerwald-Express" nach Ebrach. Haltestelle Steigerwaldzentrum.

Tourenbeschreibung

Der Baumwipfelpfad in Ebrach bietet eine Fülle von Eindrücken rund um den Lebensraum Wald. Er verläuft auf einer Länge von einem Kilometer meist in den Baumkronen und macht die Flora und Fauna in ihrer natürlichen Umgebung sichtbar. Nur ein paar Kilometer entfernt in Handthal befindet sich das Steigerwaldzentrum mit Ausstellungen zum Thema Wald und Waldwirtschaft.

Zunächst geht's über die geländerversicherten Holzplanken sanft hinauf. Dann erreichen wir die erste Spielstation, an der die Kids ihre Geschicklichkeit testen können: Es gilt, über einen Holzbalken zu balancieren. Ein Seitenarm nach links führt zu einem kleinen Aussichtspunkt mit einem 360° Blick und Infotafeln über die verschiedenen Holzarten. Der Weiterweg hält Wissenswertes über den Steigerwald an sich bereit. Er ist das zweitgrößte Laubwaldgebiet Bayerns. Im Norden ist er geprägt von ausgedehnten Buchenwäldern. Dort stehen mit die ältesten Buchen der Republik. Sie sind über dreihundert Jahre alt und über 40 Meter hoch.

Der Weg führt weiter in die Höhe und leitet uns an einer weiteren Infotafel vorbei. Hier wird erklärt, wie Holz genutzt wird. Das Holzgeschäft ist und bleibt das Kerngeschäft der Bayerischen Staatsforsten. 90% der Einnahmen werden mit dem Verkauf dieses ökologischen Rohstoffes verdient. 720.000 Hektar Wald werden bewirtschaftet. Dort wachsen jährlich mehr als sechs Millionen Festmeter Holz nach, etwa fünf Millionen Festmeter können nachhaltig genutzt werden. An der nächsten Spielstation können sich die Kinder wieder austoben. Es folgen ein paar Stellen, an denen wir wieder einen herrlichen Rundumblick genießen können. Dann erreichen wir den Turm, der sich wie ein langgezogenes Schneckenhaus in die Höhe windet.

Nach einem Besuch in den Obersten Wipfeln spazieren wir auf der anderen Seite wieder hinab. Der Rückweg hält eine weitere Spielstation bereit, die die Geschicklichkeit der Kinder in Verbindung mit Holz testet. Am nächsten Infoschild werden wir über die Jagd in den Staatsforsten aufgeklärt. Im Fokus steht eine handwerklich tadellose, tierschutz- und damit waidgerechte Jagd. Das oberste Ziel ist die Entwicklungsmöglichkeit und Verjüngung der Wälder. An der letzten Infostation erfahren wir Wissenswertes über die Projekte des Waldnaturschutzes.

26

Welden – Altenmünster
Erlebnisradeln im Zusamtal

Tour 26

Radtour 26

DAUER	3h
LÄNGE	29,8 km
HÖHENMETER	215 hm
SCHWIERIGKEIT	MITTEL
MIT ÖPNV ERREICHBAR	ja

Das erwartet euch ...

Die spannende Radrunde führt uns aussichtsreich durch Bayerisch Schwaben. Dabei geht's ganz abwechslungsreich mal über Feldwege, mal über asphaltierte Wege und wenig befahrene Straßen. Auch ein paar kleinere Waldabschnitte sind dabei. Auf dem Rückweg müssen wir eine längere Steigung erradeln, ansonsten halten sich die Höhenmeter in Grenzen. Der Radweg ist sehr gut ausgeschildert.

Radtour 26

Start & Ziel & Anreise

Unser Ausgangspunkt ist Welden. Mit dem Auto fahren wir von München über die A8 nach Augsburg. Ab Ausfahrt Adelsried geht's weiter Richtung Wertingen / Welden. Parkmöglichkeiten gibt es am Alten Festplatz in der Ganghoferstraße.

Mit den Öffis erreichen wir Welden ab Augsburg (Staatstheater) mit dem Bus der Linie 501. Wir steigen in Reutern (Kirche) aus und laufen die restlichen 350 Meter zu Fuß.

Tourenbeschreibung

Auf unserer heutigen Radtour radeln wir einige Abschnitte des „Erlebnisradweges Landwirtschaft" zwischen Holzwinkel und Altenmünster ab. Auf verschiedenen Schautafeln werden unterschiedliche Facetten der Landwirtschaft in der Region Holzwinkel und Altenmünster vorgestellt. Die Landschaft in der Region ist dabei vielfältig, ihr größter Teil ist von Kulturlandschaft geprägt. Mitmachstationen bieten Anregungen, sich auch spielerisch bspw. mit dem Thema Holz, Feldbau oder Schafzucht in der Region auseinanderzusetzen.

In Welden schwingen wir uns am Alten Festplatz in den Sattel. Vorbei an der Pfarrkirche radeln wir über die Klostergasse an einigen Häusern entlang und aufs Land hinaus. An der Gabelung nach dem Friedhof halten wir uns rechts – wer möchte, kann allerdings auch nach links einen etwas weiteren Schlenker über den Sportplatz von Reutern machen. In Reutern folgen wir der Keltenschanzstraße dann wieder auf die Felder. Wir schwenken nach links und schon geht's durch den Wald nach Eppishofen. Wir folgen der Ortsstraße geradewegs durch den Ort hindurch. Sie macht am Ende eine Linkskurve und leitet uns über ein asphaltiertes Sträßlein kurz durch den Wald, am Reiterhof vorbei und an Feldern und Wiesen entlang. An der Landstraße schwenken wir nach rechts und passieren die Station über Schweine.

Am Kreisverkehr geht's geradeaus, am Ortsrand von Unterschönenberg und einem schönen Spielplatz vorbei. Dann schwenkt die Route nach rechts und bringt uns zur Themenstation Niederschlag. In Neumünster erfahren wir dann alles übers Biogas. Kurz nach Ortsende leitet die Route nach rechts, erst am Waldrand entlang und dann durch den Wald. An der Landstraße schwenken wir dann wieder nach rechts und folgen dem Radweg nach Baiershofen. Der Themenradweg schickt uns nach den ersten Häusern links, dann wieder rechts, außen um den Ort herum zur Milchviehstation. Dann stoßen wir wieder auf den Radweg an der Landstraße und sausen nach Altenmünster hinab. Hier bietet sich eine ausgiebige Pause im Bräustüble Altenmünster an. Tolle Karte und ein wunderschöner Biergarten!

Frisch gestärkt nehmen wir den letzten Teil in Angriff. Wir radeln über die Hauptstraße an Schule und Supermärkten aus dem Ort hinaus. Über Hennhofen und Zusamzell besuchen wir noch ein paar Zwischenstationen wie die über Rinder und Weidevieh. Dann leitet uns die Route über den asphaltierten Radweg an der Landstraße entlang zurück nach Welden. Auf den letzten Kilometern müssen wir nochmal etwas kräftiger in die Pedale treten, dann rollen wir zurück zum Alten Festplatz in Welden.

Autoren Tipp

Der gesamte Radweg besteht aus zwei Hauptrouten und verläuft auf einer Strecke von ca. 60 Kilometern mit mehreren Abkürzungen. Falls also noch Bewegungsbedarf besteht, so kann unsere heutige Tour auch noch mit weiteren Abschnitten kombiniert oder erweitert werden. Verschiedene Erlebnisstationen machen diese Radtour zudem zu einem recht kurzweiligen Unterfangen.

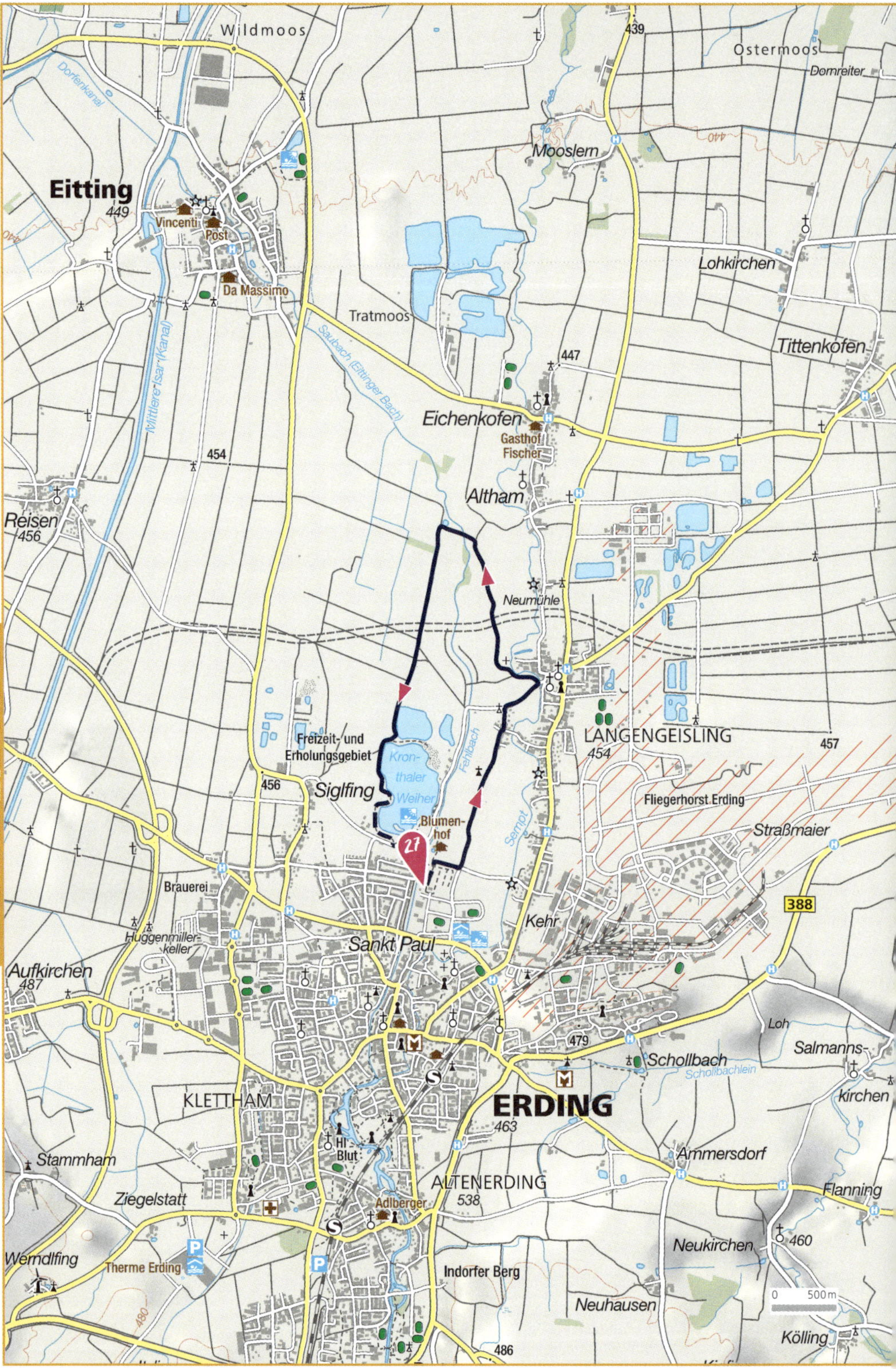
Wildmoos
439
Ostermoos
Dorfenkanal
Mooslern
Eitting
449
Vincenti
Post
Da Massimo
Lohkirchen
Tratmoos
Saubach (Eittinger Bach)
447
Tittenkofen
Eichenkofen
Gasthof Fischer
Mittlere Isar (Kanal)
454
Altham
Reisen
456
Neumühle
LANGENGEISLING
454
457
Freizeit- und Erholungsgebiet
Kron-thaler Weiher
Fehlbach
456
Siglfing
Fliegerhorst Erding
Blumen-hof
27
Straßmaier
Sempt
Brauerei
388
Kehr
Huggenmiller-keller
Sankt Paul
Aufkirchen
487
Loh
479
Schollbach
Salmanns-kirchen
Schollbächlein
KLETTHAM
ERDING
463
Stammham
Hl. Blut
Ammersdorf
Ziegelstatt
ALTENERDING
538
Flanning
Adlberger
Neukirchen
460
Werndlfing
Therme Erding
Indorfer Berg
Neuhausen
480
0
500m
Kölling
486

Tour 27

Naturtour 27

Kronthaler Weiher
Naturwanderweg und Wasserspaß

DAUER	2h
LÄNGE	7 km
HÖHENMETER	15 hm
SCHWIERIGKEIT	LEICHT
MIT ÖPNV ERREICHBAR	ja

Das erwartet euch ...

Der Name Erding lässt viele natürlich zuerst an die beliebte Therme denken, die vom Erlebnisbad über die Wasserrutschen bis zum Wellenbad Spaß im Wasser ohne Ende zu bieten hat. Am Kronthaler Weiher kommt man jedoch auch abseits davon voll auf seine Kosten. Der größte Badesee des Landkreises hat Spielplätze, Beachvolleyballplätze und Tischtennisplatten sowie eine Surf- und eine Trampolinanlage zu bieten. Mit dem hier vorgestellten Spaziergang gibt's auf dem Naturwanderweg „Durch den Geislinger Anger" zusätzlich auch etwas Ruhe.

Naturtour 27

Start & Ziel & Anreise

Start- und Zielpunkt der Tour ist am Parkplatz bei den Sportanlagen in Erding (Busparkplatz, Festplatz). Die Bushaltestelle Am Stadion der Linien 530 und 540 liegt zwischen dem Stadion und dem Schwimmbad rund 500 Meter vom Ausgangspunkt entfernt. Mit dem Auto fahren wir über die B 388 von München nach Erding. Über die Anton-Bruckner-Straße und die Schützenstraße geht's zum Parkplatz.

Tourenbeschreibung

Wir verlassen den Parkplatz im Norden über den Fußweg und gehen links und gleich rechts durch die Kleingartenanlage und am Geislinger Anger dann rechts bis zum Ende der Anlage. An der Kreuzung halten wir uns links auf dem Feldweg, kommen an einer Feldkapelle mit Rastbank vorbei und gelangen in den Erdinger Stadtteil Langengeisling. Über die Erdinger Straße stoßen wir auf die Fehlbachstraße, halten uns an ihr rechts und erreichen bald den kleinen Fluss Sempt.

Vor der Brücke wenden wir uns nach links und wandern auf der kleinen Straße zum Friedhof Langengeisling. Von hier aus geht es nordwestlich weiter durch die landwirtschaftlich genutzte Feldflur, an der Weggabelung mit einem Gedenkkreuz halten wir uns links und überqueren den Fehlbach. Entlang eines kleinen Waldstücks erreichen wir die nächste Kreuzung und gehen hier nach links. Vorbei

Tour 27

an weiteren Feldern spazieren wir nun in südlicher Richtung zurück, halten uns an der Y-Kreuzung rechts und erreichen rasch die Kiesgrube am Kronthaler Weiher.

Auf einem schmalen Fußpfad entlang des Westufers des Kronthaler Weihers erreichen wir in wenigen Minuten den Eingang des Badeweihers. Spielplätze, eine Minigolfanlage mit Einkehrmöglichkeit und die Liegewiesen des Freizeit- und Erholungszentrums Erding-Nord laden dazu ein, sich abzukühlen und den Tag relaxed ausklingen zu lassen. Um anschließend zum Ausgangspunkt zurückzukehren, überqueren wir die Straße An der Melkstatt, gehen rechts auf einem schmalen Fuß- und Radweg zur Franz-Xaver-Stahl-Straße und nach rund 50 Metern links über eine kleine Eisenbrücke. Nach rechts gelangen wir über die Kleingartenanlage zurück zum Ausgangspunkt.

Das Naherholungsgebiet am Kronthaler Weiher wurde teilsaniert und Mitte Mai 2018 eröffnet. Für Familien mit Kindern gibt's hier viel zu tun: Im Südosten des Sees befinden sich zwei neue Abenteuerspielplätze. Große Liegewiesen, Sandstrand und flache Einstiege ins Wasser locken kleine und große Badegäste nach Erding. Ein zusätzliches Highlight im Weiher sind die Hängebrücke, Liege- und Badeinsel. Wer auf ein wenig mehr Action steht, der kann sich beim Beachvolleyball, am Fußball- und Bolzplatz und auf der Trampolinanlage austoben.

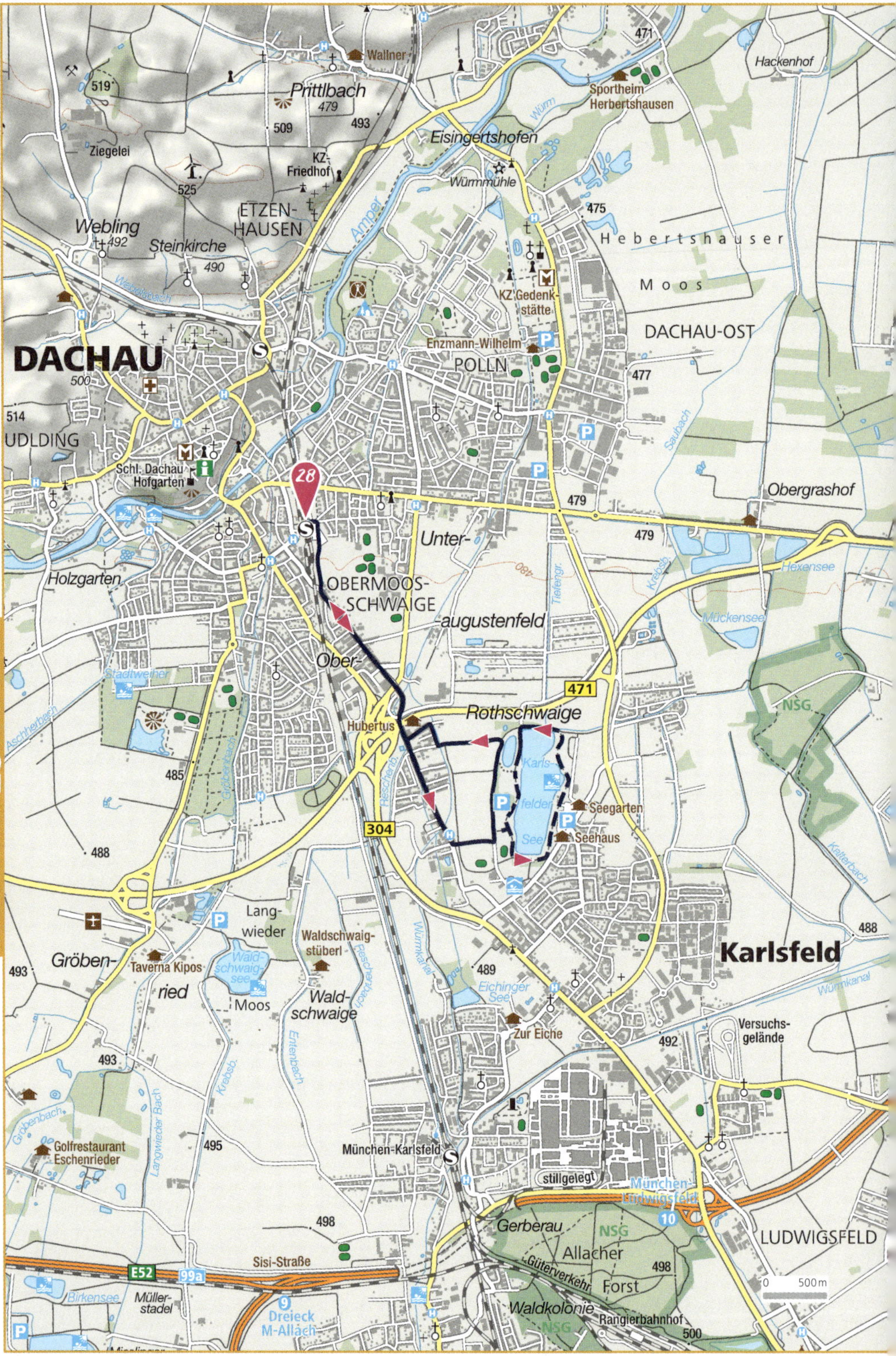
DACHAU
500
514
UDLDING
Schl. Dachau
Hofgarten
Holzgarten
Webling
492
Steinkirche
490
519
Ziegelei
525
Prittlbach
479
509
493
Wallner
KZ-Friedhof
ETZEN-HAUSEN
Amper
Eisingertshofen
Würmmühle
Würm
Sportheim Herbertshausen
471
Hackenhof
475
Hebertshauser
Moos
KZ Gedenkstätte
Enzmann-Wilhelm
POLLN
DACHAU-OST
477
Saubach
Obergrashof
28
479
Unter-
augustenfeld
OBERMOOS-SCHWAIGE
Ober-
480
Tiefengr.
Krebsb.
Hexensee
Mückensee
NSG
471
Rothschwaige
Hubertus
Karls-
felder
See
Seegarten
Seehaus
Reschenb.
304
Stadtweiher
Aschenbach
Gröbenbach
485
488
Lang-
wieder
Waldschwaig-
stüberl
Gröben-
ried
Taverna Kipos
Wald-
schwaig-
see
Moos
Wald-
schwaige
493
Würmkanal
489
Eichinger See
Zur Eiche
Karlsfeld
488
Würmkanal
Kalterbach
Versuchs-
gelände
492
493
Krebsb.
Entenbach
Langwieder Bach
Gröbenbach
Golfrestaurant Eschenrieder
495
München-Karlsfeld
stillgelegt
München-Ludwigsfeld
10
LUDWIGSFELD
Gerberau
NSG
Allacher
Forst
498
Güterverkehr
Waldkolonie
NSG
Rangierbahnhof
500
498
Sisi-Straße
E52
99a
9
Dreieck M-Allach
Birkensee
Müller-
stadel
0
500 m

Am Karlsfelder See
Familienausflug zum Erholungsgebiet Karlsfelder See

Lehrpfad 28 — Tour 28

DAUER	2h 30min
LÄNGE	9,7 km
HÖHENMETER	5 hm
SCHWIERIGKEIT	LEICHT
MIT ÖPNV ERREICHBAR	ja

Das erwartet euch …

Am Karlsfelder See werden wir von einer großzügigen, kinderfreundlichen Erholungslandschaft empfangen, in der es neben einem riesigen Badesee und Spielplätzen sowie etlichen Wirtshäusern sogar einen Gehölzlehrpfad gibt. Für empfindliche Füße sind feste Schuhe zu empfehlen. An den meisten Stellen des Sees gelangt man nur über spitze und große Steine ins Wasser.

Lehrpfad 28

Start & Ziel & Anreise

Wir starten beim Bahnhof in Dachau bzw. auf dem dortigen Park & Ride-Parkplatz. Mit dem Auto von München aus auf der B304 nach Dachau. Nach der Anschlussstelle mit der B471 rechts in die Wallbergstraße und weiter zur Augustenfelder Straße. Links einbiegen und weiter zum Park & Ride-Parkplatz beim Bahnhof Dachau. Mit der S-Bahn, Linie S2 München–Petershausen von München zum Bahnhof Dachau.

Tourenbeschreibung

Vom Park & Ride-Parkplatz beim Bahnhof Dachau wenden wir uns zur Oberen Moosschwaigestraße entlang der Bahnlinie zur Augustenfelder Straße. Die Bahnunterführung lassen wir rechter Hand liegen und folgen der Augustenfelder Straße über die Brücke der Schnellstraße nach Rothschwaige, einem Stadtteil von Karlsfeld. Der linksseitige Weg an der dortigen Münchner Straße führt uns zum Sportpark Karlsfeld. Beim Trafohaus vor den Sportanlagen biegen wir links ein auf den Fuß- und Radweg und stoßen auf die Jahnstraße. Jetzt kurz nach links abbiegen und gleich wieder rechts zum Erich-Strobl-Rundweg am Karlsfelder See.

Wir wandern rechts um den See herum und erreichen den Volksfestplatz und Parkplatz. Davor lädt das Restaurant im Seehaus zum Verweilen ein. Ein kurzes Wegstück weiter steht am Badestrand das Gasthaus und daneben das Haus der Wasserwacht. Wir gehen weiter auf dem Rundweg am Seeufer entlang, der bald zwischen dem Schallweiher und dem Karlsfelder See verläuft. Dort gibt es einen Gehölzlehrpfad, wo an 45 Bäumen und Sträuchern die jeweiligen Artenunterschiede gezeigt werden.

Direkt am Weg liegt der Froschweiher. Der Rodelberg und ein großer Abenteuerspielplatz liegen am weiteren Weg, bevor wir schließlich zum Jugendhaus gelangen. Vor dem Jugendhaus halten wir uns rechts über den Parkplatz zur Jahnstraße. Dort biegen wir rechts ab und gehen auf den mit Dachau-Ost beschilderten Radweg bis zum nächsten linksseitigen Abzweig. Über das freie Feld erreichen wir die Grünlandstraße in Rothschwaige. Unmittelbar hinter der Kanalbrücke wenden wir uns nach rechts und folgen der Grünlandstraße zur Münchner Straße. Nach rechts gehen wir unter der Straßenbrücke hindurch und wandern an der Augustenfelder Straße entlang zum Ausgangspunkt beim Bahnhof zurück.

Ein besonderes Highlight für Kinder ist sicherlich der große Abenteuerspielplatz auf der Westseite direkt neben dem Parkplatz. Das große Piratenschiff und die großen Rutsche laden zum Toben ein. Dort gibt es auch einen tollen Picknickplatz und eine große, runde Schaukel. Am Kiosk werden die kleinen mit Leckereien verwöhnt. Ein relativ großer und sehr netter Spielplatz mit Rutschen, Schaukeln und Klettergerüsten befindet sich in unmittelbarer Nähe. Für die älteren Kids ist der Trimm-Dich-Platz sicherlich eine Herausforderung.

29
Aubauer
Iller
Kardorf
626
Fugger
Locher
Oßlang
Hurren
Illerstau Lautrach
Schnall
606
Breitenbach
Greuth
Iller-beuren
617
Pizzeria Andrä
Gromerhof
Schwäb. Bauernhofmuseum
Schwäb. Schützenmuseum
Lautracher
Neuwelt
Schrofen Wald
Illermühle
Bahnhof Restaurant
Lautrach
630
Wagsberg
Kronburg
693
Schloss Kronburg
Brauerei Kronburg
689
Hackenbach
Fährbetrieb nach telef. Anmeldung
Unter-binnwang
Wallfahrtskirche Maria Steinbach
Wallfahrtsmuseum
Maria Steinbach
663
Heiligen-bauer
Zürs
Wies
Ampo
Mair
Willburger
Vogelsang
Wigelis
Ober-wies
Witzigmann
Aicher
Benger
681
682
Engelharz
683
Kaltbronn
Hummels
Wasserturm
661
Bronnen-mahd
Unter-witzenberg
Kur
Haibel
Ober-
666
Metzger
697
682
Legau
Markt
688
Rotis
Maria Schnee
Lehenbühl
670
700
Hub
Haid
678
680
Lenzmühle
677
Natur-denkmal
Straß
Roßschenkels
Lausers
Bummlers
Hofstatt
Lausers am Moos
710
Katzenmoos
Entenmoos
683
Kraivogels
Weno
701
Unter-landholz
Hohmanns
689
Bettrichs
Holztheis
Waldhöhle
Bergs
Strimo
693
Voglers
Felben
699
Streichers
Hofs
Tobelhof
711
Wiesental
698
Oberlandholz
Brühlhof
Reischach
707
Mannschwenden
725
Alpenblick
Ausnang
Vorderreischach
St. Leonhard
Bruggen
Sonnenhalde
Außer-landholz
Muschhof
698
Aigholz
Gegen-bauerhof
Domhof
Klotzbauern-hof
722
Raggen
Martinshof
Vogelsang
Diet-manns
Grundbühl
Bischlagers
710
722
Dietrichhof
Krattenmacherhof
737
Jocken-bauernhof
712
Dienghof
723
Alexanderhof
Weitenau
Ellmeney
Eisbäuerles-hof
753
700
Hettisried
Pfosen
(Ostrute)
Weidenbühl
Rohr
Pfaffenbühl
Woringen
632
Woringer
Wald
Frohnhart
Rappenloh
Weiherhof
Enzers
Eglofs
Haug
Höger
Fuchs-loch
Ölmühle
Unter-steinbühl
Ober-
Molzen
Holzmühle
Heißen-schwende
Wieslings
Hörpolz
Schachen
759
Hohmanns
Mauken
Fautzen
Haitzen
Oberbinnwang
Westerau
Ober-
Unter-
-waldegg
Rothmoos
Natur-denkmal
Rechberg
Rechberghaus
Rotkreuz
Ziegler
Sack
664
Loch
696
Graben
Rothenstein
695
Burgruine Rothenstein
694
671
Greut
Au
Maien
Ehrens-berg
Iller
Unterau
Oberau
704
Brandholz
782
Moos
Tiefenau
782
Bock
Fluhmühle
E.-Werk
Grub
Neu-mühle
Wurms
Benggen
Bruggmers
Maierhof
Bihls
697
732
Odach
Buchen
Betzers
Steig
Floschen
747
688
Burgruine Kalden
Pfosen
Rorach
Diesen-bach
Streifen
708
Kalden
Naturdenkmal
Wetzle-berg
Staubers
755
695
771
Kochs
753
Schoren-
Schweineberg
moos
Buch
757 Gschlief
710
Binzen
752
Roßberg
Knaus
760
Amasbauer
Strobels
756
736
716
Moos
(Ostroute)
Woringen
130
634
Kieswerk
Lippenbauer
Holder
Pfaule
Koppenloh
Dießlings
Zell
651
655
Raupolz
Höhenbauer
Ölmühle
Ziegelstadel
Untermühle
Bad Grönenbach
Markt
716
Klevers
Frauenkau
Allgäu Resort
Grönenbacher
Wald
Vorm Wald
781
Manneberg
Greit
735
Herbisried
787
Sommersberg
794
Veiten
761
Sachsenried
742
FKK-Sport-und Erholungszentrum
Hängebrücke
Fischers
677
Kuppel
733
Hörgers
Manzele
Ellenberg
754
Altusried
Markt
0 700 m

Auf der Iller
Kajaken am Illerdurchbruch zwischen Altusried und Kardorf

Kajaktour 29 — Tour 29

DAUER	4h
LÄNGE	19,9 km
STROMSCHNELLEN	nein
SCHWIERIGKEIT	MITTEL
MIT ÖPNV ERREICHBAR	nein

Das erwartet euch …

Entspanntes Dahingleiten in Ruhe und traumhafter Natur – anders lässt sich diese Kajaktour nicht beschreiben. In dieser Region wird die Iller durch einige Staustufen „gezähmt", so fließt sie langsam und gemütlich dahin. Allerdings muss man fast durchgehend paddeln, wenn man einigermaßen schnell vorankommen möchte. Auf die 20 Kilometer kann das ein durchaus anstrengendes Unterfangen werden.

Kajaktour 29

Start & Ziel & Anreise

Startpunkt ist die Hängebrücke bei Altusried. Von der A7 nehmen wir die Ausfahrt Dietmannsried / Altusried und folgen der Landstraße über die Iller nach Altusried. Über die Flößerstraße geht es dann zur Iller. An der Einstiegsstelle gibt es einen Parkplatz. Für den Rückweg parken wir am besten ein zweites Auto am Ankunftsort

Tourenbeschreibung

Im südlichen Oberallgäu ist die Iller ein weitgehend ungebändigter Bergfluss mit starker Strömung, Wirbeln und Stromschnellen. In den Breiten um Altusried jedoch fließt der stolze Strom relativ gemächlich dahin. An warmen Tagen tummeln sich hier Libellen und alle möglichen Wasservögel. Sogar Biber zeigen sich ab und zu. Nachdem wir unter der Hängebrücke unser Kajak zu Wasser gelassen haben, gleiten wir sanft nach Südwesten. Nur wenige hundert Meter später tauchen die ersten weißen Steilwände auf. Die Iller macht hier eine Schleife, wenig später gleiten wir an einer halbmondförmigen Insel inmitten des Flusses vorbei. Hier weitet sich der Fluss deutlich. Dann paddeln wir ein gutes Stück geradewegs dahin, bis die Staustufe Fluhmühle in Sicht kommt. Links vor dem Stauwehr befindet sich ein Bootsanlegeplatz, auf den wir geradewegs zusteuern. Hier müssen wir unser Kajak ums Wehr herumtragen. Der Weg ist exzellent ausgeschildert. An der Wiedereinstiegsstelle gibt es eine schöne Kiesbank, die zum Baden einlädt.

Hinter dem Wehr wird die Strömung ein wenig stärker, aber immer noch kein Vergleich zu ihrem wilden Abschnitt im Vorgebirge. Wenig später schuppern wir unter der Brücke nach Bad Grönenbach hindurch. Danach biegt der Fluss in einer großen Schleife nach Westen. Zu unserer Rechten erhebt sich wieder eine imposante Steilwand. Wir gleiten vorbei an schilfbestandenem Ufer und vereinzelten, kleinen Treibholzinseln. Wir halten uns jedoch stets in angemessenem Abstand von Ufer und Inselchen, um die Tierwelt nicht zu stören. Nach der folgenden Illerschleife erblicken wir auch schon die nächste Staustufe.

Vom kleinen Landeplatz vor der Staustufe bei Legau tragen wir unser Kajak um das zweite Wehr herum. Auch hier bietet sich wieder die Möglichkeit, in die Iller zu hüpfen. Es gibt sogar einen Aussichtsturm samt Hängesteg. Wir paddeln weiter. Es folgt nun eine längere, fast gerade Strecke mit fantastischer Natur und Umgebung, die beinahe karibisches Flair vermuten lässt. Dann kommt allmählich Schloss Kronburg in Sicht. Wir schlängeln uns durch Schwadronen von Schwänen und erreichen die letzte Staustufe bei Maria Steinbach. Danach kommt endlich ein Stück, auf dem es etwas flotter dahingeht. Hinter der nächsten Flussbiegung gleiten wir aber wieder ruhig unter der historischen Illerbrücke bei Illerbeuren durch. Auf ihr dürfen nur noch Fahrräder fahren oder Fußgänger spazieren.

Wir passieren das Flussbad und wenig später erblicken wir Kardorf. Hier weitet sich die Iller zum gleichnamigen Stausee. Der See ist Vogelschutzgebiet, hier darf nur am äußeren – Kardorf zugewandten – Rand gefahren werden. Jetzt heißt es nochmal kräftig paddeln – in einem großen Bogen über den Stausee. Zu seinem Ende hin erreichen wir die Staustufe Lautrach. Hier endet unser gemütlicher Tagesausflug auf der Iller.

Autoren Tipp

Falls man nur mit einem Auto unterwegs ist, kann sich die Rückfahrt etwas schwierig gestalten. Falls man also nicht mit dem eigenen Kajak/Kanu auf Tour gehen möchte, der kann sich eines bei einem örtlichen Vermieter leihen. Von Kardorf wird man samt Kanu oder Kajak zum Einstieg bei Altusried gebracht. Räder für ein einfacheres Umsetzen an den Staustufe sind bei den Kanus dabei.

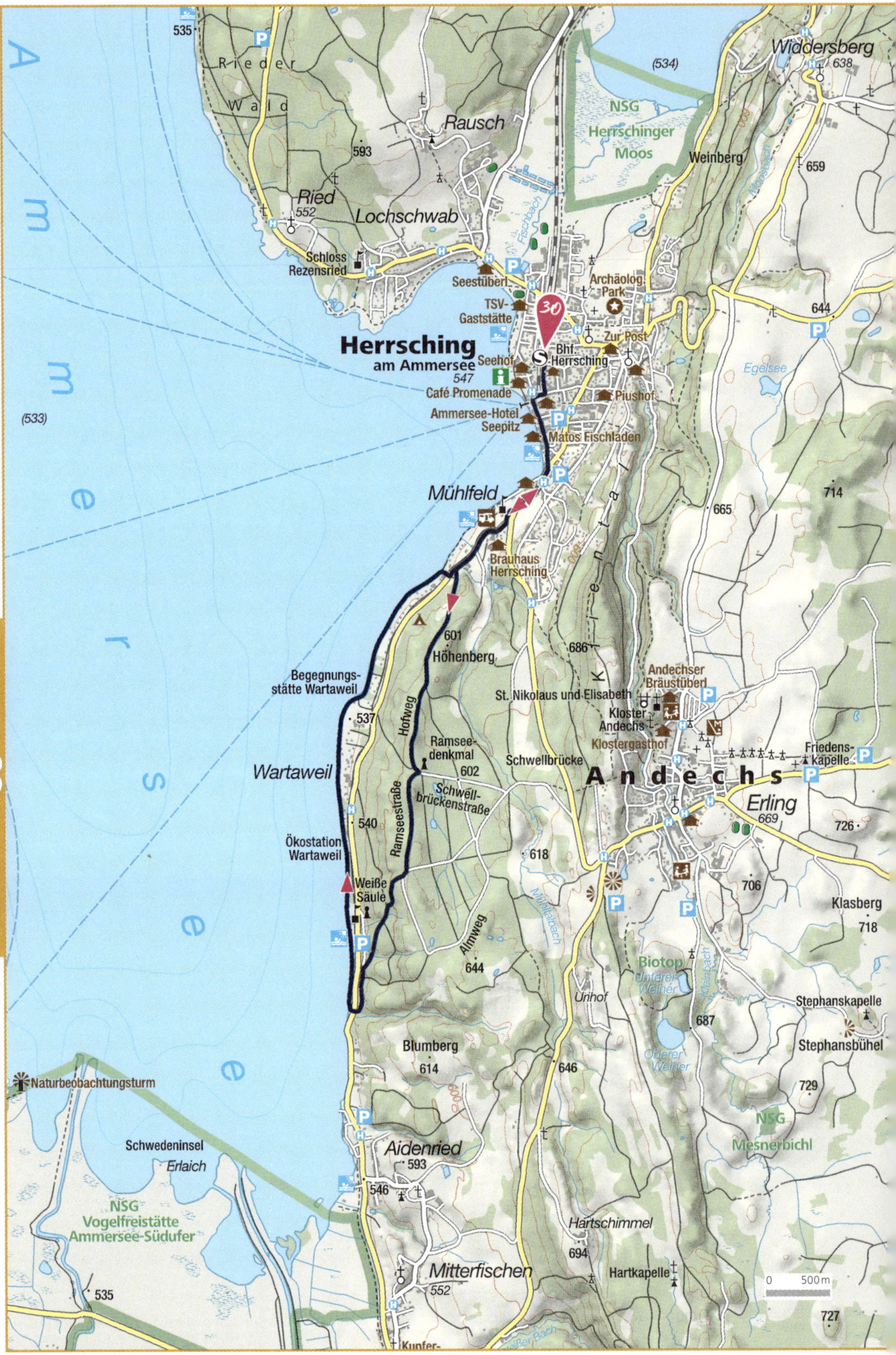
Ammersee
Rieder Wald
Rausch
Ried
Lochschwab
Schloss Rezensried
Seestüberl
TSV-Gaststätte
Herrsching am Ammersee
Seehof
Café Promenade
Ammersee-Hotel Seepitz
Matos Fischladen
Bhf. Herrsching
Zur Post
Piushof
Archäolog. Park
NSG Herrschinger Moos
Widdersberg
Weinberg
Egelsee
Mühlfeld
Brauhaus Herrsching
Höhenberg
Kiental
Begegnungsstätte Wartaweil
Hofweg
Ramseedenkmal
Ramseestraße
Schwellbrückenstraße
Schwellbrücke
Wartaweil
Ökostation Wartaweil
Weiße Säule
Almweg
St. Nikolaus und Elisabeth
Andechser Bräustüberl
Kloster Andechs
Klostergasthof
Andechs
Erling
Friedenskapelle
Klasberg
Biotop Unterer Weiher
Oberer Weiher
Unhof
Stephanskapelle
Stephansbühel
NSG Mesnerbichl
Blumberg
Naturbeobachtungsturm
Schwedeninsel
Erlaich
NSG Vogelfreistätte Ammersee-Südufer
Aidenried
Mitterfischen
Hartschimmel
Hartkapelle
Kupfer-
0 500 m

Badetour 30

Herrsching – Warataweil
An den Ufern des Ammersee

DAUER	3h
LÄNGE	11,6 km
HÖHENMETER	150 hm
SCHWIERIGKEIT	LEICHT
MIT ÖPNV ERREICHBAR	ja

Das erwartet euch …

Heute erwartet uns eine herrliche Wanderung über den langen Waldrücken östlich des Ammersees. Dabei leiten uns einfache Wege auf kaum nennenswerten Steigungen. Mit Ramsee steuern wir ein gar geheimnisvolles und geschichtsträchtiges Ziel an: Seit 1860 ist das Dorf verschwunden. Bei der Hälfte der Wanderung bietet sich im Andechser Strandbad eine kleine Pause mit Badestopp an.

Badetour 30

Start & Ziel & Anreise

Ausgangspunkt ist der Bahnhof in Herrsching. Von München aus fährt die S8 im zwanzig Minuten Takt dorthin. Mit dem PKW erreichen wir den Ort am Ammersee über die A96 Richtung Lindau. Nach der Ausfahrt Inning am Ammersee geht's durch Inning hindurch und dann nach Süden über die Inninger Straße am See entlang nach Herrsching.

Tourenbeschreibung

Um Ramsee ranken sich viele Geschichten. Grund ist sicherlich sein Verschwinden von der Landkarte. Nur noch ein Denkmal und eine Infotafel erinnern an das Dorf Ramsee. Den Anfang vom Ende des ohnehin schon immer kleinen Dörfchens leitete die Säkularisation ein. Die Bauern verkauften ihre Betriebe. Einer der neuen Eigentümer kaufte systematisch alle Höfe auf und verkaufte zwanzig Jahre später ein großes Gut an den Staat. Im Zuge einer Fluraufforstung ließ der Staat dann das Gut mitsamt seiner Nikolauskirche abreißen. An der Stelle wo einst Ramsee stand, gibt es heute einen Gedenkstein, das Ramseedenkmal, und das wollen wir im Rahmen eines Badeausflugs besuchen.

Auf der breiten Straße vom Bahnhof Herrsching spazieren wir zunächst gen Süden. Es geht sanft hinab und rechts entlang der Straße Am Landungssteg bis zum See. Hier folgen wir dem Uferweg gut 300 Meter nach links. Der folgende

Durchgang ist blockiert, weshalb wir nach links zur Bushaltestelle hinauf gehen und dann nach rechts auf dem Fuß- und Radweg neben der Autostraße weiter wandern. Schon bald nachdem wir das hübsche Schloss Mühlfeld passiert haben, achten wir linker Hand auf einen Fahrweg, der mit dem Schild „Ramsee" versehen ist. Er steigt lange durch den Wald auf den Höhenberg an. An ein paar Wegverzweigungen biegt links ein kurzer Pfad zum Ramseedenkmal ab.

Unsere Route führt uns weiter über den Fahrweg auf den höchsten Punkt der Wanderung. Dabei halten wir die Richtung nach Aidenried. Bei der folgenden Kreuzung halten wir uns rechts. Hier orientieren wir uns an der Radwegbeschilderung nach Wartaweil. Nach einem längeren Abstieg erreichen wir in der Nähe des Parkplatzes einen asphaltierten Weg. Wir wenden uns links hinab. Gleich darauf biegt rechts der beschilderte Weg zum Erholungsgebiet ein. Wir gehen durch eine Unterführung unter der Autostraße hindurch und zum beliebten Badestrand am Ammersee. Nach einem erfrischenden Sprung in den See folgen wir dem Uferweg Richtung Norden. Nach der weißen Säule erreichen wir eine Unterbrechung des Uferweges. Hier geht's scharf nach rechts, hinauf zum Fuß- und Radweg. Wir gelangen wieder auf den Hinweg, auf dem wir zum Bahnhof nach Herrsching zurückschlendern.

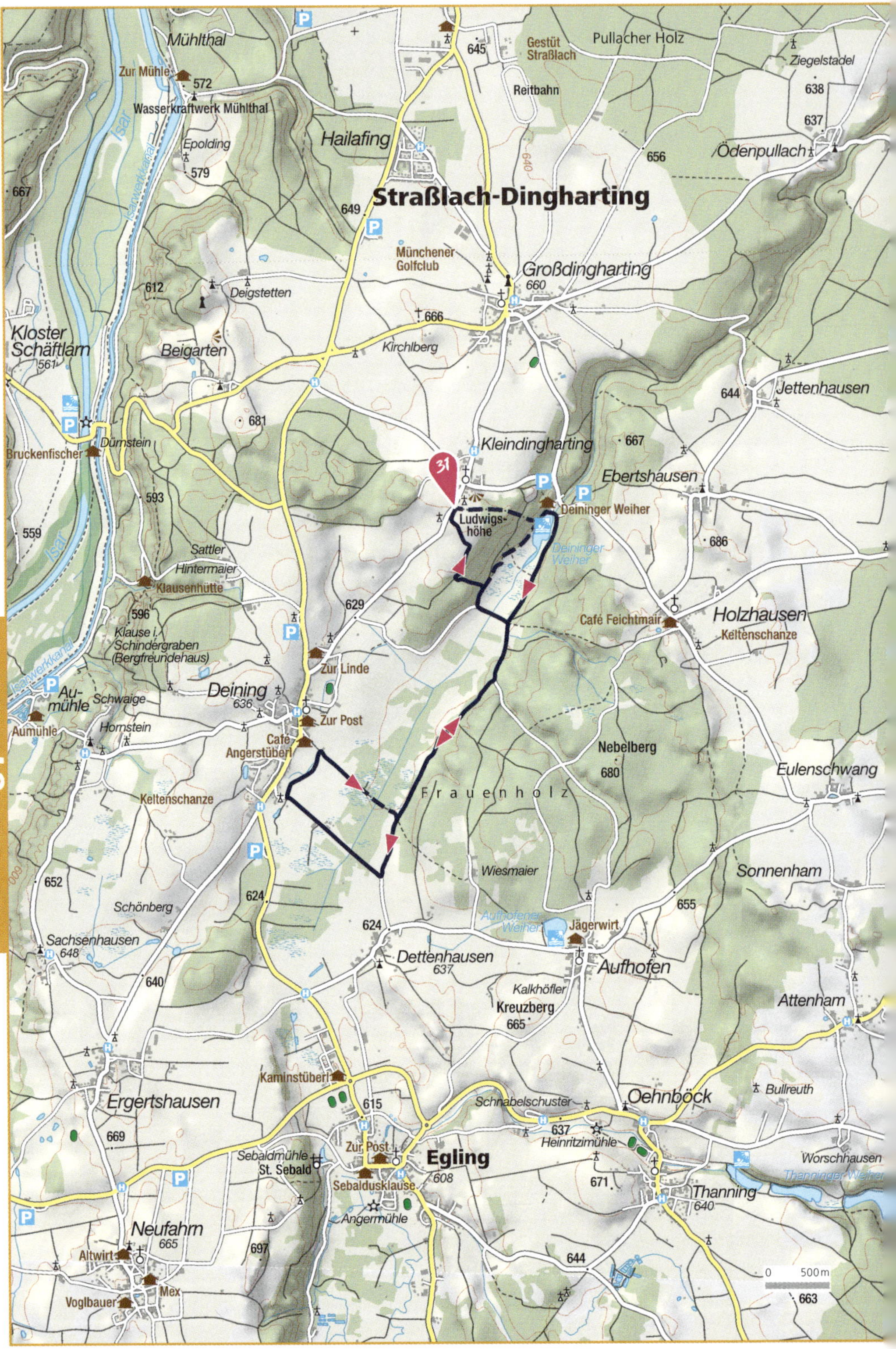
Mühlthal
Zur Mühle
572
Wasserkraftwerk Mühlthal
Epolding
579
645
Gestüt Straßlach
Pullacher Holz
Ziegelstadel
638
637
Reitbahn
Hailafing
656
Ödenpullach
667
Isar
Isarwerkkanal
Straßlach-Dingharting
649
Münchener Golfclub
Großdingharting
660
612
Deigstetten
666
Kirchlberg
Kloster Schäftlarn
561
Beigarten
Jettenhausen
644
681
Dürnstein
Bruckenfischer
Kleindingharting
667
31
Ebertshausen
Ludwigshöhe
Deininger Weiher
593
559
686
Sattler
Hintermaier
Klausenhütte
596
629
Café Feichtmair
Holzhausen
Keltenschanze
Klause i. Schindergraben (Bergfreundehaus)
Zur Linde
Au-mühle
Schwaige
Deining
636
Zur Post
Aumühle
Hornstein
Café Angerstüberl
Nebelberg
680
Eulenschwang
Keltenschanze
Frauenholz
Wiesmaier
Sonnenham
652
Schönberg
624
655
Aufhofener Weiher
Jägerwirt
624
Sachsenhausen
648
Dettenhausen
637
Aufhofen
640
Kalkhöfler
Kreuzberg
665
Attenham
Kaminstüberl
615
Schnabelschuster
Oehnböck
Bullreuth
Ergertshausen
637
Heinritzimühle
669
Sebaldmühle
St. Sebald
Zur Post
Egling
608
Worschhausen
Thanninger Weiher
671
Sebalduskiause
Thanning
640
Angermühle
Neufahrn
665
Altwirt
697
Mex
644
Voglbauer
0
500 m
663

Deininger Weiher
Wanderung am Gleißenthalweiher

DAUER	4h 15min
LÄNGE	12,6 km
HÖHENMETER	70 hm
SCHWIERIGKEIT	LEICHT
MIT ÖPNV ERREICHBAR	ja

Badetour 31

Tour 31

Das erwartet euch ...

Der Deininger Weiher, der aus dem Wochenendprogramm vieler erholungssuchender Münchner Stadtbewohner nicht wegzudenken ist, hat nette Attraktionen zu bieten. Zunächst einmal gehört dazu eine brillante Aussicht auf die Alpenkette bei reiner Luft, die von der Ludwigshöhe am schönsten ist, dann ein Wirtshaus, wo man angenehm einkehren kann und das auch eine Sonnenterrasse direkt am Seeufer bietet. Und natürlich gibt es schöne Badegelegenheiten.

Badetour 31

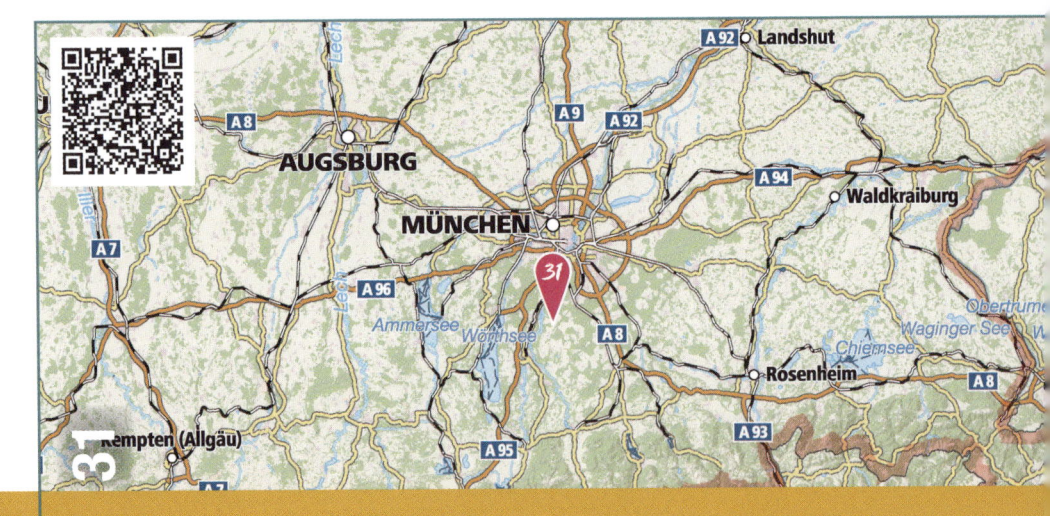

Start & Ziel & Anreise

Ausgangs- und Zielpunkt der Rundtour ist die Ludwigshöhe in Kleindingharting, die man mit dem Auto über die B 11 aus Richtung München kommend wie folgt erreicht: Im Zentrum von Schäftlarn links auf die Klosterstraße, nach 5 Kilometer links durch Beigarten, an der St 2072 kurz rechts, gleich links nach Kleindingharting, vor der Kirche rechts zur Ludwigshöhe. Die Bushaltestelle (Linien 222V, 271, 271V) ist rund 350 Meter vom Ausgangspunkt entfernt.

Tourenbeschreibung

Wir starten die Tour bei der schönen und aussichtsreichen Kapelle auf der Ludwigshöhe. Rechts von ihr führt ein Weg entlang einer Baumreihe und dann über eine Wiese in den Wald hinein. Anfangs wird man dort vielleicht noch eine Wegspur finden, muss sich dann aber ohne erkennbaren Pfad nach Osten hinunter die Route selber suchen. Dabei geht es über ein paar Querwege und schließlich direkt beim Deininger Weiher ins Gleißental. Dort hält man sich links und kommt schon sehr bald zum Wirtshaus. Am Auslauf des Weihers gibt es einen Steg über den Bach. Gleich dahinter dreht der Weg nach Süden ab und führt am Ostufer entlang. Im weiteren Verlauf kommt man auf dem Uferweg zu einem Sträßchen, das im Sommer bei Radfahrern sehr beliebt ist. Auf ihm gehen wir nach Süden weiter und bei allen Abzweigungen geradeaus, bis wir durch Wald, dann wieder auf freien Wiesen am Rande des Deininger Filzes dorthin kommen, wo sich zuerst der Maibaum, dann das Dorf Dettenhausen zeigen.

Noch weit vor diesem kleinen Dorf zweigt der Rundweg scharf rechts ab und folgt einer Straße in Richtung Deining, also nach Nordwesten. Sie führt unter einer Stromleitung durch und schon werden die ersten Häuser von Deining erreicht. Am Ortsrand zweigt die Route rechts ab und führt auf einer sehr deutlichen, später aber kaum mehr erkennbaren Fahrspur nach Nordosten weiter. Bei der ersten Abzweigung geht es links weiter, bei der zweiten nach rechts. Abermals kommen wir unter der Stromleitung durch und die Straße schnürt sich zu einem Pfad zusammen, der in dichten Wald hineinführt und auf einem Steg einen Bach quert, bevor er auf eine Lichtung stößt. Durch diese Lichtung zum Waldrand hinüber und zur Route, die wir vorher in der anderen Richtung gewandert sind.

Der Rundweg bringt uns dann ein längeres Stück nach Nordosten weiter und zweigt beim folgenden Wegedreieck links ab. Er führt gegen Nordwesten quer durch das Moor, in dem ein Brücklein einen Wasserlauf überspannt und erreicht ein Sträßchen. Dort schwenkt er rechts ab. Rund 200 Meter geht es auf dem Fahrweg weiter. Wer zur Wirtschaft zurück will, bleibt auf ihm und kommt direkt zum Parkplatz hinaus. Will man zur Ludwigshöhe zurück, muss man sehr genau aufpassen, denn der Waldweg, der nach links abbiegt, ist weder markiert noch beschildert und schnell übersehen. Auf ihm plagt man sich ziemlich steil im Waldhang nach Westen hinauf, an der Scheitelstrecke nach rechts durch dichtes Unterholz und schließlich auf die freien Wiesen der Ludwigshöhe. Man folgt dem Waldrand nach Norden, bis von rechts eine breite Wegspur heraufkommt, die links abbiegend zur Kapelle auf der Ludwigshöhe zurückführt.

Autoren Tipp

Der Deininger Weiher ist ein Paradies für Kinder. Im Weiher schwimmen dicke Karpfen, die sich gerne mit trockenem Brot verwöhnen lassen. Rund um den Weiher gibt es viele seichte Stellen, an denen die Kids plantschen können. Der warme Moorsee ist auch im Herbst noch hervorragend für ein Badevergnügen geeignet.

32

Themenweg 32

Ratzinger Höhe
Spiel und Spaß auf aussichtsreichen Wegen

DAUER	2h 45min
LÄNGE	6,7 km
HÖHENMETER	220 hm
SCHWIERIGKEIT	LEICHT
MIT ÖPNV ERREICHBAR	ja

Das erwartet euch ...

Die kurze Wanderung führt von Rimisting durch herrliche Hügellandschaft mit fantastischen Ausblicken zu den Chiemgauer Bergen und dem Chiemsee. Dabei wechseln sich asphaltierte Sträßchen und leicht geschotterte Wege ab. Mit geländegängigen Kinderwägen kann man's noch probieren, normale Kinderwägen werden sich im Schotter schwer tun. An 14 Stationen entdecken die Kids mit Spiel und Spaß die Geschichte dieser Region.

Themenweg 32

Start & Ziel & Anreise

Los geht's am Kirchplatz in Rimsting. Über die A8 fahren wir Richtung Salzburg. An der Ausfahrt Bernau am Chiemsee wechseln wir auf die Bernauer Straße Richtung Prien am Chiemsee. Von hier aus in zwei Kilometern nordwärts nach Rimsting. Mit dem Zug geht's von München nach Prien. Hier fährt vom Bahnhof der Bus Nr. 9510 Richtung Rosenheim über Rimsting.

Tourenbeschreibung

Wir starten in Rimsting am Kirchplatz. Nach wenigen Metern wandern wir am Friedhof vorbei und passieren einen schönen Hohlweg mit herrlichem Baumbestand. Nach der Baumscheibe bei Station 1 wandern wir in Westenbachtal hinab. Hier lädt ein schöner, schattiger Platz zum Rasten ein. Ein riesiges Holzmammut erzählt hier die Geschichte der Urzeitriesen. An Station 3 wird Wissenswertes über die Entstehung dieser Landschaft während und nach der Eiszeit vermittelt.

An Station 4 verlassen wir das Tal und wandern die bewaldeten Hänge empor. An den Stationen 5-7 können sich die Kinder am Waldxylophon versuchen, durch ein Zielfernrohr blicken und sich auf ein paar gemütlichen Bänken eine Pause gönnen. Wir spazieren weiter zu den Futterwiesen. Das nächste Wegstück ist bei schlechtem Wetter evtl. rutschig und nicht für Kinderwägen geeignet. Wir können dieses Stück über Landstraßen bis zum Gasthaus Weingarten umgehen.

Andernfalls geht's über die Straße zum nächsten Waldstück hinauf. An Station 8 verweilen wir ein wenig und genießen den Blick auf die Berge. Steil wandern wir dann nach Osterhofen empor. Ein Felsblock markiert Station 9.

Über Dirnberg erreichen wir die Schnapsbrennerei und den Itakerhof aus Schlackengestein. Dann endlich erreichen wir die Ratzinger Höhe mit wunderbaren Weitblicken. Besondere Attraktionen sind hier das Fernrohr (Station 10) und das Bienenhaus (Station 12). Der Gasthof Weingarten lockt zu einer gemütlichen Einkehr. Auf dem darauf folgenden Spielplatz können sich die Kids im Castell wie Römer fühlen. Die letzte Attraktion ist ein etwa 20 Meter hoher Aussichtsturm. Hier gibt es zwei Fernrohre, mit denen wir die beiden Seen noch schärfer im Blick haben. Zum Abschluss des Erlebnisweges wartet noch ein traumhafter Blick auf die Umgebung. Zurück geht's entweder auf dem Erlebnisweg oder über den Rimstinger Rundwanderweg, der über Hitzing nach Greimharting und weiter nach Rimsting hinunter führt.

Raffneralm
Raffneralm
Menkenberg
798
Taubensee
Taubensee
Vorderer-
1645
Hinterer-
1671
Waich
Fritz a. Sand
Schwendtboden
Rauschberghaus
Plenkalm
Eisenberg
Unternberg
1425
Diensthtt.
Unternbergalm
1474
Rauschbergalm
Mittagwandl
1488
Streicher
Rauschberg Diensthtt.
33
Bergwachthütte
Unternberg
1335
Durlachkopf
1395
Laubau
Holzstube
Holzknechtmuseum
708
Sackgrabenalp
Kühbach Diensthtt.
Deutsche Alpenstraße
Diensthtt.
Diensthütte
Sichernalm
Fuchswiese
1057
Waicher Maisalp
Diensthtt.
Wildfütterung
836
Mahdeck
1014
Biathlonstadion Chiemgau Arena
Trainingsbahn
Seehaus
Seehaus
Zirmbergrücken
Diensthütte
Schwarzachen
Schwarzachenalm
1111
Danzingschneid
Förchensee
1173
Seekopf
305
1105
Zirmberg
Ortnerstube Diensthütte
Spitzau
Diensthütte
Prügelbergkopf
1202
Saurüsselkopf
1270
Adlerkopf
1338
1320
1322
Richtstrichkopf
Adlerkopf Diensthütte
Flauschberg
1342
974
Hintere Kraxenbach-Diensthtt.
Fischbachschneid
Vordere Kraxenbach-Diensthtt.
Fischbachalm (verf.)
1499
Fansteigenschneid
Vorderlahnerk.
1909
Großer Sand
Sonntagshorn
1961
Reifelberg
1883
Fischbachkopf
1695
1578
1883
Hirscheck
Kreuzschneid
Wildalphorn
1738
1669
Ochsenlahnerkopf
1501
875
1767
Hubertuskapelle
1463
Roßkarsattel
Grenzkendlkopf
1375
1275
1312
Trostberger Hütte
Hochalm
Staubfall
Flatscherkopf
1541
Angerertalsiedlg.
Peitingköpfl
1720
Riegerkaser
Pichleralm
W i l d a l m
Gschwendteralm
1665
Wildalm
Guter Hirt
Kl. Drei Brüder
1507
Wildschutzgebiet
1539
Hochgimpling
1200
Heutaler Hof
960
Alpengasthof Almrose
968
Heutalbauer
Herbstkaser
Eudakasa
Kühsteinwald
Mäander-Hochmoor
Dickkopf
1204
Fischbachklause
Hochegger-maiß
996
Talbrücke
0
500 m
Moosgrabenstube
1126
Ochsenbrunn
1128
Möserer Forststr.
1327
Gföll
Hochegger
Hausruck

Staub- & Fischbachfall
Schattige Talwanderung mit Wasserfinale

Wasserfalltour 33 — Tour 33

DAUER	4h 30min
LÄNGE	16,5 km
HÖHENMETER	300 hm
SCHWIERIGKEIT	MITTEL
MIT ÖPNV ERREICHBAR	ja

Das erwartet euch ...

Vom Holzknechtmuseum bis zur Überquerung des Fischbaches wandern wir auf einem bequemen Forstweg. Danach führt ein mit Geländer versicherter Steig weiter. Gerade für Kinder ist dieser Streckenabschnitt ein ganz besonderes Abenteuer, geht es doch stetig über wurzelige Pfade, Treppen und Felsen immer wieder mal an der Felswand entlang. Der 200 Meter hohe Staubfall ist die Perle der Wanderung.

Wasserfalltour 33

Start & Ziel & Anreise

Ausgangspunkt ist das Holzknechtmuseum in Laubau bei Ruhpolding. Mit dem PKW geht's von München über die A 8 Richtung Salzburg. Bei der Ausfahrt Traunstein / Siegsdorf wechseln wir auf die B 306 Richtung Inzell / Ruhpolding. Durch Ruhpolding hindurch und den letzten Kilometer auf der B 305 nach Laubau. Von Traunstein fährt stündlich die Regiobahn nach Ruhpolding. Weiter mit dem Bus Nr. 9506 nach Laubau / Holzknechtmuseum.

Tourenbeschreibung

Unser Ausflug führt uns leicht ansteigend entlang des Fischbaches und bildet einen spannenden Übergang ins österreichische Heutal. In einer Scharte des Kammverlaufs vom Dürrnbachhorn zum Sonntagshorn donnert der Staubfall hernieder. Er bildet mit seinen rund 200 Metern Sturzhöhe ein atemberaubendes Wanderziel inmitten einer spektakulären Felsenlandschaft. Der Steig ist gut versichert und kann auch von Kindern gut begangen werden.

Vom Parkplatz beim Holzknechtmuseum wandern wir an einer Schranke vorbei und auf einem Fahrweg weiter. Wir biegen rechts ab und richten uns nach der Markierung zur Fuchswiese. Ein anderer Forstweg leitet uns dann stetig am Fischbach entlang. Rechts und links ragen die steilen Berghänge in die Höhe. Wir wandern zwischen ihnen durch das herrlich bewaldete Fischbachtal entlang. Am Ende des Fahrweges führt ein schmaler Waldpfad weiter. Er steigt in Serpentinen den

Hang empor. Direkt auf der deutsch-österreichischen Grenze (ein früher recht beliebter Schmugglerweg) können wir von sicherer Warte aus das imposante Schauspiel der herabstürzenden Wassermassen des Staubfalls betrachten.

Der Fortgang der Route führt uns weiter über den Steg zum Fischbachfall. Er ist ein wenig kleiner als der Staubfall, aber nicht minder schön. Nach dem Wasserfall verlassen wir den Wald und wandern weiter ins Heutal. An der Straße nach Unken gibt es mehrere Einkehrmöglichkeiten. Der Rückweg erfolgt auf dem Anstiegsweg.

Am Ausgangspunkt in Laubau wartet ebenfalls eine Attraktion auf uns: Das Holzknechtmuseum stellt innen und außen mit eindrucksvollen Beispielen die Arbeit mit Holz dar. Ein großes Freigelände bietet für mehrere Holzgebäude Platz. Hier werden unterschiedlichste Holzbauweisen demonstriert. Alte Werkzeuge und andere Einrichtungen geben Einblicke in vergangen Holzverarbeitungsmethoden. Die Dauerausstellung ermöglicht den Besuchern ein authentisches Eintauchen in den Arbeitsalltag der Holzknechte im Bergwald.

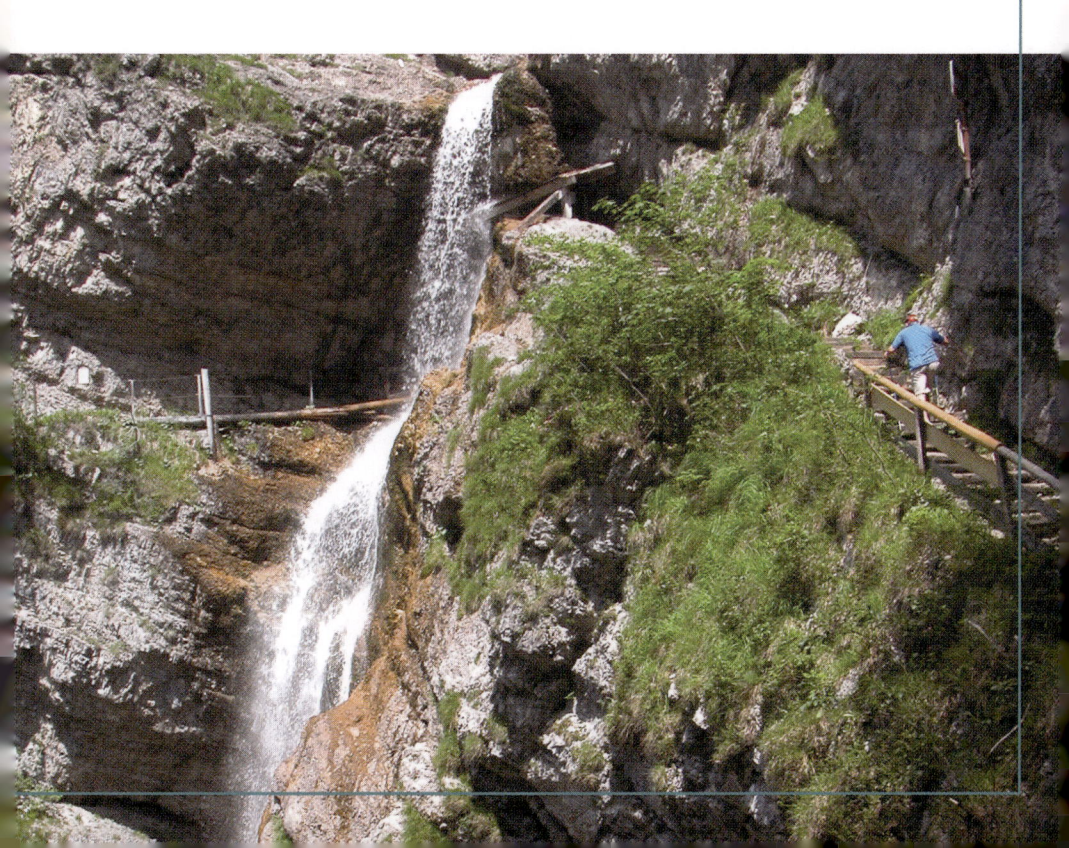

Berchtesgaden
Kälberstein
Schloss Berchtesgaden
Bella Italia
Pfeil
Kranz-bichl
Bader
Böckl-mühle
Oisler
Neuhaus
Böckl-weiher
Koppen
Böckl-moos
Götschenkopf
1307
1128
Schönbichl
Feistenau
Moos
Meisel-lehen
Trist-ham
Haus der Berge
Unter-
Ober-
571
-herzogberg
Schiedbichl
Obersalzbergbahn
20
Strub
Mountain Move
Schusterbichl
Kletterzentrum
Alpenstr.
Deutsche
Otten
Siegler
Schied
Kressen
Hochlenzer
Schiffer
Scheberer
Sappen
Pfenning
Wembach
Graf
Steinwand
678
Menten
Stang
Söldenköpfl
1022
Schnecken
Vierrad
Soldenlehen
Schober
Gebirgshäusl
Zechmeisterlehen
Ober-
Moos
Göbl
Sulz-
berg
Fried-
bichl
Engedey
Punzen
Ramsauer Ache
Lösler
Wahl
Kohlhiasl
Binder
Graben
Wald-stein
Laxer
Höllgraben
Oberroßhof
305
Berghof
Ständler
Unteröd
Dankl
Hanetz
Bodner
Winkl
Dichtler
Spinner
Kranvogel
Frechen
Schapbach
765
Dicken
Bären-stüberl
-schönau
Krenn
Schwöb
Bern
Berngrub
Fritzen
Holzen
Bründl
Unter-
Schneider
Hinterschönau
Oberöd
Köppeleck
Gröll
Mühl-eben
Widlbrand
Resten
Waldhäuser
Unterstein
Thaler
Hainzen
Reichl
Punz
Wiesen
Mühlleiten
Alpenhof
Schönau a. Königssee
(630)
Grünsteinst.
Schusterstein
Maler
Hasenbrunnen
Arten-
reit
Margarethenhof
20
Königs-
see
Vorderbrand
Grünstein
1306
Hohenwart
34
Glaser
Holz
Brandkopf
1156
Kreßgraben
Koppen-stein
Grünsteinhtt.
1220
Schapbachriedel
Hofreit
Dörfl
Brandtner-hof
Hochbahn
Neuhausen
Stubenalm
Weiße Wand
Klingeralm
Jodler
Öd
Bob- und Rodelbahn
1329
1203
1185
Halbzeit
Villa Beust
Vogelhtt.
Diensthtt.
1260
Dr.-Beck-Haus
Christlieger
Schapbachalm
1040
Maler-winkel
Rabenwand
Hochbahn
Vogelhüttenalm
Skihütte
Schap-
bach-
boden
Wasserfallalm
Wildschutz-gebiet
Diensthtt.
Mitterkaser
Mitterkaseralm
Sommerbichel
1293
Kreuzelwand
604
Ronneralm
(verf.)
Strubkopf
1271
Strubalm
1874
Jenner
Herrenroint
Diensthtt.
Falkensteinalm
(verf.)
Kohlschlag
Nationalpark-INFO
Brentenwand
Nasser Palfen
Büchsenkopf
Büchsenalm
1247
Diensthtt.
Holzstube
Falzalm
Kührointhütte
1420
Watzmannhaus
1930
1915
Königsbachalm
1240
Archenkopf
Im Echo
Wasserpalfen
Watzmannkar
Kederbichel
Kesselwand
Sillenköpfe
Mooslahnerkopf
1815
Aussichtspunkt Archenkanzel
Archenwand
Kessel
Kesselbach
Pries-
berger
Moos
2307
Kl. Watzmann
Watzmannscharte
Lablkopf
(603)
Königssee
Gotzentalalm
1110
1460
Priesbergalm
2230
2247
2015
Watzmannkinder
Eiswinkel
Palfenlahner
0
500 m
Seeaukopf
1505
Rossfeld
Unt. Hirschen-
St. Bartholomä

Bergtour 34

Am Grünstein
Auf den Kleinen Bruder des Watzmanns

DAUER	2h
LÄNGE	8,2 km
HÖHENMETER	710 hm
SCHWIERIGKEIT	LEICHT
MIT ÖPNV ERREICHBAR	ja

Das erwartet euch ...

Die Runde führt über Forst- und Wiesenwege und auch kurz über asphaltierte Straßen. Oberhalb vom Bobbahn-Start beginnt ein gut angelegter und stellenweise recht steiler Steig, der in engen Kehren durch den Wald hinaufführt. Der schmale Pfad ist ungefährlich, aber bei Nässe nicht unbedingt zu empfehlen. Knapp unterhalb des Gipfels bietet sich die Grünsteinhütte für eine gemütliche Einkehr an.

Bergtour

Start & Ziel & Anreise

Los geht's am Königssee. Mit dem PKW fahren wir über die A8 Richtung Salzburg. Bei Bad Reichenhall wechseln wir auf die B20 über Bischofswiesen und Berchtesgaden zum Königssee. Hier parken wir auf dem Großparkplatz Königssee. Mit dem Zug geht's von München nach Berchtesgaden. Mit dem Bus Nr. 841 weiter bis zur Jennerbahn und dem Königssee.

Tourenbeschreibung

Auf der einen Seite dicht bewaldet, auf der anderen Seite ein felsiges Gesicht – so zeigt sich der Grünstein gern in verschiedenen Kleidern. Er ist dem Watzmann vorgelagert und schindet mit seiner felsigen Seite doch recht viel Eindruck. Der Grünstein ist ein beliebtes Gipfelziel – bietet er doch eine fast ebenso imposante Aussicht wie der Watzmann selbst. Sein Gipfel ist jedoch recht viel schneller und auf einfacheren Wegen zu erreichen.

Wir schlendern zunächst vom Parkplatz Königssee zu den An- und Ablegeplätzen der Königsseeboote am Hafen. Wir spazieren rechts am Ufer entlang, passieren die überdachte Holzbrücke und gehen hinauf zur Straße. Hier folgen wir dem Schild Richtung Grünstein. Es leitet uns nach rechts, kurz an der Straße entlang. Recht schnell nach der Kurve weist uns ein Schild nach links Richtung „Ramsau / Oberschönau". Wir folgen dem beschilderten Wanderweg, bis wir auf das Sträßchen treffen, das entlang der Bobbahn hochführt. Die Markierung leitet uns den breiten Weg hinauf. Nach einer Stunde erreichen wir die Startanlage der Bobbahn. Ein paar Meter nach dem Einstieg zum Grünstein Klettersteig halten wir uns an einer Verzweigung rechts. Ab hier leitet uns ein schmaler und immer steiler ansteigender Steig zur Grünsteinhütte hinauf. Der Steig ist zwar gut zu gehen, bei Nässe kann er aber gehörig rutschig werden.

Wir wandern im angenehmen Schatten des Waldes entlang des Klinggrabens. Richtung Weiße Wand. Dabei erhalten wir eindrucksvolle Einblicke in die schroffen Felsabbrüche der Grünstein-Südwand. Nach etlichen Stufen und vielen engen Serpentinen stoßen wir nach ungefähr 45 Minuten auf einen Wanderweg. Er kommt von links von der Kühroint Alm. Wir halten uns rechts und stehen wenige Minuten später vor der meist gut besuchten Grünsteinhütte. Die Hütte hat von Mai bis Oktober geöffnet und bietet handfeste Gerichte wie Kaiserschmarrn oder Schnitzel an. An einem gesicherten Aussichtspunkt erhaschen wir ein paar Tiefblicke zum Königssee hinab.

In einer guten viertel Stunde erreichen wir dann über einen wurzeligen Pfad den Gipfel des Grünsteins. Er bietet einen herrlichen Weitblick ins Berchtesgadener Tal und hinüber zum Watzmann. Auf den umliegenden Erhebungen stehen einige Rastbänke und ein Gipfelkreuz. Auch die temporäre GATE Sendestation ist hier zu finden. Seit 2006 sammelt sie Vermessungsdaten für das Navigationssystem GALILEO. Der Abstieg verläuft über den Anstiegsweg, bis wir nach der Steig-Verzweigung wieder den Kiesweg erreichen. Hier geht's rechts zur Bob- und Rodelbahn hinüber. Dann folgen wir einem asphaltierten Sträßlein, das uns direkt an der Bahn hinab zum See begleitet. An warmen Tagen bietet sich zum krönenden Abschluss ein Sprung in den kalten Königssee an. Die letzten Meter geht's auf bekanntem Weg über die Brücke am Ufer entlang zurück zum Parkplatz.

Autoren Tipp

Neben dem Normalweg führt auch der schon erwähnte Grünsteinklettersteig auf den Gipfel. Für kletterversierte und -erfahrene, schon etwas ältere Kids ist er zwar noch immer anspruchsvoll, aber mit der richtigen Ausrüstung (Klettergurt und Seilbremse) und etwas Ruhe gut zu meistern. Er ist in vier Varianten aufgeteilt. Die leichteste ist die Isidor Variante mit ein paar C-Stellen.

Agatharied
734
Güntsberg
924
Leiten
Tiefenbach
Berg
Sonnenstatt
Hof
Freigut
Lantenhammer Erlebnisdestillerie
Holz
Bergbaumuseum
Ferlendorf
Holz
Tratberg
Hausham
766
Haslrain
Freudenreich
Kasten
Laim
921
Brentenspitz
Brenten
Grünboden
Thal
Gschwendt
Rain
Moosrain
Pürstling
Kalkgraben
Abwinkl
Huabaoim
Schliersbach
307
Westenhofen
Urtlbach
Unterrißhof
Schliersberg-Alm
Riß
Karma Bavaria
Mühle
Almbad Huberspitz
Huberspitz
1052
Schwaig
Milchhäusl
Rainer Berg
1169
Jhtt.
Breitenbach
Freudenberg
Krainsberg
35
Krainsbergkogel
Au
952
1042
Tufftal
Brunstkogel
1255
Ober-
Krainsberger Alm
Unter-
Krainsberghütte
Lahnenkopf
1415
Westerberg
1333
S'Niedealm
Kühzaglalm
Brunnerstein
Kühzaglbach
Kühzagl
Rainerkopf
1465
Raineralm
Wasserspitz
1552
Rettenbäckalm
Eckspitz
1386
Schrodeck
Halzer
Halmer
Wörnsmühl
Letten
Bemberg
Stadl
Leithen
Bracher
Bemberg
908
Tiefenbach
Loidlsee
906
Motocross
Diensthütte
Grandau
Buchbühl
879
Backensee
Diensthütte
Kaltenbrunnen
Altenberg
Schweinthal
Rohnberg
1265
Hotel Schliersbergalm
1055
Freizeitpark m. Sommerrodelbahn
Zielmoos
Gschwendner Berg
Kreit
Schliersee
784
Markt
Stögeralm
896
1082
Taferlmoos
Oberleiten
Sperbergraben
1203
Breitenberg
1210
Schliersee
(777)
Wörth
Wirtshaus im See
Deutsche Alpenstraße
Leitnergraben
Winterstube
Leitner Nasen
1258
Ruine Hohenwaldeck (gesperrt)
Hirschgeröhrkopf
1272
Kellerberg
Rixneralm
Seegarten
Fischhausen
801
St. Leonhard
799
Freilichtmuseum Markus Wasmeier
Fischhausen Neuhaus
Probstalm
Slyrs Destillerie
307
Neuhaus
816
Anklspitz
Dürnbachwand
1260
1112
Schlierseespitz
1279
Dürnbachwald
1445
Josefsthal
Spitzingstraße
Blechgraben
Hagenberg
Ankelalm
1285
1524
Ehardalm
1306
Obere-
Freudenreichkapelle
Freudenreichalm
Stockeralm
Alpengarten
1560
1590
0
500m

Rund um den Schliersee

Gemütliche Familienwanderung auf dem Uferweg

Badetour 35

DAUER	2h
LÄNGE	7,3 km
HÖHENMETER	10 hm
SCHWIERIGKEIT	LEICHT
MIT ÖPNV ERREICHBAR	ja

Das erwartet euch ...

Sehr einfache Wanderung auf gutem Weg, immer am Seeufer entlang. Auf der Strecke gibt es mehrere Einkehrmöglichkeiten. Der Dichter des Sauflieds „Ich möcht' gern an Biersee, so groß wie der Schliersee" hat sich mit seinem Durst, gemessen an anderen bayerischen Bergseen, relativ zurückgehalten, denn zu den größten seiner Art zählt der Schliersee nicht. Dafür liegt er in einer Gegend, wie sie schöner kaum sein kann, und an Badestränden gibt es auch keinen Mangel.

Badetour 35

Start & Ziel & Anreise

Wir starten am Parkplatz beim Campingplatz im Ortsteil Breitenbach. Mit dem Auto auf der A 8 München–Salzburg bis zur Ausfahrt 98 Weyarn. Nach Weyarn abbiegen und auf der St 2073 nach Miesbach zur B 472 und weiter auf der B 307 nach Schliersee. Dort von der Miesbacher Straße rechts über den Bahnübergang nach Breitenbach. Hier in die Westerbergstraße einbiegen zum Parkplatz am Campingplatz. Wer mit der Oberlandbahn, der RB55, von München her anreist, kann vom Bahnhof Schliersee am Kurpark in die Wanderung einsteigen.

Tourenbeschreibung

Vom Parkplatz vor den Gleisen der Oberlandbahn beim Campingplatz führt die Wanderung neben der Bahnstrecke auf einem Asphaltweg am See entlang. Ein wenig geht es auf und ab und schon nach 670 Metern gibt es einen schönen Rastplatz. Nach 1,6 Kilometern quert der Spazierweg nach links die Bahngleise und fällt zum Seeufer ab. Hier gibt es einen Erlebnispfad. Balancieren, mit den nackten Füßen verschiedene Untergründe erspüren, den Klang von Holz lauschen; mit allen Sinnen die Natur genießen. Gleich dahinter folgt ein schöner Badeplatz dem anderen. Die Rixneralm am See ist nahe und lädt zum Verweilen ein. Schließlich wird der südlichste Punkt des Schliersees in Fischhausen erreicht.

Dort dreht der Weg links ab und führt über die Uferpromenade neben einigen Bootshäusern zur Bundesstraße 307. Wir gehen an der stark befahrenen Autostraße Richtung Schliersee, aber schon bald am Parkplatz nach links von der Fahrbahn weg und am schöneren Ufer weiter. Hier gibt es einen SUP-Verleih und Biergarten. Mehrmals kommt man wieder zur Straße hinauf, bis man schließlich in Unterleiten nach links zum Strandbad abzweigt.

Am Seeuferweg gehen wir nach rechts weiter und wieder zur Bundesstraße hinauf. Gegenüber der Sparkasse bei der Kirche heißt es links abzweigen, um die Kirche St. Sixtus herumgehen und auf dem Dekan-Obermeyer-Weg Richtung See und zum Spielplatz gehen, wo wir das Ufer erreichen. Wir schlendern geradeaus durch den großzügigen Kurpark und stoßen beim Café Milchhäusl auf den Kurweg.

Die Asphaltstraße führt zum Segelclub und zur Brücke über die Schlierach. Nach der Brücke wenden wir uns links nach Freudenberg und kommen am Sportplatz vorbei. Vor den Bahngleisen links abbiegen, dann über die Straße, die Treppe hinunter und weiter an den Gleisen entlang. Schon ist der Campingplatz erreicht, noch einmal links über den Bahnübergang und man ist wieder am Ausgangspunkt.

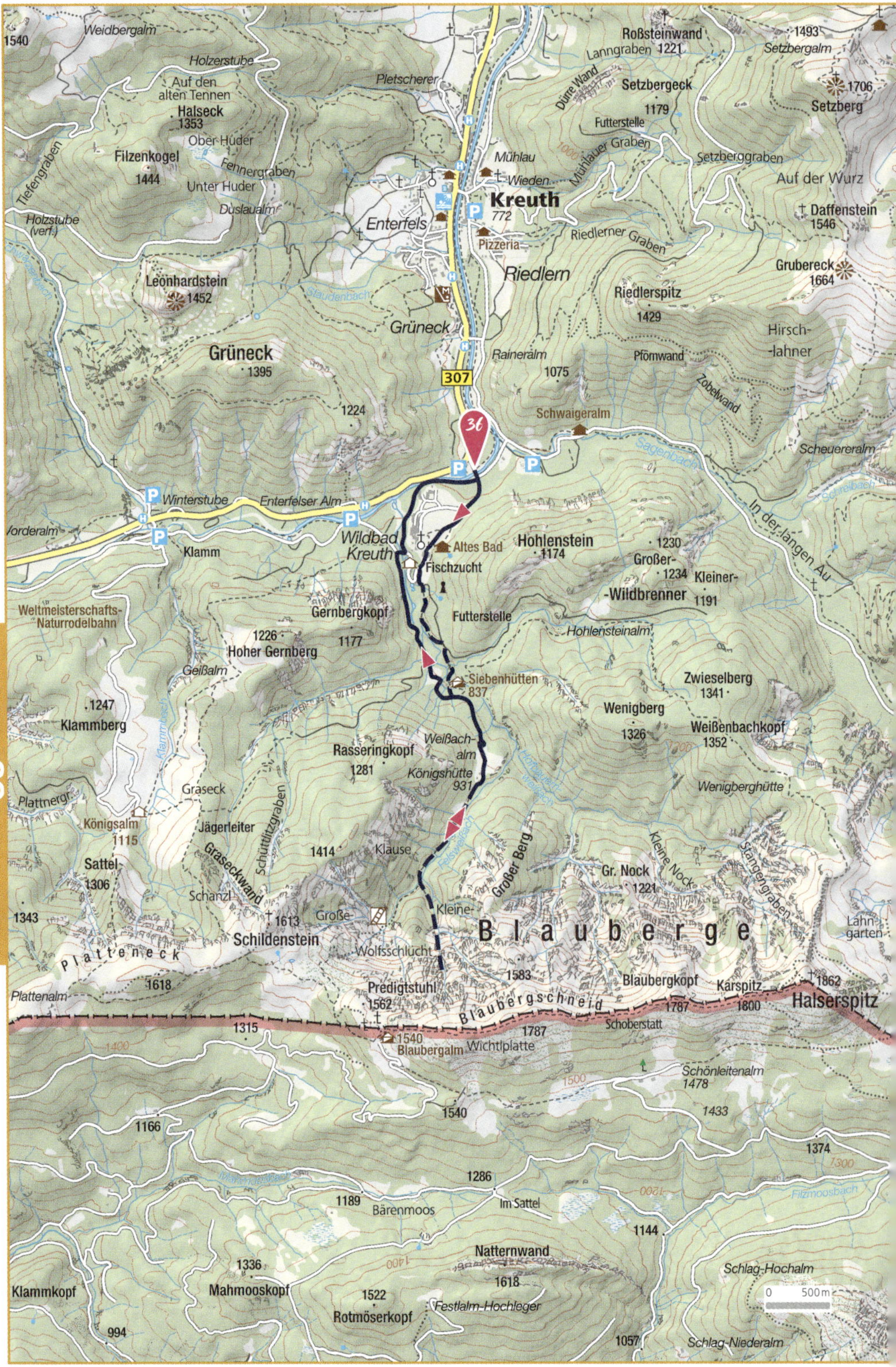

1540
Weidbergalm
Holzerstube
Auf den alten Tennen
Halseck
1353
Ober Huder
Filzenkogel
1444
Fennergraben
Unter Huder
Tiefengraben
Holzstube (verf.)
Duslaualm
Leonhardstein
1452
Pletscherer
Roßsteinwand
Lanngraben 1221
Dürre Wand
Setzbergeck
1179
Futterstelle
Mühlauer Graben
Mühlau
Wieden
Kreuth
772
Enterfels
Pizzeria
Riedlerner Graben
Riedlern
1493
Setzbergalm
1706
Setzberg
Setzberggraben
Auf der Wurz
Daffenstein
1546
Grubereck
1664
Riedlerspitz
1429
Hirsch-
-lahner
Staudenbach
Grüneck
Grüneck
1395
307
Raineralm
1075
Pförnwand
Zobelwand
1224
36
Schwaigeralm
Sagenbach
Scheuereralm
Winterstube
Enterfelser Alm
Vorderalm
Klamm
Wildbad Kreuth
Altes Bad
Fischzucht
Hohlenstein
1174
1230
Großer-
1234
-Wildbrenner
Kleiner-
1191
In der langen Au
Weltmeisterschafts-Naturrodelbahn
Gernbergkopf
1177
1226
Hoher Gernberg
Geißalm
Futterstelle
Hohlensteinalm
Siebenhütten
837
Zwieselberg
1341
Wenigberg
1326
Weißenbachkopf
1352
1247
Klammberg
Rasseringkopf
1281
Weißach-
alm
Königshütte
931
Wenigberghütte
Plattnergr.
Graseck
Königsalm
1115
Jägerleiter
Graseckwand
Schüttlitzgraben
1414
Klause
Großer Berg
Kleine Nock
Stangengraben
Gr. Nock
1221
Sattel
1306
Schanzl
1343
1613
Schildenstein
Große
Kleine
Wolfsschlucht
Blauberge
Lahn-
garten
Platteneck
1618
Plattenalm
Predigtstuhl
1562
1583
Blaubergkopf
Karspitz
1862
Halserspitz
Blaubergschneid
1787
1800
1315
1540
Blaubergalm
Wichtlplatte
1787
Schoberstatt
1400
Schönleitenalm
1478
1500
1540
1433
1166
1374
1300
1286
Filzmoosbach
1189
Bärenmoos
Im Sattel
1200
1144
Natternwand
1336
1400
1618
Schlag-Hochalm
Klammkopf
Mahmooskopf
1522
Rotmöserkopf
Festlalm-Hochleger
0
500m
994
1057
Schlag-Niederalm

Kleine Wolfsschlucht
Abenteuerlicher Spaziergang am Fuß der Blauberge

DAUER	2h
LÄNGE	8 km
HÖHENMETER	200 hm
SCHWIERIGKEIT	LEICHT
MIT ÖPNV ERREICHBAR	ja

Schluchttour 36 — Tour 36

Das erwartet euch ...
Die Wanderung ist kurz und nicht besonders anstrengend, da sie uns überwiegend auf komfortablen Wegen führt. Lediglich an der Felsweißach und in der Kleinen Wolfsschlucht geht's über „Stock und Stein" – was aber besonders Kindern viel Spaß macht. Am Bach stoßen wir immer wieder auf tolle Gumpen – hier lautet das Motto: Augen zu und einfach reinspringen.

Schluchttour 36

Start & Ziel & Anreise

Die Abenteuertour startet am Wanderparkplatz in Wildbad Kreuth. Mit dem Auto geht's über die A8 Richtung Salzburg bis zur Ausfahrt Holzkirchen / Tegernsee. Von hier weiter über die B 318 und B 397 bis nach Wildbad Kreuth. Vom Bahnhof Tegernsee fährt der Bus Nr. 9556 nach Wildbad Kreuth.

Tourenbeschreibung

Wildbad Kreuth ist ein Ort mit Traditionen: Im Jahre 1490 wurde das Bad bereits erwähnt. Wenig später ließ der Tegernseer Abt Heinrich V. ein erstes Badhaus errichten. 1818 erwarb König Max I. Joseph das Anwesen und ließ in den folgenden Jahren „die Molken- und Badeanstalt" erbauen. In dem langgestreckten Biedermeierbau residierte bis zum Sommer 2016 die CSU-nahe Hans-Seidl-Stiftung. Auch zu Zeiten der Monarchie ging hier die Prominenz ein und aus. Neben Kaiser Franz Joseph I. waren auch die russischen Zaren und die Kaiserin von Brasilien hier zu Gast.

Wir gehen zunächst vom Parkplatz an der Weissach den Schildern folgend Richtung Wildbad Kreuth. Dabei passieren wir das interessante Bauensemble des alten Bades mit einer Barockkapelle und einem Gasthaus. Nach der herzoglichen Fischzucht geht's auf breitem Weg weiter. Immer wieder erhaschen wir Tiefblicke auf das Geröllbett der Hofbauernweißach. Nach kurzem Zwischenabstieg überqueren wir den Hohlensteinbach und steigen kurz auf zu den Siebenhütten. Die mittlerweile nur noch vier Hütten sind seit Jahrzehnten eine beliebte Einkehr. Zu Zeiten König Max I. Joseph waren Heil- und Schönheitsbäder sowie Trinkkuren schwer in Mode; die dafür notwendige Molke lieferten die Bauern der Siebenhütten. In Holzfässern wurde die beim Käsen anfallende Molke zum Wildbad Kreuth gekarrt – ein gutes Geschäft.

Von der Wirtschaft geht's weiter auf der Sandstraße ins Tal hinein. Am Ende des Fahrwegs hinter der Königshütte führt eine Pfadspur weiter, doch die verläuft sich bald im Geröllbett der Felsweißach. Die Talflanken rücken hier immer näher zusammen und ihre Steilheit nimmt zu. Bei einem markanten Wegstein (942 m; gemeißelte Inschrift) mündet links die Kleine Wolfsschlucht. Wir folgen den Pfadspuren in den Graben bis zu einem Wasserfall. Er ergießt sich über eine senkrechte Felsstufe herab. Hier machen wir kehrt und wandern auf dem Herweg nach Siebenhütten zurück. Wir lassen sie rechts liegen und folgen der Straße talauswärts. Bald weisen ein paar Schilder nach rechts Richtung Wildbad Kreuth. Entweder statten wir nun dem ehemaligen Bad noch einen Besuch ab, oder wir schlendern direkt zurück zum Parkplatz.

Starnberger See
Seeshaupt
595
Biergarten Lidl
Seegerichtssäule
Sonnenhof
Rest. Café am See
Seeresidenz Alte Post
Schaugarten
Rest. Lido
Anried
Höllfilz
Eisenrain
609
Kreutberg
Seelstein
Ulrichsau
635
Grundwassersee
Kronfilz
681
Pischetsried
627
Sankt Heinrich
590
Fischerrosl
Schöntag
Gartensee
Ursee
Ostersee-filz
Gröbensee
Lustsee
Naturschutzgebiet
Osterseen
Stechsee
Weid-filz
Schechen-filz
Nonnenwald
617
587
591
Schechen
593
NSG
Frechensee
Kochelseebahn
591
Schlossgaststätte Hohenberg
Ellmann
703
Hohenberg
Sanimor
Schwarzweiler-Filz
Ameisee
Breitenauer See
Gut Aiderbichl
Torfwerk Staltach
Großer Ostersee
Marieninsel
(588)
Hart
Unterlauterbach
Sanatorium Lauterbacher Mühle
Pollingsried
679
Gabelchristlhof
Lauterbacher Wald
Rohrmooser Weiher
632
Obereurach
Weidenseelein
Gut Staltach
37
Iffeldorf
Land-u. Golfclub St. Eurach
moos
Ponholzer Filz
Streitberg
Streitberger Weiher
Oberlauterbach
Gut Schwaig
Staltacher See
Staltacher Hof
Grafenried
Neuried
682
Fohnsee
Fohnsee-Stüberl
Untereurach
629
Schillersberger Weiher
Gröben
Brückensee
Sengsee
Schillersberg
Iffeldorf
603
Penzberg-Iffeldorf
Heuwinkl-kapelle
Landgasthof Osterseen
Zur Post
Heuwinkl
635
Brandlerbichel
Rettenberg
Kirnberg
Kirnberger See
Brunnenmösl
Angerberg
Steinbach
Steinbach
95
E533
Vordermeir
Hubersee
Untersiffelhofen
Wasla
Solarfeld
Rochusberg
630
Hubkapelle
623
Höllfilz
Weidwies
Schwarzenbach
Antdorf
631
Dürnberg
Emmenzberg
664
Obersiffelhofen
Kirnberg
673
Breun
0
500 m

Tour 37

Badetour 37

Um die Osterseen
Runde im Eiszerfallsgebiet

DAUER	3h
LÄNGE	11,1 km
HÖHENMETER	40 hm
SCHWIERIGKEIT	LEICHT
MIT ÖPNV ERREICHBAR	ja

Das erwartet euch ...
Die Wanderung ist einfach und landschaftlich wunderschön. Sie führt uns durch Moore und an Kanälen vorbei, durch die die einzelnen Seen und Tümpel miteinander verbunden sind. Die Wege sind gut beschildert und auch bequem zu gehen. Unterwegs gibt es keine Einkehr, aber ein paar schöne Stellen, die zum Verweilen einladen. Also ist es sicher nicht verkehrt, eine Brotzeit einzupacken.

Badetour 37

Start & Ziel & Anreise

Ausgangspunkt ist der Bahn-Haltepunkt Staltach in Iffeldorf. Über die A 95 geht es Richtung Garmisch – Ausfahrt Penzberg/Iffeldorf. Dann fahren wir über Unterauach auf der Penzberger Straße nach Iffeldorf und hier zum Bahnhof. Von München fährt die Regiobahn in regelmäßigen Abständen Richtung Penzberg/Iffeldorf.

Tourenbeschreibung

Wir wandern vom Iffeldorfer Bahnhof bei Staltach auf einer asphaltierten Sackstraße Richtung Nordwesten. Am Gut Staltach drehen wir nach rechts ab und folgen einem Kiesweg neben den Bahngleisen entlang. Hinter der Unterführung dreht das Weglein etwas nach links und führt uns in den Wald hinein. Wir überqueren die nächste Kreuzung und halten uns bei der folgenden Einmündung schräg nach rechts. Ein Wegweiser zeigt uns hier die Richtung zu den Ostersee an. Gleich bei der nächsten Verzweigung wählen wir dann den linken Weg, der bis zum Großen Ostersee abfällt.

Wir spazieren nun lange am Uferweg entlang. Er führt durch den Wald nach Norden, dann nach links in einen freien Badebereich. Das ist eine tolle Stelle für Kinder, in das schwarze Moorwasser des Ostersees zu springen. Über einen Wiesenweg schlendern wir noch kurz gen Norden, dann biegen wir rechts ab und treffen auf einen Kiesweg. Links herum richten wir uns wieder nach Nordwesten zu den Gleisen. Wir folgen ihnen über einen Steg und dann zur Abzweigung des Ostersee-Rundwegs. Wir halten uns links und folgen einem schmalen Pfad. Er dreht bei einem Rastplatz rechts ab und stößt nördlich des Breitenauer Sees auf eine Straße. Sie leitet uns links herum bis zur Herz-Kreislauf-Klinik Lauterbacher Mühle.

Wir umrunden das Klinikgelände und folgen eine gute Weile dem schönen Wanderweg westlich des Großen Ostersees nach Südosten. Am asphaltierten Fahrweg halten wir uns links. Wir stoßen zu einer beschilderten Abzweigung Richtung Fohnsee, der wir nach links folgen. Gleich darauf geht's über einen Steg zur Blauen Gumpe. Der schöne Weg bringt uns weiter Richtung Norden. Er kreuzt den Wasserlauf, der Fohnsee und Ostersee verbindet. Die folgende Abzweigung zum Bahnhof lassen wir unbeachtet. Erst bei der zweiten Bahnhofsabzweigung auf der rechten Seite stoßen wir wieder auf unseren Hinweg. Auf ihm schlendern wir nun zurück zum Bahnhof Staltach.

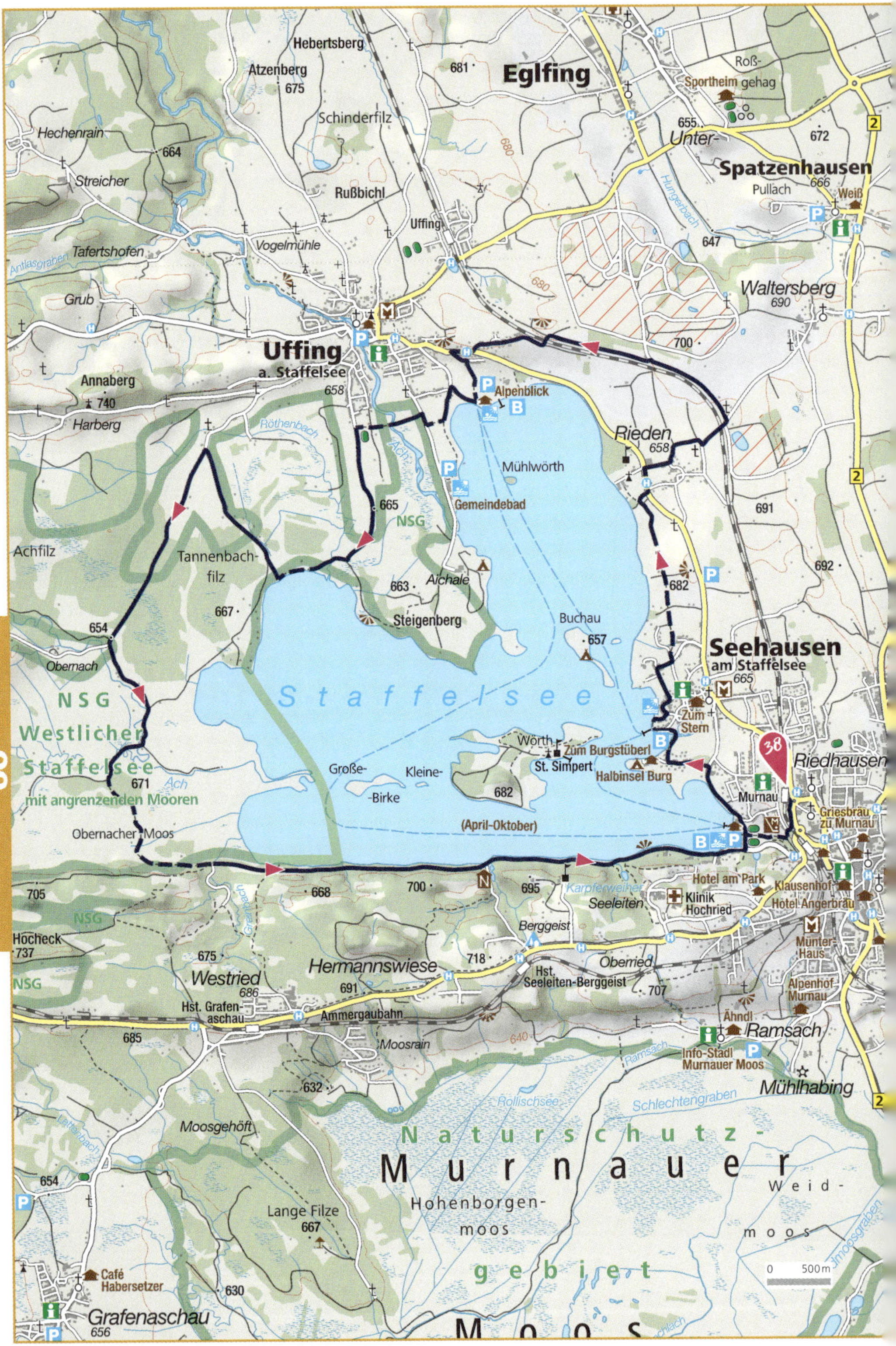
Hebertsberg
Atzenberg
675
681
Eglfing
Roß-
Sportheim gehag
Schinderfilz
Hechenrain
664
655
Unter-
672
Spatzenhausen
Pullach
666
Weiß
Streicher
680
Hungerbach
Rußbichl
Uffing
647
Tafertshofen
Vogelmühle
Antlasgraben
Grub
Waltersberg
690
700
Uffing
a. Staffelsee
658
Annaberg
740
Harberg
Röthenbach
Alpenblick
Mühlwörth
Rieden
658
Ach
665
NSG
Gemeindebad
691
Achfilz
Tannenbach-
filz
663
Aichale
682
692
667
Steigenberg
Buchau
657
654
Seehausen
am Staffelsee
665
Obernach
NSG
Westlicher
Staffelsee
mit angrenzenden Mooren
671
Staffelsee
Zum Stern
Wörth
Zum Burgstüberl
St. Simpert
Halbinsel Burg
Große-
-Birke
Kleine-
682
Riedhausen
Murnau
Griesbräu zu Murnau
(April-Oktober)
Obernacher Moos
705
668
700
695
Karpfenweiher
Hotel am Park
Klausenhof
Seeleiten
Klinik Hochried
Hotel Angerbräu
NSG
Hocheck
737
Grenzbach
Berggeist
675
718
Westried
686
Hermannswiese
Obernied
Hst. Seeleiten-Berggeist
Münter-Haus
NSG
691
707
Alpenhof Murnau
Hst. Grafen-
aschau
Ammergaubahn
Ähndl
Ramsach
685
640
Moosrain
Info-Stadl Murnauer Moos
Mühlhabing
Ramsach
632
Rollischsee
Schlechtengraben
Naturschutz-
Murnauer
Moosgehöft
Weid-
moos
Lange Filze
667
Hohenborgen-
moos
654
gebiet
0 500 m
Café Habersetzer
630
Grafenaschau
656
Moos

Tour 38

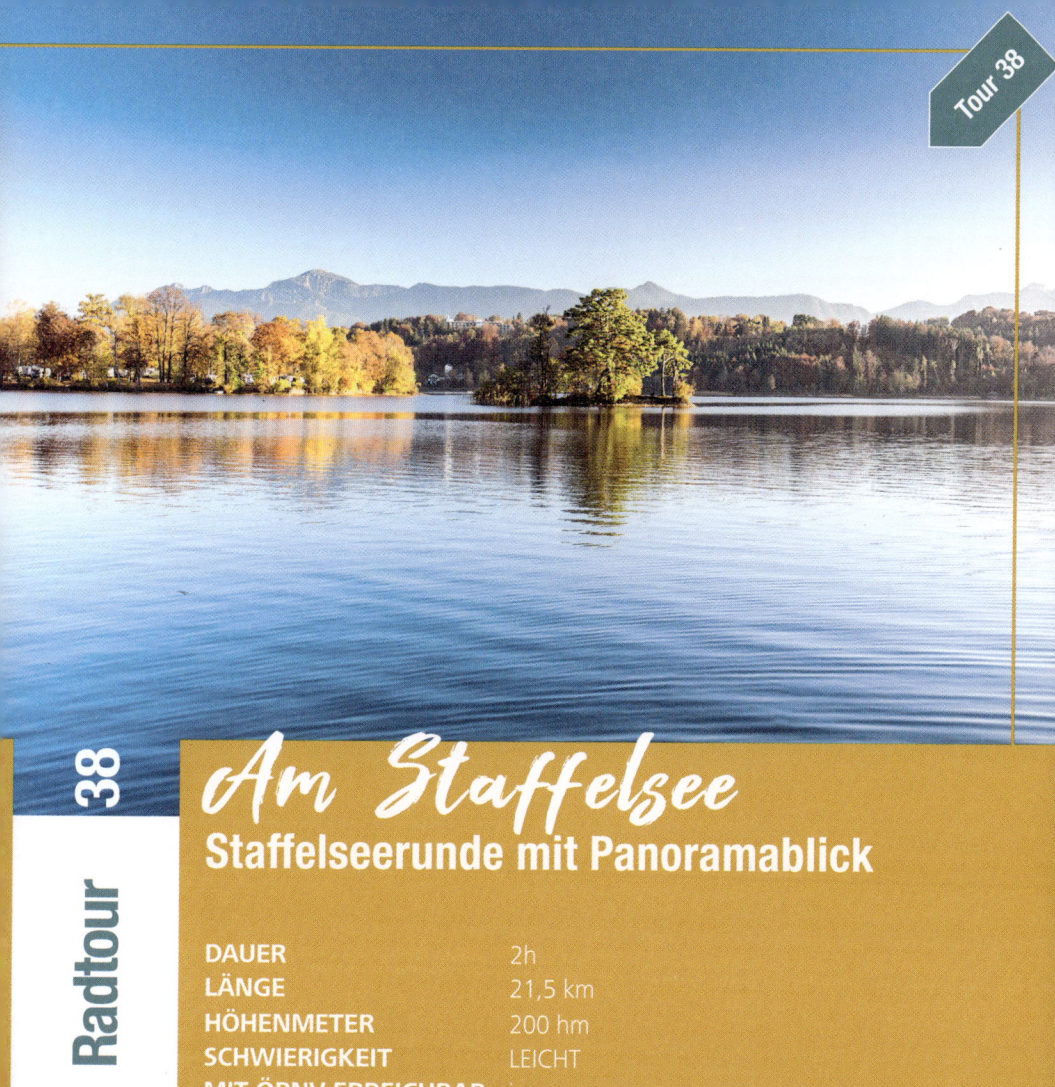

Radtour 38

Am Staffelsee
Staffelseerunde mit Panoramablick

DAUER	2h
LÄNGE	21,5 km
HÖHENMETER	200 hm
SCHWIERIGKEIT	LEICHT
MIT ÖPNV ERREICHBAR	ja

Das erwartet euch ...

Die heutige Rundtour ist landschaftlich prächtig. Die Höhenmeter sind recht überschaubar und den Großteil der Strecke fahren wir direkt am See entlang. Alternativ lässt sich die Runde auch erwandern; dann sollte man sich aber schon den ganzen Tag Zeit nehmen. Das Gasthaus Alpenblick in Uffing lockt mit einem Biergarten direkt am See.

Radtour 38

Start & Ziel & Anreise

Start- und Zielpunkt der Tour ist der Bahnhof in Murnau, der gut mit IC oder Regionbahn erreichbar ist. Mit dem Auto über die B 2 aus Richtung München kommend nach dem Parkplatz des Einkaufscenters rechts auf die Reschstraße, man hält sich in der Linkskurve rechts auf die Seehauser Straße und gelangt auf ihr in einer Linkskurve zum Bahnhof. Parkplätze sind vorhanden.

Tourenbeschreibung

Vom Bahnhof in Murnau radeln wir erst einmal kurz nach Süden. Neben dem Bahngleis findet sich auch schon der erste Wegweiser zum Staffelsee. Von dort führt eine Promenade durch die Fußgängerunterführung. Hier schieben wir unser Bike unter dem Bahngleis hindurch, dann geht's am Minigolfplatz vorbei zum Parkplatz unmittelbar vor dem östlichsten Uferstreifen in der Murnauer Bucht. Dort zweigen wir rechts ab und fahren am Strandbad entlang.

Wie alle Abzweigungen ist auch die nach links zum Burgweg gut beschildert. Bald darauf schwenken wir rechts; der schöne Weg führt neben dem Ufer nach Riedhausen hinein. Bei den Bootshäusern geht es auf einer Brücke über einen Seearm und bald darauf nach links zum Bootsverleih. Gleich dahinter fahren wir ein paar Meter aufwärts und zu einem schönen Aussichtspunkt hinauf.

Wir kommen im weiteren Verlauf um das Strandbad Seehausen herum, am Roßpoint biegt dann der Seerundweg rechts ab. Er entfernt sich vom Ufer und führt am Äußeren Seefeld über eine freie, aussichtsreiche Wiesenkuppe gegen Norden auf das hübsche Schloss Rieden zu. Direkt beim Schloss queren wir die Staatsstraße 2372 nach rechts, dann passieren wir Rieden, in dem die Route zuerst links, dann hinter dem Ortsende rechts abzweigt und zur Bahnunterführung führt. Dahinter links abzweigen und auf einem Feldweg gegen Nordwesten gering abfallend neben dem Bahndamm dahin rollen.

Am Waldrand geht es ein wenig auf und ab und dann auf freiem Feld zum Bahnübergang. Bei ihm halten wir uns links und fahren durch den östlichsten Siedlungsbereich von Uffing bis zur Hauptstraße. Auf ihr kurz nach rechts und am Rastplatz links zur Seehauser Straße abzweigen. Nach rund 100 Metern halten wir uns rechts auf einem schönen Weg nach Süden hinunter. Dann ein Rechtsschwenk, um in schattigem Wald auf einem Rücken zum Wirtshaus Alpenblick abzufahren. Nach der Einkehr im Biergarten rollen wir auf der Kirchhofstraße gegen Nordwesten und schon bald biegen wir links zum See ab und fahren weiter nach Süden weiter. Bei der ersten Abzweigung kann man geradeaus zum Campingplatz Achele weiterfahren und dann um den Steigenberg herum und neben dem Bad zu einer Einmündung. Hält man sich bei der Abzweigung allerdings rechts, so folgt man einer Birkenallee zur Straße, radelt kurz nordwärts und ab der Wegtafel wieder gegen Westen über die Ach und zum Sportplatz. Hinter der Sportanlage geht es nach Süden weiter, bis sich der Weg nach längerer Strecke verzweigt. Dort schwenken wir rechts Richtung Obernbach. Am Waldrand knickt die Route rechts ab, führt an einen Wassergraben entlang und in den Wald hinein. An den Verzweigungen fahren wir geradeaus weiter und auf einem Asphaltsträßchen noch ein Stück im Wald, dann auf freiem Feld gegen Norden.

Südlich von Uffing biegen wir scharf links ab und folgen dem Wegweiser Kohlgrub und Obernach. Wir kommen wieder in den Wald hinein und radeln im Tannenbachfilz links neben der Autostrecke am kombinierten Fuß- und Radweg geradeaus zur Routenverzweigung östlich von Obernach. Wir schwenken nach links und passieren einen Waldgürtel und ein paar Moorwiesen. Am Waldrand schwenkt die Route nach links und verläuft auf dem Seewaldweg nun kilometerweit am südlichen Seeufer entlang nach Osten, bis sich schließlich am östlichsten Ufer der Kreis wieder schließt. Auf bekanntem Weg rollen wir zum Bahnhof zurück.

39

Tour 39

Themenweg 39

Pfaffenwinkler Milchweg
Milchlehrpfad um die Schönegger Käsealm

DAUER	1 h
LÄNGE	4,2 km
HÖHENMETER	85 hm
SCHWIERIGKEIT	LEICHT
MIT ÖPNV ERREICHBAR	nein

Das erwartet euch ...

Auf diesem Themenweg dreht sich alles um die Milch. Der Weg führt über 11 Stationen vornehmlich auf asphaltierten Sträßchen, ist daher auch für Kinderwägen hervorragend geeignet. Die Höhenmeter sind sehr gering, die Steiungen ganz gemütlich, so dass auch kleinere Wanderer nicht so schnell aus der Puste kommen werden. Highlight ist die Schönegger Käsealm, an der wir uns mit Käse eindecken können.

Themenweg 39

Start & Ziel & Anreise

Ausgangspunkt ist die Schönegger Käsealm. Mit dem PKW fahren wir über die Garmischer Autobahn bis Penzberg / Iffeldorf. Hier weiter über die B 472 über Uffing am Staffelsee und Böbing nach Rottenbuch. Hier geht's ein kurzes Stück über die B 23, beim Kreisel nehmen wir die erste Ausfahrt. Ab hier ist die Schönegger Käsealm ausgeschildert.

Tourenbeschreibung

Warum ist Milch so gesund und wie kommt sie aus dem Euter? Viele Fragen werden auf dem Milchweg beantwortet. Der Weg entstand auf Initiative der Landfrauen des Bayerischen Bauernverbandes. Milch ist ein besonders wertvolles Lebensmittel. Sie ist wichtiger Lieferant von Calcium, Magnesium und Vitaminen. Calcium ist wichtig für gesunde Knochen und Zähne. Magnesium für gute Nerven und Muskeln. Zink stärkt die Abwehrkräfte. Jod ist wichtig für die Schilddrüse. Nicht umsonst also wurde ihr ein ganzer Themenweg gewidmet, der kleinen und großen Besuchern viel Wissenswertes über Milch erzählt.

Wir beginnen den hervorragend ausgeschilderten Themenweg an der Käsealm. Auf dem angenehmen Weg geht's gleich zur ersten Station hinab. Sie berichtet von den Vorteilen der Milch für die Gesundheit. Zwischen den Kuhweiden hindurch wandern wir zur nächsten Station; hier wird aus Gülle Strom. Danach spazieren wir in den kleinen Weiler Engle. Wir wandern an der Gabelung nach links weiter, queren einen Bachlauf und gelangen zur nächsten Station. Hier können wir ein paar Kuhglocken erklingen lassen. Es geht anschließend ein kurzes Stück bergauf und durch den Ort Solder. Hier halten wir uns links bis zu einer Kuh samt Kälbchen. An den Figuren geht's dann links. Kurz vor den nächsten Bauernhöfen erfahren wir, was alles aus Milch gemacht wird. Jetzt heißt's Produkte richtig zuordnen.

Um zur nächsten Station zu kommen, verlassen wir hinter den Bauernhöfen das Sträßchen für ein kurzes Stück, indem wir dem Pfad nach rechts folgen. Am Spielplatz können die Kids sich erstmal austoben. Dann wandern wir zum Pfaffenwinkler Memo und zu einer Gabelung. Wir gehen erst geradeaus, dann knickt der Schotterweg am Waldrand nach links. An einem Bach erreichen wir eine Wasserpumpe. Ideal zum Plantschen an heißen Tagen. Schließlich geht's die letzten Meter bergauf bis zur Schönegger Käsealm, wo der Rundweg endet. Hier gibt es tollen Käse, leckeren Kuchen und einen spannenden Spielplatz.

Von Mai bis September finden wöchentlich Führungen statt. Treffpunkt um 10:00 Uhr am Eingang der Schönegger Käsealm – keine Anmeldung erforderlich. Für Erwachsene kostet die Führung 5,-, Kids zahlen 2,50 Euro.

Wurmansau
869
Deutsche Alpenstraße
Grüngraben
Zeitberg
1404
Peißenberger Hütte (Sekt. Peißenberg)
1484
Vorderes-Hörnle
1293
Mittleres-
1496
Aiblehütte (verf.)
Hörnlealm
1431
Winterruhezone
Atenberg
848
NSG Kochelfilz
Jagdhütte
Herz Jesu
Wildeck
1133
23
Stieralm
Jhtt.
1396
Hochschergen
Scherenau
Hinterschergen
1307
Kappel
Kappelkirche
Grafenkreut
Ammergaubahn
905
985
Markmoos
Soielegraben
Duftgraben
Bauernhof Buchwieser
Kleiner Wachsbichel
1240
Waldalpe Jhtt.
Roterbichl
Grünbichel
1030
Sickermoosgraben
Rabenmoos
Unterammergau
836
1316
Mittlerer Wachsbichel
Köpfel
1196
Biotop "Altes Bad"
NSG Pulvermoos
40
Seekapelle
Schleifmühle
Steckenbergalm
Krügelmoos
Schartenkapelle
Zeil-(Wetzstein-Brüche)
Geo-top
Burgbichl
Schartenköpfel
1370
Steckenberg Erlebnisberg
Schleifmühlenklamm
Heiglesberg
Wachsbichel
1364
Rosengarten
1423
1410
Bremeneck
Steckenbergkreuz
Bremeneckgraben
Kasten
Oberammergau
873
Oberammergau-Mus.
Wankalm
Hengstwald-Diensthütte
Kuhalm Jagdhaus
Steckenberg
Alpine Coaster
Knableiten
Kolben-Sesselbahn
Reptilienhaus
Parkhotel Sonnenhof
Auf dem Stein
Kurztalgraben
Bergwachtt.
Kreuzigungs-gruppe
Nebelalpe
Langenthalalm
Kolbensattelhütte
1276
Kolbenalm
Nur für Geübte!
Jhtt.
Bergspielplatz
1755
Teufelstättkopf
1758
Kofel
1342
Laubeneck
Latschenkopf
Bergwachthtt.
Josefskapelle
Kälberalpe
Am Zahn
1615
Hinterer-
1389
Rappenkopf
1564
Sonnenberg
1622
1611
1529
1408
August-Schuster-Haus (Pürschlinghaus)
1556
Brunnberg
Vorderer-
Pürschling
1566
Sonnenberggrat
Solleswand
Jhtt. Hohe Wand
Falkenwand
Dickenwald
Rahm
854
Rauhbühel
941
Graswang
866
845
1016
Gröblalm
FeWo Moser
St. Gertrudiskapelle
Rottenbruch
Dickelschwaig
Schattenwald-Diensthütte
Große Ammerquelle
Am Brand
Höllgraben
852
958
Großkargraben
Karlegraben
Stürz-Diensthütte
Schattenwald
0
500 m
1342
Dreierköpfel
Elmau-
Mittageck-A.

Tour 40

Wasserfalltour 40

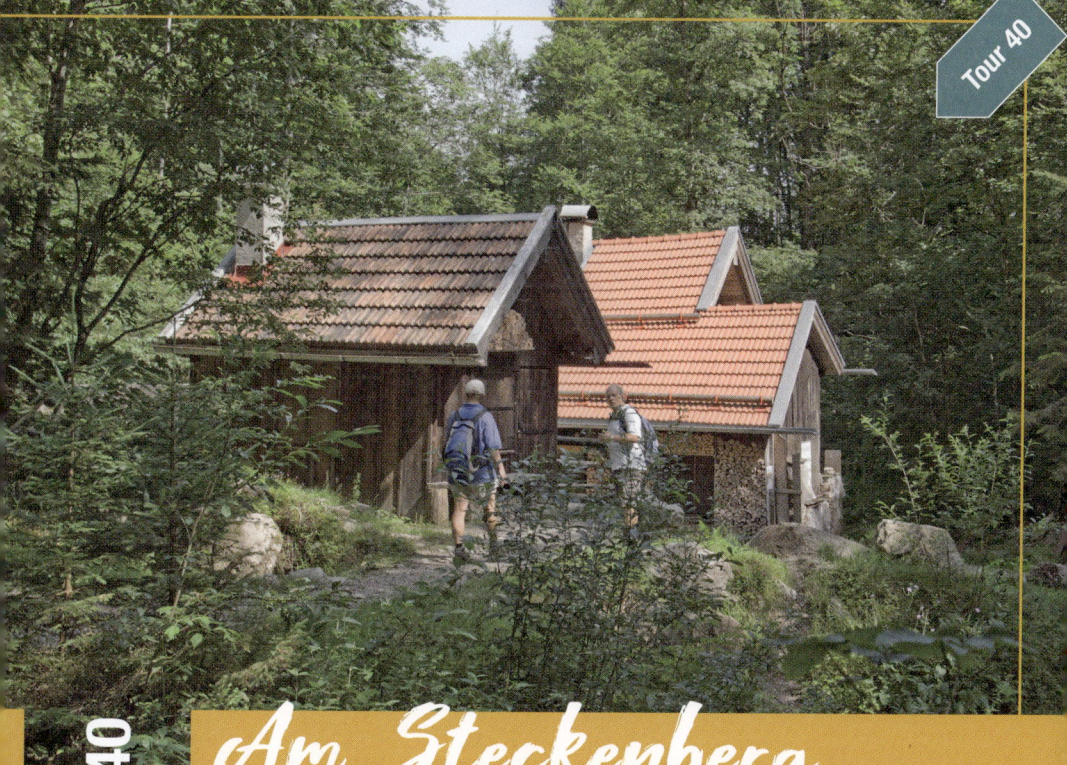

Am Steckenberg
Waldwanderung über dem Kolbensattel

DAUER	1h 45min
LÄNGE	7,1 km
HÖHENMETER	500 hm
SCHWIERIGKEIT	LEICHT
MIT ÖPNV ERREICHBAR	ja

Das erwartet euch ...

Die kleine Bergrunde ist recht einfach, führt uns aber streckenweise auf unmarkierten Waldpfaden entlang. Immer wieder durchqueren wir dabei nasse Routenabschnitte, daher empfiehlt sich festes Schuhwerk. Der Wasserfall in der Schleifmühlenklamm wird sicherlich Kindern eine große Freude machen. Die Kobensattelhütte stellt eine tolle Einkehr auf dem Rückweg dar.

Wasserfalltour 40

Start & Ziel & Anreise

Los geht's am Parkplatz beim Steckenberglift. Über die Garmischer Autobahn geht's bis zum Autobahnende und weiter über die B2 nach Oberau. Hier wechseln wir auf die B23 über Ettal und Oberammergau. Kurz vor Unterammergau biegen wir links in den Liftweg ein. Parkmöglichkeiten gibt es am Ende der Straße. Von München fahren regelmäßig die Regiobahnen nach Unterammergau.

Tourenbeschreibung

Gerade an Tagen mit nicht so stabilen Wetterverhältnissen ist diese Runde ein ausgesprochener Wanderschmaus. Unterm Jahr herrscht am Steckenberg große Ruhe, was noch mehr für einen Tagesausflug zu diesem schönen Ziel spricht. Nur am 1. Sonntag im September pilgern viele Bergfreunde zur Bergmesse zum Steckenbergkreuz hinauf.

Vom Parkplatz schlagen wir zunächst die viel begangene Straße Richtung Pürschling nach Süden hinauf ein. Bald passieren wir eine Hütte zu unserer Linken und folgen dann einer sanft geschwungenen Straßenkurve. Wenig später zweigt links der beschilderte Bergweg zum Steckenbergkreuz ab. Er leitet uns in einigen Kehren durch den dichten Wald hinauf zu einem Rücken mit einer Rastbank. Nach einem schönen Blick auf den Sonnbergrücken führt uns der Bergweg nach links, weg vom Rücken, und steigt im Wald zu einem breiten, aber steilen und groben Sträßchen an. Wir drehen auf ihm rechts ab, steigen ca. 10 Höhenmeter hinauf und verlassen gleich darauf den Fahrweg nach links. Ab jetzt führt uns ein deutlich flacherer Bergpfad über einen breiten Waldrücken nach Nordosten. Wir treten aus dem Hochwald heraus und in einen Jungwald hinein. Hier schwingt sich die Route zum beleuchteten Steckenbergkreuz auf.

Vom Steckenbergkreuz wandern wir weiter über den schütter bewaldeten Höhenrücken nach Süden. An einem Rückeweg oder links daneben am Zaun entlang geht's zum Waldgipfel des Steckenberges. Der Abstieg verläuft anfangs auf der Schlepperspur, dreht an ihrem Ende rechts ab und verläuft auf einem Waldweg zur Bergwachthütte (Hiasl-Kratz-Hütte; 1328 m) hinab. Hier leitet ein schmaler, steiler Steig zur Kolbensattelhütte hinunter. Von hier haben wir einen herrlichen Blick ins Ammertal und auf Oberammergau. Die Hütte wurde 2012 umgebaut und hat eine sehr gemütliche Stube und eine aussichtsreiche Terrasse.

Von der Hütte führt ein Waldweg rund 100 Meter nach Westen hinab. Die folgende Kiesstraße mündet bald in eine breite Forststraße. An der Verzweigung nahe der Langethalalm halten wir uns scharf rechts, dann wandern wir ein steiles Sträßchen hinab. Wir erreichen bald darauf eine Sraßeneinmündung. Hier biegen wir links in die Schleifmühlenklamm ab. Die Klamm oberhalb von Unterammergau wird von der Schleifmühllaine durchflossen, die aus den Bächen von Pürschling, Teufelstättkopf und Schartenköpfel gespeist wird. Der Bach bildet in der 500 m langen Klamm mehrere Gumpen und sehenswerte Wasserfälle. Zudem wartet ein dort ein herrliches Geotop auf uns. Ein schöner Steig bringt uns zu den Wasserfällen und zu einer alten Schleifmühle der Wetzsteinmacher. Von hier aus folgen wir einer Fahrspur zurück zum Parkplatz.

Autoren Tipp

Für Kids gibt es in unmittelbarer Nähe der Kolbensattelhütte einen abwechslungsreichen und zugleich spannenden Bergabenteuerspielplatz: Spurenkreisel, Turmanlage und Balancierstämmen sind für sämtliche Altersstufen geeignet. So wird den Kindern spielend die Natur und Bergwelt der Ammergauer Alpen näher gebracht.

Werdenfelser Hütte
Schwaigwang
Schmölzer See
894
Sonnenbichl
23
2
E533
Bayern-halle
Kriegerkapelle
Museum Aschenbrenner
Kurpark
Michael-Ende-Hotel Ausstellung
Zugspitze
Brunnthaler
Olympia-Eissport-Zentrum
Alpspitz-Wellenbad
DAV Boulderhalle
Richard-Strauss-Institut
Werdenfels Museum
Garmisch-Partenkirchen
St. Anton 707
Kletterwald Garmisch
Wankbahn
Schafkopf
Dax-kapelle
Hüttlsteig
1749 Ameisberg
Ameisberg
1724
Observatorium
1780
Wankhaus 1774
Sonnenalm
Wank
Wank Süd
1688
Roßwank
Kaltwassergraben
Schwarzbodensteig
Fauken-schlucht
Eckenhütte
Tannenhütte 937
Schalmeischlucht
Hacker-Pschorr-Brücke
Gsteig-Kapelle 812
916
Vogelschutz-warte
Pfeiffer Alm
Gschwandtner Bauer
Steinbichel
Schlattan
Höfle 910
Anzlesau
2
E533
41
Kainzenbad
Kankerbach
Halbau
Wamberg 996
Wamberg
Wiedau
Hp. Hausberg
Lodge am Hausberg
Hausberg
Rieß
Katzenstein 852
Rießersee
ehem. Olympiabobbahn
Kochelberg 863
Kochel-bergalm
Petersbad
Olympia-Skistadion
Gudiberg
906
Schönau
Eckbauerbahn
1055
Eselberg
Partnach
1127
Rießerkopf
Vorderer Hausberg
Fuchsleın
Hausbergbahn
Riesserkopf- u. Tonihütte 1096
Wildenau
Klammhaus
Hanneslabauer
Vordergraseck
Das Graseck
1237
Eckbauer
Eckbauerkreuz 1222
Brunstwank Diensthütte
Hausberg 1335
Bayernhaus 1258
Partnach-klamm
Kaiserschmarrn-Alm
Garmischer Haus (nur Wi.) 1310
Drehmöser 9 (nur Wi.)
Sattlerhütte
Partnachalm 983
Hintergraseck
Hintergraseck
Streichla
Mittergraseck 797
Ferchenbach
Kanchar-Express
Tröglhütte 1429
Drehmöserwald
dzt. gesperrt
Stegreif
Stellwagelskopf 1288
1537
Kreuzeck
Kreuzalm
Kreuzjoch 1719
Barbarahütte
Am schwarzen Schrofen
Steilenhütte
1159
Antoniwald
Reintal
Schindeltal-schrofen 1124
Ebenwald
1302
863 Klausengraben
1411
Stuibenwald
Bernadeinhütte 1520
Gassental
Spitzwaldgraben
Spitzwald
Keilschrofen
1548
Mitterklamm
Hirschbach
1635 Stuibenhütte (Selbstversorger-Hütte, nur Winter)
Stuibenalm
Stuibenwand
Stuibenspitze
Schachenwald
Hinter-klamm
Steilenberg
1770
Wettersteinalm 1464
Schachenweg
0 500 m
1870
Kämitor

Tour 41

Klammtour 41

Auf den Eckbauer
Durch die Partnachklamm zu einem kleinen Gipfel

DAUER	2h 30min
LÄNGE	9,7 km
HÖHENMETER	550 hm
SCHWIERIGKEIT	LEICHT
MIT ÖPNV ERREICHBAR	ja

Das erwartet euch ...

Ein spannender Klammweg und eine beschauliche Bergwanderung gehen bei dieser Runde Hand in Hand, jedoch folgt am Ende ein steiler Abstieg. Das Naturschauspiel in der Partnachklamm ist gigantisch. Der Weg zum Eckbauer ist sehr gemütlich. Wer sich den Abstieg am steilen Fahrweg nicht antun will, kann mit der Seilbahn runtergondeln.

Klammtour 41

Start & Ziel & Anreise

Unser Ausgangspunkt ist die Talstation der Eckbauerbahn. Über die Garmischer Autobahn geht's bis zum Autobahnende und weiter über die B 2 nach Oberau, von dort weiter nach Garmisch-Partenkirchen. Durch den Ort und kurz vorm Klinikum rechts zum Parkplatz der Eckbauerban. Von München fahren regelmäßig Regiobahnen nach Garmisch-Partenkirchen.

Tourenbeschreibung

Wir starten am Parkplatz der Eckbauerbahn und am olympischen Skistadion. Die Route führt zunächst knapp 2 Kilometer lang neben der Partnach auf der Wildenauer Straße nach Süden. Nach der Lenz'nhütte und dem Kraftwerk erreichen wir die Wirtschaft Partnachklamm in der Wildenau. Hier führt uns ein breiter Weg zum Klammeingang. Nach einem geringen Obolus folgen wir dem eindrucksvollen Steig durch die tosende Klamm. Nach vielen, niedrigen Tunneldurchgängen wird es am Klammausgang plötzlich ziemlich ruhig und ein breiter Weg führt neben der Partnach nach Süden weiter.

An der Gabelung nehmen wir den oberen Weg und biegen links herum auf einen schönen Wanderweg ab. Viele Kehren ziehen sich durch einen lichten Laubwald bis zur Almwirtschaft Wetterstein. Danach folgt ein riesiger Gastronomiekomplex mit der Bezeichnung „Forsthaus Graseck". Wir biegen rechts ab und schlendern über die freien Mahdwiesen des Grasecks hinauf. Nachdem wir den Wald betreten haben, biegen wir an einem Schild links ab. Eine herrliche Promenade leitet uns in unzähligen Kehren über einen Waldrücken hinauf bis zum Wirtshaus Eckbauer. Von dort gelangen wir auf einem Wiesenpfad zu einer Privathütte und zum höchsten Punkt der Rundtour.

Nach einer kurzen Gipfelrast nehmen wir einen Wiesenpfad zur Bergstation der Eckbauerbahn. Dann leitet uns ein schmaler Fahrweg, zunächst in Seilbahnnähe, dann östlich davon durch den Wald und über weite Wiesen. Achtung, zwischendurch kann es hier ziemlich steil werden. Schließlich erreichen wir wieder den Trialpark und das Skistadion. Alternativ können wir auch eine etwas weitere Abstiegsvariante wählen. Sie ist aber landschaftlich sehr reizvoll. Dafür wandern wir vom Eckbauer nach Nordosten über einen aussichtsreichen Rücken und dann auf einem Fahrweg nach Norden in das höchste deutsche Dorf Wamberg. In dem malerischen Bergdorf statten wir gleich noch der kleinen St. Anna Kirche einen Besuch ab. Dann folgen wir den schmalen und steilen Fahrwegen zum Ausgangspunkt zurück.

Direkt neben dem Skistadion befindet sich eine tolle Sommerrodelbahn, die Kinderherzen höherschlagen lässt. Auf 850 Metern sausen wir über 41 Höhenmeter hinab. 12 überbaute Kurven, Steilkurven und Megakreisel sorgen für pures Fahrvergnügen. Vollautomatisch und entspannt geht es mit der Rodel nach oben.

Hoher Ziegspitz
1864
Unterwankel
Sunkenberg
Laimeck
Grießberg
1728
Rauhenstein
Rauheck
1636
Zunderköpfel
1656
Griesbergalpe
Roßböden
907
Friedergries
Wassergr.
Brandgraben
Nudelwald
1174
Ofenberg
Lenz-
bödele
Ochsenhütte
801
Auf den Wasserfällen
Bei der Kuffel
Griesswald
23
Kriegerkapelle
Griesener
Wand
Griesen
816
830
Loisach
Gschwandwald
Gschwandeck
Domsteine
Zierwald
1073
Vordermoos
Bei der Lacke
Waxenstein
Am Zierwald
Rosensee
Badersee
Miesingberg
1012
Stanglmoos
Hintermoos
Zirmerskopf
1108
Unterwald
Aigen
Hinterbühl
Hoher Seeberg
1343
Dalkenwald
953
Gernmösl
Diensthütte
1121
Steinriglwald
Lärchwald
Roßkopf
1014
Untersee
Rohr
Neuneralm
Rahm
Eibseeblick
Braxensee
Ludwiginsel
Sasseninsel
42
Eibsee
Am Anwurf
Glockenschlag
Blaue Wand
Maximilianinsel
Eibsee Hotel
Eibsee
Riffelwald
B
Pöllerköpfe
1484
(973)
Frillensee
Eibseealm
1604
Auf den Thörlen
Schwarze
Wand
Bärenheimatkopf
1617
Bärenfalle
Vorderer Zugwald
Schwarzwandl
Großer-
2277
Hinterer-
Schöneckspitze
2257
Aussichtspunkt
Eibseeblick
Seilbahn Zugspitze
Zugspitz-Zahnradbahn
Schönangerspitze
2264
2263
Oberleiten
1608
Thörle
1535
Kreuzleboden
2105
Waxenstein
Seealpe
Diensthütte
Hinterer
Zugwald
Nördl.
-Riffelspitze
2242
Hochthörle-Hütte
1479
Riffelscharte
2262
Südl.
Stallmösele
Riffeltor-
kopf
2163
Sonnenrain
Hohes Egg
1626
Riffelhütte
Haltepunkt
Riffelriß
1639
2236
Höllental-
anger
Bachtl-
graben
Luttergrube
Tunnelfenster
2177
Brett
Talggemahd
Riffelköpfe
Gelbe Wand
Ehrwald-Obermoos
Zugspitzbahn
Bayerisches
Schneekar
2543
2388
Große-
Kleine-
2626
-Riffelwandspitze
Höllentalkar
Zugspitz Resort
1228
Tiroler Zugspitzbahn
Wiener Neustädter Hütte
2213
Kaiserköpfe
Höllentalferner
Bergl
2272
Wild-
Ruhegebiet
2007
Ehrwalder K.
Zugspitze
2962
Tiefenter
Wiesen
Münchner Haus
2763
Mittlere-
2743
2600
Sonnspitz!
Observatorium
Jubiläumsgrat
Innere-
0
500 m
1637
2816
Zugspitzeck
Umwelt-
forschungsstation
Schneefernerhaus
Schnee-
fernereck
Kletterei!
Brunst
Gamskar
Nördl.
Schneeferner
Weißes Tal
2333
Gamsalm
1256
Gamskar-
lift
Schneefernerscharte
(prv.)
Gamskar

Panoramatour 42

Eibseeumrundung
Panoramarunde am Fuße der Zugspitze

DAUER	3h 15min
LÄNGE	12,4 km
HÖHENMETER	200 hm
SCHWIERIGKEIT	LEICHT
MIT ÖPNV ERREICHBAR	ja

Das erwartet euch ...

Um den Eibsee führt einmal komplett ein gut ausgebauter, breiter Kiesweg herum. Da er im Winter geräumt wird, bietet er sich hervorragend für eine einfache Winterwanderung an. Bei starkem Schneefall ist er zwar manchmal noch immer schneebedeckt, aber dennoch sehr gut zu begehen. Da die Strecke nicht besonders lang ist, eignet sich der Spaziergang um den Eibsee sehr gut für einen sonntäglichen Nachmittagsausflug. Auch gut geeignet ist er für geländegängige Kinderwagen.

Panoramatour 42

Start & Ziel & Anreise

Los geht's am Parkplatz Eibsee. Mit dem Auto fahren wir über die A95 und B2 nach Garmisch-Partenkirchen. Durch den Ort hindurch, dann über die B23 über Grainau bis zum Eibsee. Mit der Regionalbahn geht es über Garmisch-Partenkirchen nach Untergrainau Bahnhof. Von hier aus fahren die Eibseebusse in regelmäßigem Takt direkt zum Eibsee. Infos unter www.eibseebus.de/startseite.php

Tourenbeschreibung

Egal, in welche Richtung man die Runde um den Eibsee angeht, der gut zweistündige Spaziergang wird immer ein ganz besonderes Erlebnis sein. Der Eibsee ist ein Relikt des Isar-Loisach-Gletschers; vor über 3000 Jahren hat er durch einen Bergsturz sein Antlitz verändert. Seine acht kleinen Inselchen sind diesem gewaltigen Naturereignis zu verdanken. Der Eibsee wird auch als Blindsee bezeichnet, da er lediglich einen unterirdischen Abfluss besitzt. Die Umgebung des Sees ist staunenswert. Sie ist geprägt von schütterem Wald, bizarren Felsen und immer wieder kleinen Seeaugen, die unvermittelt im Wald auftauchen.

Direkt oberhalb des Eibseeparkplatzes starten wir unsere Tour und wenden uns zunächst nach links, um den Eibsee im Uhrzeigersinn zu umrunden. Wir wandern am kleinen Frillensee vorbei, dann verschmälert sich der Weg und wir erreichen den Eibseestrand. Im Sommer tummelt sich hier schon der eine oder andere Sonnenanbeter. Die Stelle ist auch hervorragend für Kinder zum Plantschen geeignet. Das Wasser ist jedoch sehr kalt. Also Vorsicht beim Reinspringen. Recht nah am Ufer wandern wir jetzt eine gute dreiviertel Stunde durch den lichten Wald, nahe dem Westufers entlang. Dann erreichen wir den Schiffsanleger am Westufer mitsamt einer kleinen Hütte.

Herrliche Blicke und Eindrücke erwarten uns hier. Diese reißen auch nicht ab, wenn wir mit dem Uferweg einen Bogen machen. Bald queren wir den Korbach, dann spazieren wir wieder gute drei Kilometer mal näher, mal weiter entfernt vom Ufer. Bald weitet sich die Sicht und wir erhaschen immer wieder tolle Ausblicke auf den See und seine Inselchen. Wir genießen die Wälder, die sich direkt ans Ufer schmiegen. Schließlich queren wir ein Brücklein. Hier überschreiten wir die Verbindung zwischen Untersee und Weitsee, dem Hauptteil des Eibsees. Übrigens, der Eibsee erhielt seinen Namen von den vielen Eiben, die in der Vergangenheit seine Ufer gesäumt haben. Heute findet man sie allerdings nur noch vereinzelt. Nach der Brücke schwenken wir nach rechts und wandern noch gute dreihundert Meter zurück zum Eibseehotel und zum Parkplatz.

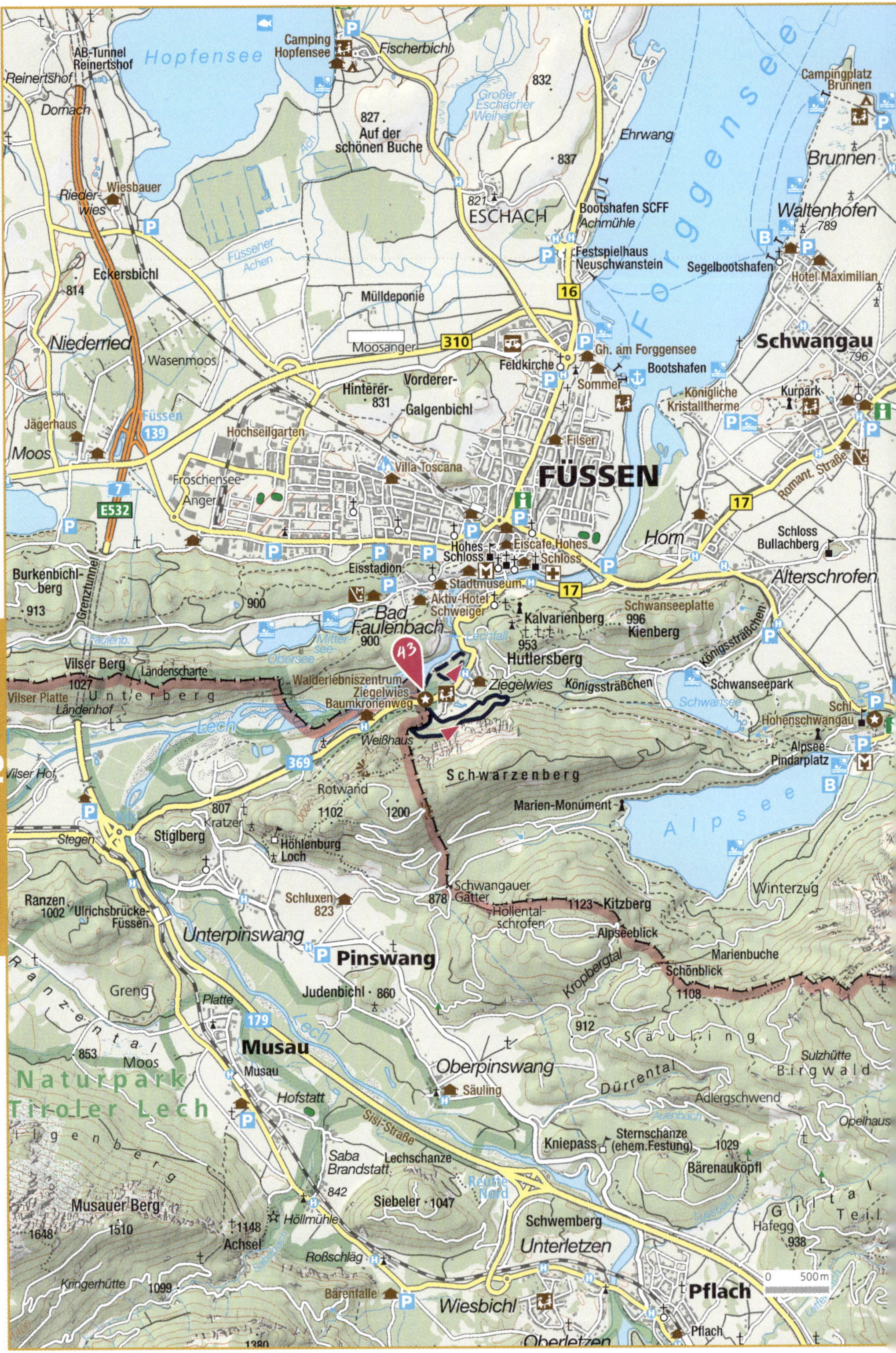
Hopfensee
Camping Hopfensee
Fischerbichl
AB-Tunnel Reinertshof
Reinertshof
Dornach
832
827
Auf der schönen Buche
Großer Eschacher Weiher
Ehrwang
837
Forggensee
Campingplatz Brunnen
Brunnen
Waltenhofen
789
Wiesbauer
Riederwies
821
ESCHACH
Bootshafen SCFF Achmühle
Festspielhaus Neuschwanstein
Segelbootshafen
Hotel Maximilian
Füssener Achen
Eckersbichl
814
16
Mülldeponie
Niederried
Wasenmoos
Moosanger
310
Feldkirche
Gh. am Forggensee
Bootshafen
Schwangau
796
Sommer
Königliche Kristalltherme
Kurpark
Hinterer- 831
Vorderer- Galgenbichl
Jägerhaus
Füssen
139
Hochseilgarten
Filser
Moos
Froschensee-Anger
Villa Toscana
FÜSSEN
Romant. Straße
17
7
E532
Horn
Schloss Bullachberg
Hohes Schloss
Eiscafé
Hohes Schloss
Alterschrofen
Burkenbichl-berg
913
Grenztunnel
Eisstadion
Stadtmuseum
900
Bad Faulenbach
Aktiv-Hotel Schweiger
Kalvarienberg
Schwanseeplatte
996
Kienberg
Königssträßchen
Faulenb.
Mittersee
Obersee
900
Lechfall
953
Hutlersberg
43
Vilser Berg
1027
Ländenscharte
Walderlebniszentrum Ziegelwies
Baumkronenweg
Ziegelwies
Königssträßchen
Schwanseepark
Schwansee
Vilser Platte
Unterberg
Ländenhof
Schl. Hohenschwangau
Lech
Weißhaus
Alpsee-Pindarplatz
369
Vilser Hof
Rotwand
Schwarzenberg
807
Kratzer
1102
1200
Marien-Monument
Alpsee
Stegen
Stiglberg
Höhlenburg Loch
Schwangauer Gatter
878
1123
Kitzberg
Winterzug
Ranzen 1002
Ulrichsbrücke-Füssen
Schluxen 823
Höllental-schrofen
Alpseeblick
Unterpinswang
Pinswang
Kropbergtal
Marienbuche
Schönblick
1108
Ranzental
Greng
Platte
Judenbichl
860
179
Lech
912
Säuling
853
Moos
Musau
Musau
Oberpinswang
Sulzhütte
Birgwald
Naturpark Tiroler Lech
Hofstatt
Säuling
Dürrental
Adlergschwend
Sisi-Straße
Opelhaus
Ilgenberg
Saba Brandstatt
Lechschanze
Kniepass
Sternschanze (ehem. Festung)
1029
Bärenauköpfl
Reutte Nord
842
Siebeler
1047
Giltal Teil
Musauer Berg
1648
1510
1148
Höllmühle
Achsel
Schwemberg
Hafegg
938
Unterletzen
Kringerhütte
1099
Roßschläg
Bärenfalle
Wiesbichl
Pflach
0
500 m
Pflach
1380
Oberletzen

Themenweg 43

Walderlebniszentrum
Auf Auwald- und Bergpfaden

DAUER	1h
LÄNGE	3,2 km
HÖHENMETER	80 hm
SCHWIERIGKEIT	LEICHT
MIT ÖPNV ERREICHBAR	ja

Das erwartet euch ...

Der Themenweg ist kurz, aber sehr spannend und führt durchweg auf bequemen Wegen durch das Erlebniszentrum. Auf dem Au- und Bergwaldpfad können sich die Kids so richtig austoben. Es gibt unterschiedliche Spielstationen, die spannende Infos über die beiden Wälder bereit halten. Ein Zuckerl ist der Baumkronenweg direkt nebenan, von dem wir eine spektakuläre Aussicht genießen.

Themenweg 43

Start & Ziel & Anreise

Ausgangspunkt ist das Walderlebniszentrum Füssen-Ziegelwies. Mit dem Auto fahren wir über die A96 Richtung Lindau. Bei Buchloe verlassen wir die Autobahn und fahren auf der B12 und der B16 über Marktoberdorf weiter bis nach Füssen. Zufahrt über die B17 Richtung Unterpinswang. Von München fährt die Regiobahn direkt nach Füssen. Hier weiter mit dem Bus Nr. 74 Richtung Reutte. Haltestelle Ziegelwies.

Tourenbeschreibung

Das deutsch-österreichische Gemeinschaftsprojekt ist direkt an der Grenze beheimatet, umgeben von Berg- und Auwald. Das Zentrum wirbt für Verständnis für Wald und Natur. Es möchte die Bevölkerung sensibilisieren und die Bereitschaft für den Schutz und Erhalt der Au- und Bergwälder stärken. Im Ausstellungsgebäude werden Themen rund um Wald und Holz anschaulich dargestellt. Der Bergwald-, Auwaldpfad und auch der „Pfad der Sinne" im benachbarten Faulenbacher Tal – auch "Tal der Sinne" genannt - bieten bei jeder Witterung ein Erlebnis für die ganze Familie.

Der Auwaldpfad beginnt neben dem Ausstellungsgebäude Richtung Tirol. Dort können die Kids gleich mit Schwung über eine lange Rutsche in den Auwald hineinsausen. Man kann den Pfad auch über eine Naturtreppe oder einen barrierefreien Weg beginnen. Unterwegs warten zwei Abenteuer-Spielplätze mit Spielgeräten und Klettergerüsten aus Holz. Gemütliche Holzbänke und schattige Orte sind ideal für kleine Pausen. Eine absolute Mutprobe sind die Wasserstellen im Auwald, die Altarme des Lechs: Eine Hängebrücke übers Wasser, ein Floß zum Übersetzen und knietiefe Wasserlöcher verheißen Abenteuer pur. Der sandige, lehmige Boden ist ideal zum barfuß Laufen.

Der Bergwaldpfad beginnt am Eingangsbogen mit der Aufschrift „Steig in den Wald" gegenüber des Ausstellungsgebäudes auf der Seite vom Waldimbiss. Der Pfad beschäftigt sich ausgiebig mit dem Rohstoff Holz. Unterwegs warten Riesenschaukeln und ein Kletterspinnennetz zwischen den Bäumen. Die Kinder lernen die tagsüber verborgenen Bewohner des Waldes kennen und können ausprobieren, ob sie weiter springen als ein Hirsch oder ein Hase. Auf einer Waldlichtung wartet ein Xylophon darauf, dass es gespielt wird. Immer wieder tun sich auf der Runde fantastische Panoramablicke auf. Ein Heidenspaß für die ganze Familie!

44

Oberstdorf
813
Schöllang
855
Reichenbach
bei Oberstdorf
Rubi
788
Sonnenkopf
Schnippenkopf
(Schafeggkopf)
Heidelbeerkopf
Entschenkopf
2043
Rubihorn
1952
Gaisalphorn
1953
Nebelhorn
2224
Gipfelrest.
Westlicher
Wengenkopf
2235
Östlicher
Wengenkopf
Edmund-Probst-Haus
1932
Zeiger
1995
Großer-
2085
-Seekopf
Kleiner-
2096
Schochen
2100
Lachenkopf
2111
Laufbacher Eck
2178
Rotkopf
2194
Schneck
2268
Himmeleck
Himmelhorn
Höfats
2259
Nebelhornbahn
Bergstation
Höfatsblick
Seealpe
1280
Schattenberg
1845
Seekopfel
1919
Oytalhaus
1010
Gerstruben
1145
Christlessee
Naturschutzgebiet
Allgäuer Hochalpen
Rotspitze
Gemsbollenkopf
(Heubatkopf)
Großer-
Kleiner-
-Daumen
Gratkopf
Laufbichlkirche
0
600 m

Laufbacher Eck
Höhenweg der Extraklasse

Höhenweg 44 – Tour 44

DAUER	1h 30min
LÄNGE	6 km
HÖHENMETER	310 hm
SCHWIERIGKEIT	LEICHT
MIT ÖPNV ERREICHBAR	ja

Das erwartet euch ...

Die Tour ist kurz und für trittsichere Wanderer ein wahres Vergnügen. Lediglich der Schlussaufstieg ist steil. Der Pfad ist gut bezeichnet, stellenweise aber ein wenig ausgesetzt. Es gibt eine gesicherte Stelle. Bei Nässe ist die Route nicht zu empfehlen, dann wird es auf dem wurzeligen Pfad schnell recht rutschig. Die Wanderung ist nur trittsicheren und bereits etwas älteren Kindern vorbehalten!

Höhenweg 44

Start & Ziel & Anreise

Los geht's am Parkplatz der Nebelhornbahn. Mit dem PKW fahren wir über die A96 Richtung Lindau bis Buchloe. Hier wechseln wir auf die B12 nach Kempten, von dort aus weiter über die B19 über Immenstadt i. Allgäu nach Oberstdorf. Von München geht's mit der Regiobahn nach Oberstdorf. Umstieg in Kempten. Vom Bahnhof fahren Busse zur Nebelhornbahn.

Tourenbeschreibung

Viel begangen und sicherlich kein Geheimtipp mehr unter den Oberstdorfer Touren ist der Laufbacher-Eck-Weg. Er entführt uns in schwindelnde Höhe über dem Oytal. Doch welcher Höhenweg könnte die mannigfaltigen Charakterzüge der Allgäuer Gipfelwelt anschaulicher vor Augen führen, die Faszination der Hochalpen unwiderstehlicher auf den Präsentierteller zaubern, den Farbenreigen der alpinen Flora betörender offenbaren als diese unvergessliche Panoramaroute?

Von der Talstation schweben wir mit der Nebelhornbahn im Nu zur Station Höfatsblick. Hier erwarten uns das Edmund-Probst Haus und ein tolles Marktrestaurant. Das Schild „Laufbacher Eck" lenkt auf den aus dem Seealptal hochkletternden Alpweg. An der Gaisapl treffen wir auf eine Gabelung. Wir nehmen den linken Weg, auf dem sich ein geologischer Lehr- und Wanderpfad befindet. Selbst Geologie-Banausen dürften hier Lust verspüren, einzutauchen in das große Abenteuer der Erdgeschichte um mehr zu erfahren über das Werden und Vergehen. Der Lehrpfad gibt Einblicke in das Geschichtsbuch der Erde. Auf drei Teilstrecken werden dem Wanderer auf mehreren Hinweistafeln praxisnahe Informationen zur Entstehung der Allgäuer Bergwelt geboten.

Wir folgen einem Ziehweg über einen Quellarm des Faltenbaches, dann steigen wir zu einer schwach ausgeprägten Einsattelung an. Hier verlassen wir den Weg, der ins Oytal führt. Wir folgen den Wanderschildern auf einen Pfad Richtung Laubacher Eck. Direkt vor uns verzückt uns die dreigipfelige Höfats. Wir passieren den nächsten Sattel und genießen den Tiefblick zum Seealpsee. Die markanten Gipfel des Allgäuer Hauptkamms verzaubern mit jedem Blick: Am Kleinen Seekopf entlang steigt der manchmal ein wenig ausgesetzte Höhenweg sanft und folgt danach eine Zeit lang dem Gratverlauf. Ostseitig öffnet sich der Talschluss des Obertalbachs.

Wir befinden uns nun unter den Schrofenabbrüchen des Schochens an einer Drahtseil versicherten Stelle. Hier wenden wir uns nach Osten. Wir wandern noch am Lachenkopf vorbei in einen weiten Sattel, dann machen wir uns für den Schlussanstieg bereit. Er bringt uns in steilen Kehren auf den Laufbacher Eck Sattel. Von hier aus sind es nur noch wenige Minuten auf den Graskopf Laufbacher Eck mit krönendem Hochvogelblick.

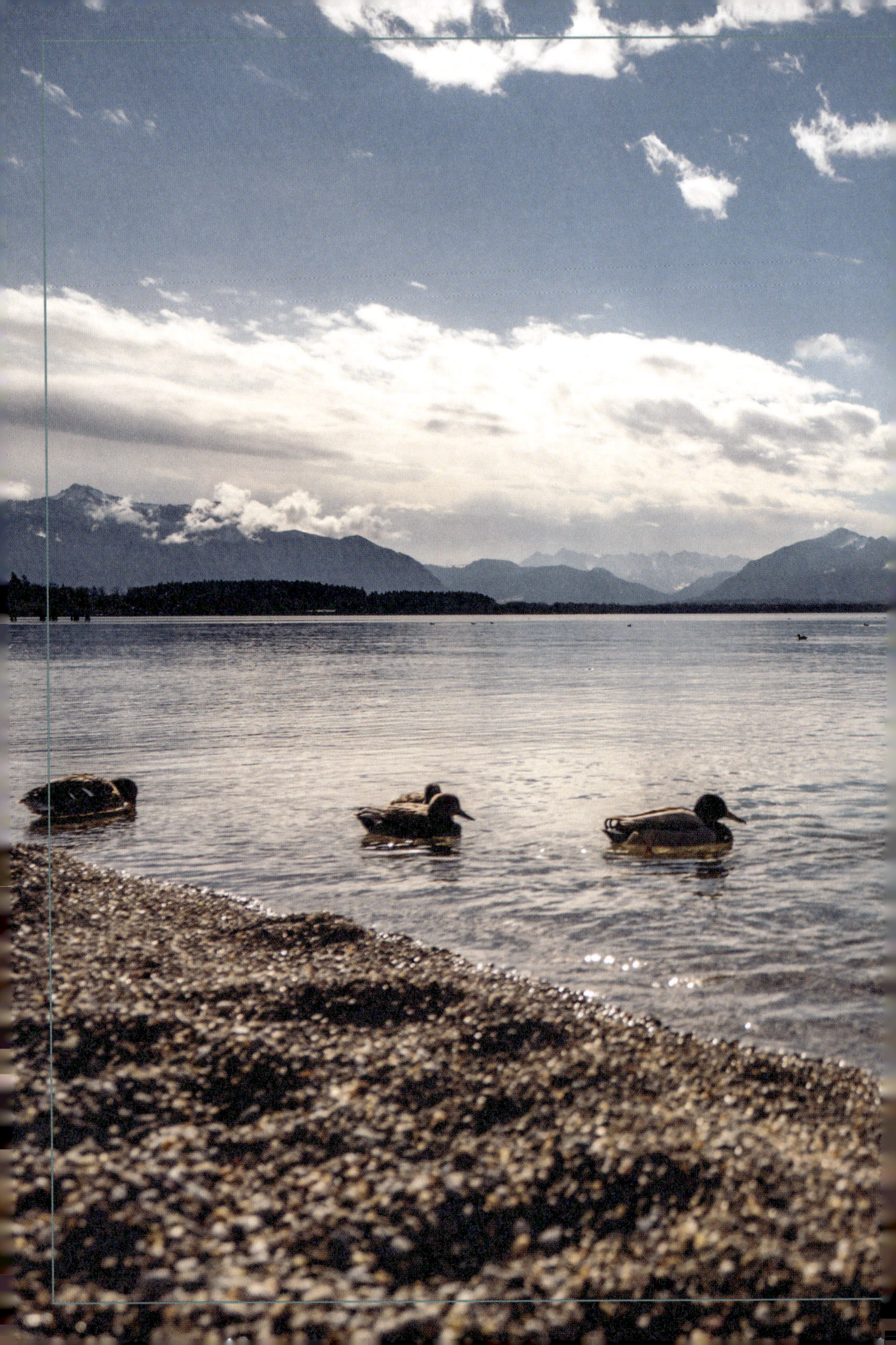

GUT
ZU WISSEN

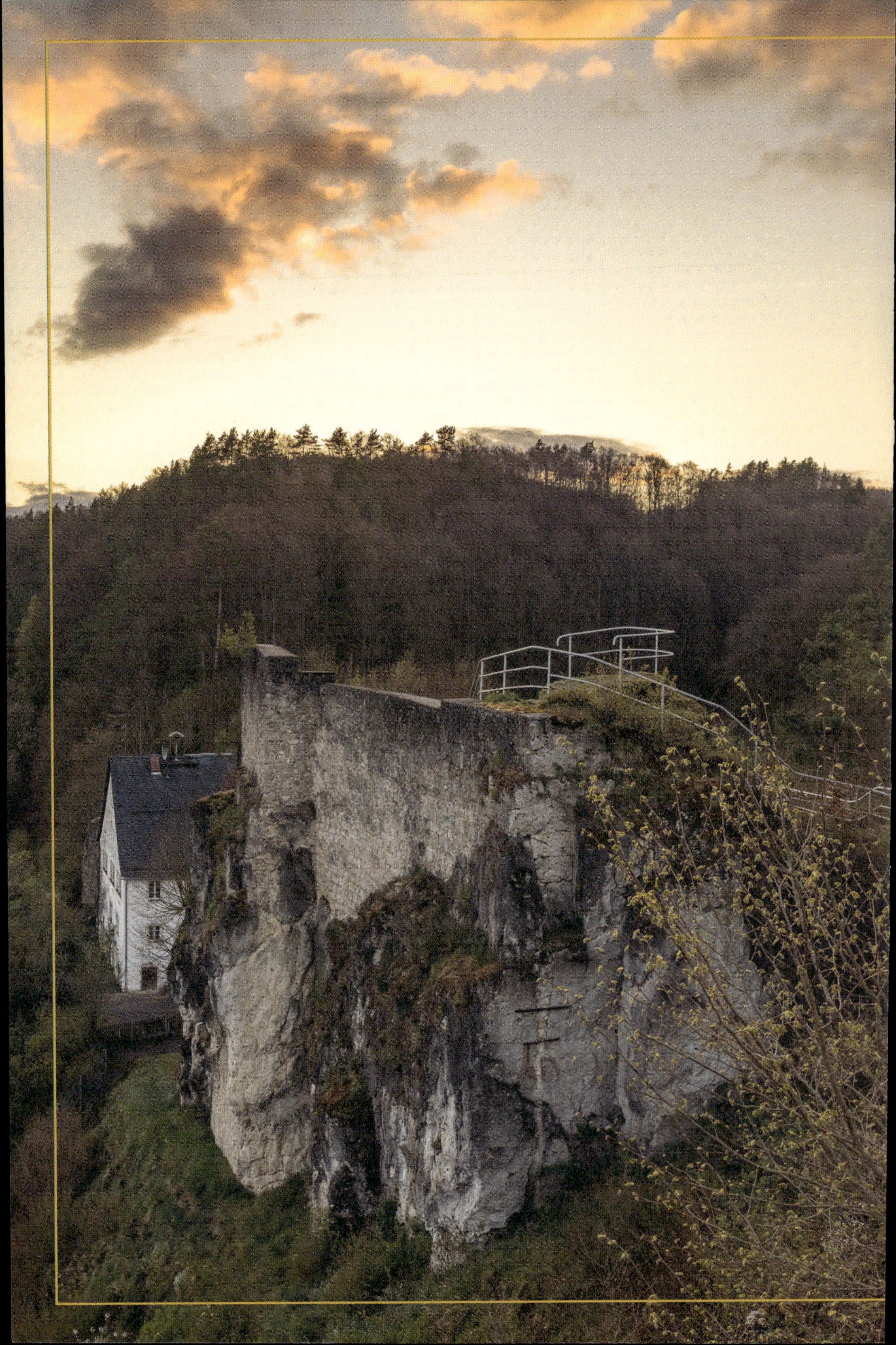

Unsere Outdoor-Hacks

Hacks

Es geht auch einfacher

HACKS

TOURENPLANUNG
Wichtig für den Einstieg ist die richtige Wahl der Tour. Auch kurze Touren mit viel Kletterei oder sogar über Eis und Schnee machen schnell keine Freude mehr, wenn man ihnen nicht gewachsen ist. Also besser erstmal durch die Klamm wandern, bevor es gleich an den Klettersteig geht. Die Tour auch dem Alter und Können der Kinder anpassen Gedankenstrich damit die Freude nicht verloren geht.

ERSTE HILFE
Das richtige Equipment und Verhalten ist bei Bergunfällen extrem wichtig, um schnell Hilfe leisten zu können: Mit einem Erste-Hilfe Set kann man kleinere Verletzungen schnell selbst versorgen. Es gehört, genauso wie eine kleine Apotheke, in jeden Rucksack. Auch die Auffrischung eines Erste-Hilfe-Kurses ist sicherlich von Vorteil.

DIE RICHTIGE AUSRÜSTUNG
Passende Ausrüstung sollte nicht unterschätzt werden. Also lieber zweimal hinschaun, ob man für die Wanderung nicht doch lieber die Bergschuhe einpackt, oder für die wilde Kajaktour Wechselklamotten mitnimmt. Bei schweißtreibenden Touren seien atmungsaktive Klamotten ans Herz gelegt. Ein Allrounder für eigentlich fast jede Outdoor Beschäftigung ist ein Merinooberteil – trocknet, schnell, kühlt und wärmt – je nachdem – und stinkt nicht.

Endlich was Neues ausprobieren

Lust was Neues auszuprobieren?
WENN JA HABEN WIR EIN PAAR VORSCHLÄGE FÜR DICH.

- **ALLERSTEINE - BEMALTE STEINE WANDERN LASSEN:** Man kann sie in der Natur finden und mitnehmen oder selbst hinterlassen. Manche davon können dann um die ganze Welt wandern. Ein großes Vergnügen für Kinder.

- **BARFUSS WANDERN IST BEI DEN KLEINSTEN GANZ GROSS:** Ein Stück über weichen, moosbewachsenen Waldboden oder Gras ist wie eine Massage für die Füße – gut für kleinere Touren.

- **SINGEND AUF WANDER-, WASSER-, RADTOUR:** Ein Glöckchen oder eine Triangel reicht schon. Mit einem Wanderlied auf den Lippen singend die Natur entdecken.

- **BACHBADEN:** Es muss nicht immer der See oder ein Fluss sein – an heißen Tagen kann man einfach mal die Hosen hochkrempeln und im Gebirgsbach plantschen.

- **WALDBADEN:** Einfach mal abseits des Weges ins weiche Gras oder Moos legen und den Wald mit seinen Sinnen erleben – riechen, fühlen, hören.

Neues

Von Vorteil
FÜR MENSCH & NATUR

Nachhaltigkeit

BEI OUTDOORAKTIVITÄTEN

Wandern, Radeln und Kanu fahren, sind recht schonende Sportart für die Natur und unsere Umwelt, wenn wir einige wenige Dinge beachten. Denn das Gleichgewicht ist hier extrem sensibel: Jedes zurückgelassene Papierchen in schönster Umgebung, jede Plastikwasserflasche oder auch noch so tolle Outdoorjacke, dafür voll von chemischen Inhaltsstoffen, fallen ins Gewicht. Folgende fünf Punkte geben euch einen kurzen Überblick, was ihr für euch und die Natur tun könnt. Denn Umweltschutz betrifft uns alle, schließlich haben wir nur eine Erde und mit dieser sollten wir behutsam und respektvoll umgehen.

Und das kannst du machen …

Green-Guide

01 **Nachhaltigkeit beginnt schon bei der Anreise:** Je mehr Menschen mit dem Auto fahren, desto mehr CO_2-Ausstoß und desto mehr umweltschädlichen Gummiabrieb der Reifen gibt es. Doch viele Ausgangspunkte sind auch gut mit den öffentlichen Verkehrsmitteln zu erreichen. Also einfach mal das Auto stehen lassen. Oder Fahrgemeinschaften bilden.

02 **Keine Einwegflaschen:** Gerade das Trinken ist auf Wanderungen wichtig. Doch sollte man aus Rücksicht zur Natur und sich selbst zuliebe auf Einwegflaschen aus Plastik verzichten und lieber seine eigene Trinkflasche mitnehmen.

03 **Kein Verpackungsmüll:** Die Verpflegung für den Hunger zwischendurch ist mindestens genauso wichtig wie das Trinken. Brotdosen bieten sich zum Transport von Proviant an oder einfach alles in ein Bienenwachstuch einwickeln.

04 **Sportausrüstung leihen:** Gerade beim Ausprobieren einer Sportart muss nicht gleich alles neu gekauft werden, was dann vielleicht im Keller landet. Manche Ausrüstungsgegenstände können auch erst einmal ausgeliehen werden. Auch ist es nicht notwendig, jedes Jahr ein neues Outfit zu kaufen. Achtet ihr schon beim ersten Kauf auf Qualität, macht sich das bemerkbar, denn qualitativ hochwertigere Produkte begleiten uns oft jahrelang.

05 **Weniger ist mehr:** Oft findet sich die schönste Natur in unmittelbarer Nähe. So muss es nicht immer die weit entfernte Gebirgskette sein. Auch Ziele, die aufgrund ihrer Bekanntheit an Wochenenden und in den Ferien total überlaufen sind, freuen sich über ein paar Besucher weniger. Weniger bekannte Ziele haben auch ihren Reiz und warten nur darauf, entdeckt zu werden.

Endlich Familienzeit

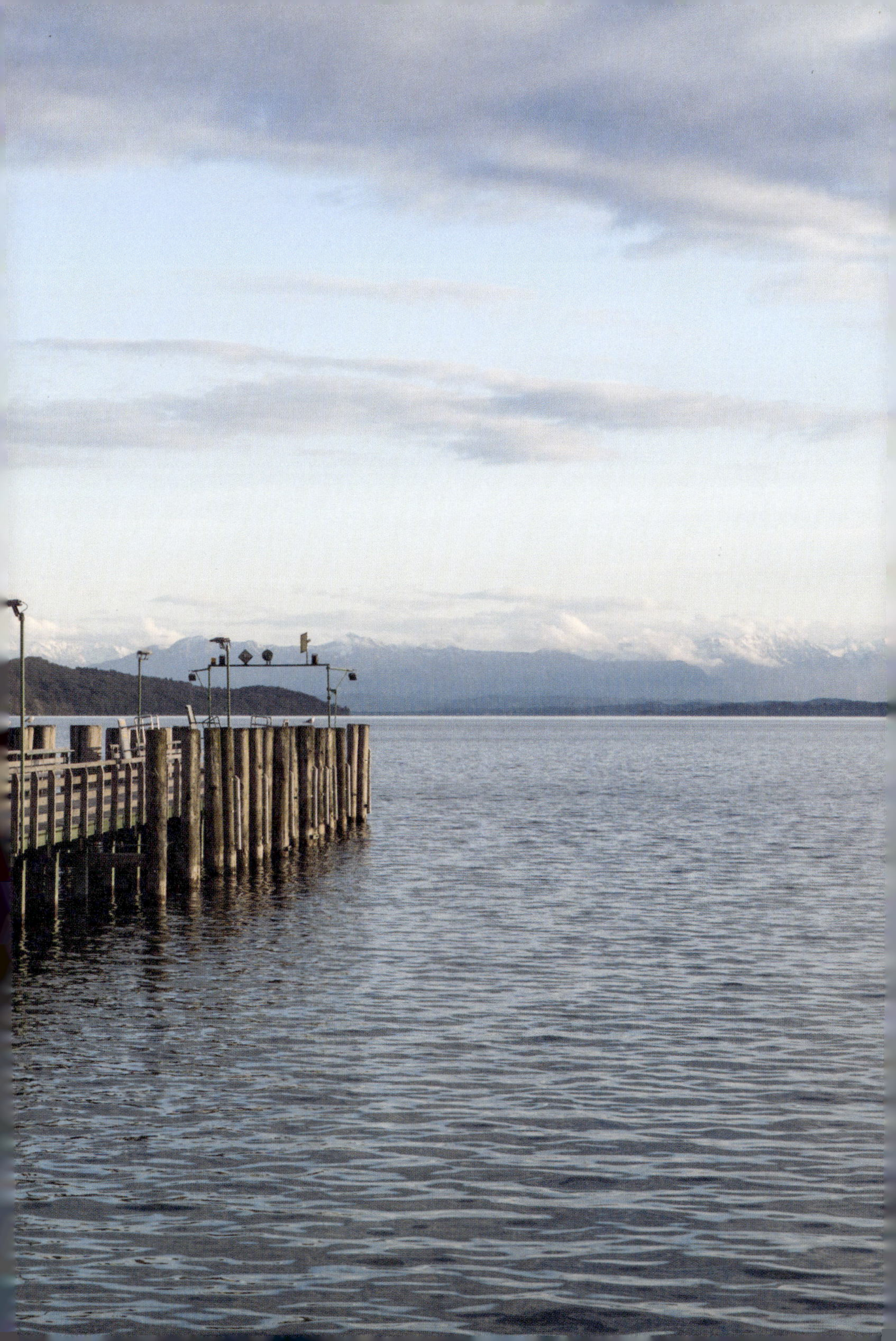

© **KOMPASS-Karten GmbH**

Karl-Kapferer-Straße 5, A-6020 Innsbruck

1. Auflage 2024 (24.01)
Verlagsnummer 3543
ISBN 978-3-99154-056-4

Konzept und Bildnachweis

Konzept & Gestaltung: © KOMPASS-Karten GmbH

Text: KOMPASS-Karten AutorInnen (s. Klappe)

Projektleitung: Jeff Reding

Grafische & Kartografische Herstellung:
© KOMPASS-Karten GmbH

Kartengrundlage: © KOMPASS-Karten GmbH unter Verwendung von OpenStreetMap Contributors (www.openstreetmap.org)

Titelbild: Fröhliche Familie spaziert über Grasfeld
© kieferpix - stock.adobe.com

Cover Rückseite: Fröhliche junge Familie verbringt draußen Zeit zusammen © Halfpoint - stock.adobe.com

Weiterer Bildnachweis:
S.2/3: © Peter Maszlen - stock.adobe.com
S.4/5: © ARochau - stock.adobe.com
S.8-11: © desico - stock.adobe.com
S.15: © satura_ - stock.adobe.com
S.16: © Halfpoint - stock.adobe.com
S.18: © Oberösterreich Tourismus GmbH_Andreas Röbl
S.21: © pwmotion - stock.adobe.com
S.22: © reimax16 - stock.adobe.com
S.24/25: © Daniel - stock.adobe.com
S.27: © www.vtplus.de / Val Thoermer - stock-adobe.com
S.31: © Peter Schneider - stock.adobe.com
S.33: © Oliver Hlavaty - stock.adobe.com
S.35: © Sina Ettmer - stock.adobe.com
S.39; 43; 91; 93; 103, 115: © Walter Theil
S.47; 55: © dina - stock.adobe.com
S.58: © desico - stock.adobe.com
S.63: © bannkie - stock.adobe.com
S.66; 204: © Overfranke - stock.adobe.com
S.69; 71: © Lisa Aigner
S.75; 77: © reimax16 - stock.adobe.com
S.79: © ThomBal - stock.adobe.com
S.83: © Josef Kerscher
S.86: © GezaKurkaPhotos - stock.adobe.com
S.95: © Martin Erdniss - stock.adobe.com
S.99: © SusaZoom - stock.adobe.com
S.107: © Bergfee - stock.adobe.com
S.111: © Eberhard - stock.adobe.com
S.114/115: mmuenzl - stock.adobe.com
S.113: © Dominik Kindermann - stock.adobe.com
S.119: © Otto Durst - stock.adobe.com
S.121: © Hans und Christa Ede - stock.adobe.com
S.123: © Falko Göthel - stock.adobe.com

IMPRESSUM

S.125: © Michael Rogner - stock.adobe.com
S.126: © JM Soedher - stock.adobe.com
S.131: © LegusPic - stock.adobe.com
S.133: © fottoo - stock.adobe.com
S.135; 145; 147; 149,193: © Siegfried Garnweidner
S.137: © Havrilex - stock.adobe.com
S.139;197: © ARochau - stock.adobe.com
S.143: © Sina Ettmer - stock.adobe.com
S.153; 155: © Michael Möller - stock.adobe.com
S.157: © H. Rambold - stock.adobe.com
S.159: © Thomas - stock.adobe.com
S.165: © Hans und Christa Ede - stock.adobe.com
S.167: © Klaus Handwerker - stock.adobe.com
S.169: © Marc - stock.adobe.com
S.173: © pwmotion - stock.adobe.com
S.175: © mmphoto - stock.adobe.com
S.179; 181; 207: © David Brown - stock.adobe.com
S.191; 208: © Jannick - stock.adobe.com
S.195: © Photogrevy - stock.adobe.com
S.201: © Adrian72 - stock.adobe.com
S.204/205: © Michael Perschl
S.212/213: © Daniel Ruhland
S.210/211: © David Klein - stock.adobe.com

Alle Angaben und Routenbeschreibungen wurden nach bestem Wissen gemäß unserer derzeitigen Informationslage gemacht. Die Wanderungen wurden sehr sorgfältig ausgewählt und beschrieben, Schwierigkeiten werden im Text kurz angegeben. Es können jedoch Änderungen an Wegen und im aktuellen Naturzustand eintreten. Wanderer und alle Kartenbenützer müssen darauf achten, dass aufgrund ständiger Veränderungen die Wegzustände bezüglich Begehbarkeit sich nicht mit den Angaben in der Karte decken müssen. Bei der großen Fülle des bearbeiteten Materials sind daher vereinzelte Fehler und Unstimmigkeiten nicht vermeidbar. Die Verwendung dieses Führers erfolgt ausschließlich auf eigenes Risiko und auf eigene Gefahr, somit eigenverantwortlich. Eine Haftung für etwaige Unfälle oder Schäden jeder Art wird daher nicht übernommen. Für Berichtigungen und Verbesserungsvorschläge ist die Redaktion stets dankbar. Korrekturhinweise bitte an folgende Anschrift:

KOMPASS KARTEN GMBH
Karl-Kapferer-Straße 5, A-6020 Innsbruck
www.kompass.de/service/kontakt

MIX
Papier | Fördert
gute Waldnutzung
FSC® C147178

Deine Orientierung

Hallo!
Ich bin deine Anleitung, wie du zu den GPX-Tracks aus deinem neuen Buch kommst. Damit kannst du dir die Route in Outdoor-Apps und Navigationsgeräte laden. Scann den QR-Code oder gehe auf folgende Webseite:

www.kompass.de/gpx

Für Navigationsgeräte und Apps haben wir auf unserer Webseite alle Touren im GPX-Format zum Download bereitgestellt: Hier findet man alle weiteren Informationen. Einfach das richtige Produkt auf der Seite auswählen, die Daten herunterladen und auf das Zielgerät oder in die gewünschte App importieren.

Was ist ein GPX-Track? GPX ist ein Datenformat für Geodaten. Das Wort GPS steht für Global Positioning System (Globales Positionsbestimmungssystem). Mit einem GPX-Track bekommt man die rote Linie, also den Wegverlauf, als geografische Koordinaten.

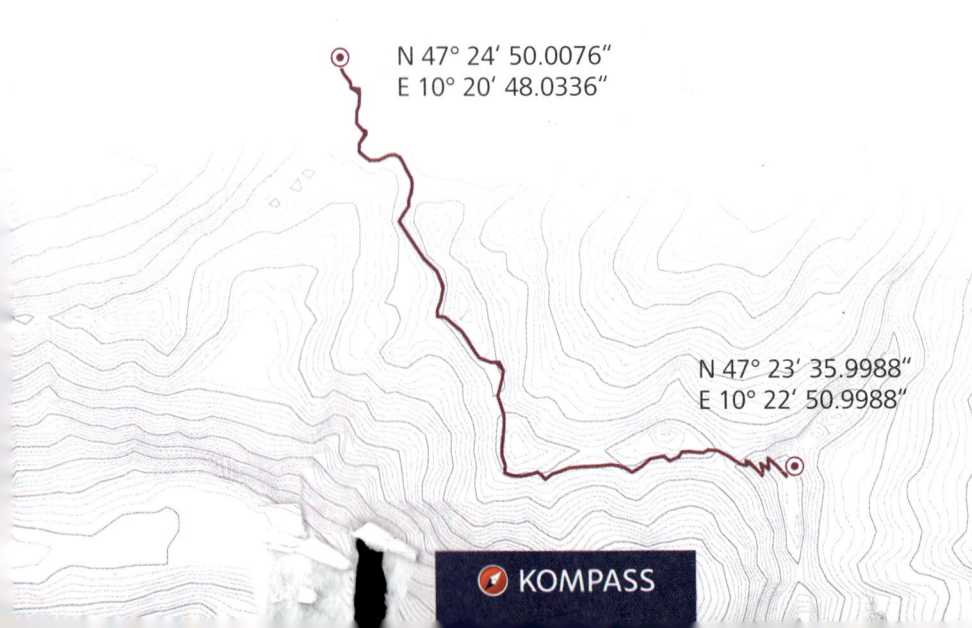

N 47° 24' 50.0076"
E 10° 20' 48.0336"

N 47° 23' 35.9988"
E 10° 22' 50.9988"

KOMPASS